프로 교사를 위한

이미지 메이킹

김주미 · 권종애 지음

창지사

국립중앙도서관 출판시도서목록(CIP)

(프로 교사를 위한) 이미지 메이킹 / 지은이: 김주미, 권종애. — 서울 : 창지사, 2014
p. ; cm

ISBN 978-89-426-0744-0 93590 : ₩18000

이미지 메이킹[image making]

593-KDC5
646.7-DDC21 CIP2014009966

현대는 이미지가 바로 경쟁력이 되는 시대이다. 이미지는 개인의 사회적 위치나 가치를 표현해 주는 중요한 수단으로서, 우리는 성공적인 삶을 살기 위해 우리가 전달하고 싶은 이미지를 선택하고 그것을 적절히 연출하는 법을 알아야 하는 시대에 살고 있다.

현대사회에서 각 개인의 이미지 연출은 개인의 경쟁력을 높여 주는 역할을 할 뿐만이 아니라 타인에게 인식시키고자 하는 긍정적 이미지에 부합하고자 노력함으로써 스스로 발전하고 삶의 질을 높일 수 있는 수단이 될 수 있다.

이제는 자신의 이미지 관리에 대한 중요성을 인식하고 자신의 이미지를 때와 장소, 목적에 맞게 연출하여 타인에게 신뢰감을 주고 자신의 능력을 더욱 자신감 있게 효과적으로 발휘할 수 있도록 하여야 한다.

특히 전문직을 수행하는 교사는 스스로 바람직한 이미지를 창출하고 말과 행동에 적용하여 품위 있는 교사의 모습으로 변화되어 가도록 해야 한다. 좋은 이미지를 가진 교사는 학생들에게 좋은 본보기가 되며 신뢰감을 줄 수 있으므로 성공적인 전인교육으로 이어질 수 있을 것이다.

이러한 관점에서 교재를 준비하면서 교사를 준비하는 학생들과 이미지 메이킹을 배우고자 하는 학생들을 위해 이미지 메이킹에 대한 이론, 실기, 응용을 통해 체계적인 학습을 할 수 있도록 다각적인 방면으로 내용을 구성하였으며, 비전문가들도 어려움 없이 학습할 수 있도록 집필하였다. 본 교재의 내용은 저자가 이미지 메이킹 과목을 가르치면서 정리한 내용과 더불어 이미지 컨설턴트로서의 실제 경험을 토대로 체계적으로 정리하여 구성하였다.

이 책이 다루고 있는 내용을 구체적으로 설명하면 다음과 같다.

제1장에서는 이미지 메이킹의 이해를 돕고, 제2장에서는 이미지 메이킹의 실제를 다루었으며, 제3장에서 제6장까지는 퍼스널 이미지 메이킹으로 각각 태도 이미지, 컬러 & 패션 이미지, 뷰티 이미지, 커뮤니케이션 이미지를 다루었다. 제7장은 교사를 위한 인성 이미지 메이킹, 제8장은 면접 이미지 메이킹에 대한 내용으로 구성되어 있다.

자신의 내면에 아름다운 마음을 가지고 있어도 제대로 표현되지 않으면 그 누구도 알 수가 없다. 자신이 원하는 이미지로 만들어 가는 과정은 결코 쉽지 않지만 이 책에서 소개하는 지식을 토대로 노력과 실천을 거듭한다면 어느새 스스로 만족할 수 있는 자신을 발견하게 될 것이라 확신한다.

끝으로 이 책이 출판되기까지 도와주시고 배려해 주신 여러 지인분들과 가족들, 창지사 관계자분들께 깊은 감사를 전하며, 이 책을 읽는 모든 분들에게 이미지 메이킹을 통해 바라던 자신의 모습을 구축할 수 있는 계기가 되기를 기대한다.

2014년 3월

김주미, 권종애

제5장 퍼스널 이미지 메이킹 3 – 뷰티 이미지

제6장 퍼스널 이미지 메이킹 4 – 커뮤니케이션 이미지

제8장 면접 이미지 메이킹

부록

제 1 장

이미지 메이킹의 이해

01 이미지와 이미지 메이킹

1) 이미지의 정의

우리는 대인관계에서 매일 좋든 싫든, 정확하게든 부정확하게든, 유리하게든 불리하게든 자신의 이미지를 전달하며 살아가고 있다. 한 사람에 대한 이미지란 우리 나름의 사고, 취향에 따라 편집되어 만들어진 그 사람에 대한 생각의 덩어리, 특유한 감정, 고유한 느낌을 말한다.

이미지(image)란 어떤 사람이나 사물에 대하여 가지는 시각상이나 기억, 인상 평가 및 태도의 총체로서, 사물이나 인물에 대하여 특정한 감정을 가지게 하는 영상이다. 현대는 이미지의 시대라고 해도 과언이 아닐 정도로 수많은 이미지들이 우리 주위를 둘러싸고 있으며 이러한 이미지들은 우리의 마음을 움직이게 한다.

이미지의 어원은 라틴어 동사 imitari(흉내 내는 것)에 명사형 어미 -ago를 붙인 imago(이마고)인데, 사전적 의미로는 '형태', '모양', '느낌', '영상', '관념' 등의 뜻을 가지고 있다. 즉, 이미지는 어느 대상에 대한 상, 표상, 심상 등의 다양한 의미를 지니고 있으며, 과거의 경험이나 기억의 상호작용 및 개인 각자의 생활에 의한 연상이나 감정 등이 복합적으로 작용하여 어떤 의미를 불러일으키는 감각적 표현체라고 말할 수 있다.

> ✻ **Image**: 마음속에 그려지는 사물이나 사람에 대한 감각적이고 구체적인 영상

우리들이 흔히 사용하는 이미지에 대해 미국의 유명한 언론인인 리프먼(Lippmann, 1962 : 95)은 자신의 저서인 *Public Opinion*에서 이미지를 '우리들 인간이 어떤 대상에 대해 갖는 머릿속의 상상의 그림' 이라고 했다. 우리가 어떠한 대상에 대해 갖게 되는 이미지는 결과적으로 보면 대상 전체에 관한 '상' 으로 나타나게 되

는 것이라 하였다. 있는 그대로 마음속에 그리는 것이 아니라 인간 자신이 바라는 대로 그리는 것이기 때문에 실체와는 불가피한 차이를 지니게 된다. 이미지와 실체와의 이러한 차이에도 불구하고 대상에 대한 반응을 결정하는 근원이 이미지라고 정의하였다.

즉, 당신의 이미지는 타인이 보고 느낀 당신의 모습이며, 자기 이미지는 자신에 대해 스스로 가지는 하나의 심상으로서 지극히 주관적인 개개인의 생각 속에 존재하는 당신의 모습이라고도 할 수 있다.

개인의 이미지는 내적 이미지와 외적 이미지로 나눌 수 있으며, 각 이미지의 정의는 다음과 같다.

- 내적 이미지: 내적 이미지는 눈에 보이지 않는 인간의 심리적, 정신적, 정서적 특성 등이 고유하고 독특하게 형성되어 있는 상태로서 마음가짐, 정신, 성품, 가치관 등으로 구성되며, 한 사람의 이미지를 구축하고 형성해 내는 근간이며 본질이다.
- 외적 이미지: 외적 이미지는 인간의 외부로 나타나는 종합적인 이미지로서 내적 이미지가 외모, 언행, 자세, 표정 등의 꾸밈 행동을 통하여 외부로 표현되는 현상이다.

한 사람의 이미지를 판단하는 개인 이미지는 지적 이미지, 사회적 이미지, 신체적 이미지, 감정적 이미지로 구성되는데, 아이디어, 합리적 사고, 추진력과 분석력, 전문지식과 능력이 지적 이미지에 영향을 미치고, 인간관계, 스펙, 직업, 매너, 커뮤니케이션 능력 등이 관계적 이미지로서 사회적 이미지에 영향을 미친다. 용모, 패션 감각, 표정과 인상, 건강은 신체적 이미지에 영향을 미치며, 감정 조절, 성격, 성향, 자기애는 감정적 이미지에 영향을 미친다.

2) 자기 이미지

자기 이미지는 자기에 대한 주관적, 객관적 판단에 의한 종합적인 자화상으로서 타인이나 다른 사람과 구별하여 자기 자신에 대하여 스스로 갖는 하나의 심상이다. 실제적인 자기 이미지는 이상적 자기 이미지와 남에게 보이는 자기 자신인 타 자기에 영향을 받는다. 사람들은 남들에게 보이는 자신을 미루어 짐작하여 자기 이미지를 형성하기도 한다.

✤ 자기 이미지의 분류

① 실제적 자아 이미지(Practical self-image)

개인 스스로가 현재 생활에 실제로 가지고 있는 자신의 이미지를 말하는데 이것은 자신의 정서적 이미지뿐만 아니라 옷, 집, 가족, 조상, 친구, 명예, 기타 소유물까지 포함하며, 자신에 대하여 가지고 있는 느낌의 집합체로 볼 수 있다. 실제적 자아는 정신적 자아(Spiritual self), 신체적 자아(Bodily self), 감지된 자아(Felt self)로 나누어 설명하기도 한다.

② 이상적 자아 이미지(Ideal self-image)

스스로 추구하는 자신의 이미지를 말하며, 개인이 되고 싶고, 보여 주고 싶어 하는 이미지에 따라 그 자신에게 가장 높은 가치를 부여하게 되는 개념으로 실제적 이미지와 이상적인 이미지가 근접할수록 개인은 행복해하고 만족해한다. 따라서 효과적인 이미지 메이킹은 실제적 자아 이미지를 상황에 따라 개인이 추구하는 이상적인 이미지로 형성하는 과정이라고 할 수 있다. (외형적 이미지 연출은 이상적 자기 이미지에 큰 영향을 미친다.)

③ 면경 자아 이미지(Looking-glass self-image)

타인이 나에게 갖는 나의 이미지와 내가 생각하기에 타인이 갖는 나의 이미지로 나누어진다. 실제 우리에게 더 영향을 미치는 것은 후자로서 자신의 생각에

'저 사람은 나를 이렇게 생각할 거야' 하고 미루어 판단함으로써 크고 작은 오해가 발생하게 된다. 따라서 다른 사람이 나에 대해 가지고 있는 실제적 이미지를 정확하게 파악해 두는 것이 필요하다. 즉, 자신을 객관적인 입장에서 이해하고자 하는 것이며, 타 자기라고도 한다.

④ 상품 표현적 자아 이미지(Goods expressive self-image)

자신의 이미지를 상품을 통해서 표현하고자 하는 자기 이미지를 말한다. 자신이 어떤 상품을 사용하거나 어떤 브랜드를 입는다면, 자신이 타인에게 어떠한 이미지로 표현될 것인가에 대한 반응으로 상품 표현적 자아 이미지를 평가한다. 이것은 상품을 구매할 때 광고에 나오는 모델과 같은 자신을 연상하며 상품을 구매하여 사용하고, 타인에게 보이는 상상의 자신의 이미지를 형성하는 것이다. 즉, 상품에 나타난 면경 자기 이미지라고 할 수 있다.

⑤ 상황적 자아 이미지(Situation self-image)

개인이 특정한 상황에서 타인이 자신에 대하여 가져 주길 바라는 이미지로, 사람들은 다양한 자기 이미지를 동시에 갖고 있으며 상황에 따라 다른 자기 이미지를 갖고자 한다(자기 이미지 연출에서 가장 많은 부분을 차지). 예를 들면 직장 여성은 회의나 세미나에 참석할 때는 좀 더 지적이고 능력 있게 보이길 원하며, 음악회나 송년 모임에서는 여성스럽고 우아하게 보이길 원할 것이다. 교사는 학교에서는 잘 가르치고 학생들과 진실하게 소통하는 이미지를 갖기 위해 애를 쓸 것이고, 가정에서는 가족 구성원으로서 자신의 역할에 맞는 자기 이미지를 원할 것이다.

현대사회에서는 생활의 다양화로 인해 사람들은 상황에 따라 다양한 자기 이미지를 동시에 갖게 되므로 고정적인 실제 자기 이미지나 이상적 자기 이미지보다 상황적 자기 이미지가 더 중요시되고 있다.

3) 이미지 메이킹

레이건과 부시 등 미국 대통령의 이미지를 성공적으로 만들어 이미지 메이커로 명성을 날렸던 로저 아일즈는 "당신 자신이 바로 메시지다"라는 명언을 남겼다. 개인이 창출해 내는 이미지에 따라 상대방에게 전달되는 메시지가 결정되고 그것을 전달하는 매체는 바로 자신이라는 뜻으로 한 말이다. 이는 사회적인 존재인 인간이 자신의 역할을 수행하기 위한 관계 형성에서 이미지가 얼마나 중요하게 작용하는지를 알 수 있게 해 준다.

이미지 메이킹이란 개인이 추구하는 목표를 이루기 위해 스스로 바람직한 상을 정해 놓고, 그 이미지를 현실화하기 위해 자기 이미지를 통합적으로 관리하는 행위이자 자기 향상을 위한 개인의 노력을 총칭하는 것이다. 자신 스스로 생각하는 주관적인 부분의 장단점을 파악하고 상황에 맞게 자신의 최적화된 이미지를 구축하여 객관적인 평가와 신뢰도를 높이는 의도적인 변화 과정이라고 할 수 있다.

> "당신은 바로 자기 자신의 창조자이다." –카네기

더 나아가서 이미지 메이킹은 개인이 가진 이미지를 스스로 분석, 진단하여 직업과 개성에 맞는 가장 바람직한 이미지를 만들어 내어 호감도를 높이고 사회적 경쟁력을 향상시키며, 상황에 따른 대인 관계 능력 및 신분과 역할에 어울리는 자기 표현 기법을 체득하여 성공적인 자아 실현과 삶의 질을 높이기 위한 총체적인 자기 변화 과정이라고 할 수 있다.

이미지 메이킹이라고 하면 겉으로 보이는 외모에 관련된 부분으로만 생각하기 쉽지만 진정한 이미지 메이킹은 내면에서부터 만들어져야 하며, 내면과 외면이 조화를 이루도록 하는 것이다. 따라서 자신이 가진 내면과 외면의 모습을 통합적으로 관리함으로써 상대방에게 호감을 줄 수 있는 자신만의 매력을 전달하는 것이 필요하다.

이미지 컨설팅

이미지 메이킹이 목표한 콘셉트(역할)에 이미지를 맞추어 만드는 것이라고 한다면 이미지 컨설팅은 개인의 라이프 스타일과 개성을 참고하여 가장 바람직한 이미지를 창조 보완하고 관리해 나가는 과정을 말한다.

개인의 이미지가 성공의 중요한 관건이 되는 시대에서 무엇보다 중요한 것은 그 사람이 가지고 있는 고유의 매력을 발견하고 그것을 타인에게 오해가 없도록 표현하는 것이다. 어떤 사람은 내면의 가치와 아름다움에 비해 관리되지 않은 외면의 모습 때문에 그 진가를 인정받지 못하고 있으며, 어떤 사람은 잘못된 표현 방식으로 인해 실제의 내면과는 전혀 다른 사람으로 오해를 받게 되는 경우가 있다. 이미지 컨설팅은 이러한 오해를 최대한 줄이고 자신이 원하는 이미지로써 타인의 인정을 받을 수 있는 데 그 목표가 있다.

이미지 진단 (Diagnosis)		이미지 개선 (Consulting)		이미지 관리 (Direction)
개인의 성향 진단지 작성 개인 정보 분석 사진/비디오 촬영 이미지 분석	➤	**비주얼 이미지** 보디/코디네이션 메이크업/헤어 커뮤니케이션 비즈니스 매너	➤	**이미지 완성** 유지/사후 이미지 전략 제시

|그림 1-1| **이미지 컨설팅의 과정 및 구성 요소**

02 이미지 메이킹의 중요성

호감을 주는 이미지의 구축은 개개인의 관계 증진은 물론 대인 관계에서 강점으로 작용하여 사회생활에 자신감을 형성하고, 개인의 잠재적인 능력과 장점을 최대화하여 삶의 질을 향상시킬 수 있다.

영국이 낳은 위대한 극작가 세익스피어는 '인생은 연극 무대' 라고 말했다. 연극에서 배우들은 맡은 배역에 충실하기 위해서 그 배역에 맞는 성격, 옷차림, 외모, 태도 등을 지녀야 하는 것과 마찬가지로 이미지 메이킹을 통해 각자 자신의 역할에 충실한 이미지로 보여질 때 그 인생은 성공할 수 있을 것이다.

이제 이미지 메이킹은 연예인이나 특정인들만 하는 것이 아니라 개성이 존중되는 개인 중심 시대에 삶의 질을 높이고자 하는 현대인 모두에게 필요한 도구인 것이다. 외적 이미지의 개선이 이루어지면 심리적으로 시너지가 발생하여 자신감도 증폭되는 경험을 해볼 수 있다. 당신이 비만 상태에 있다면 확실한 계획과 실천으로 몸무게를 정상으로 돌이켜 보라. 자신감이 생길 것이다. 늘 편한 차림만 고수하던 사람이 정장 차림을 하면 자세와 기분이 바뀌는 것처럼 당신의 외모를 향상시키면 내면의 잠재력 또한 강화시킬 수 있음을 알아야 한다.

지금까지 바꾸지 못한 자신의 이미지를 향상시키겠다는 결심과 의지가 있다면 이젠 행동으로 옮겨야 한다. 자신의 가치를 최고로 높이고 싶다면 자신의 진정한 이미지를 바람직하고 효과적으로 연출할 수 있어야 한다.

퍼스널 이미지 브랜딩(Personal Image Branding)

당신이 곧 브랜드이다.

브랜드(brand)란 라틴어로 '각인시키다' 라는 뜻이며, 퍼스널 브랜드(Personal Branding)는 자신을 세상에 얼마나 제대로 인지시키느냐가 중요하다. 미디어 그룹 타임워너의 전 회장 스티브 케이스는 "향후 브랜드는 점점 더 중요하게 될 것이다. 그 이유는 시대의 변화가 빨라지고, 복잡해지고, 경쟁이 치열해질 것이기 때문이다."라고 했다. 지금처럼 속도의 시대, 변화의 시대, 경쟁의 시대에는 타인에게 당신 스스로를 인지시켜 자신의 존재를 명확히 나타내야 한다. 자신이 존재하고 살아 있음을 증명하는 과정, 타인이 나를 어떤 하나의 메시지나 이미지로 기억하게 만드는 것이 바로 퍼스널 이미지 브랜딩(Personal Image Branding)이다.

미국의 경영학자이자 경영 컨설턴트인 톰 피터스는 저마다 의미 있는 존재가 되기 위해 가장 중요한 일은 '당신(You)' 이라 불리는 브랜드에서 최고 마케터가 되는 것이라고 역설했다. 다시 말해 퍼스널 이미지 브랜딩은 자신의 외모와 능력, 감성을 총체적으로 관리하는 것으로서, 자신의 핵심 가치를 정의하고 자신이 원하는 기회를 잡기 위해서는 끊임없이 자신의 이미지를 브랜딩해야 한다.

'21세기는 Imagewear의 시대' 이며 'Personal Identity는 Personal Image로 표현' 된다고 한다. 예를 들어, "성공하는 사람은 옷도 잘 입는다.", "옷 잘 입는 사람은 성공한다."라는 말에서 '옷 잘 입는다' 는 것은 값비싼 명품만을 입는다는 의미가 아니다. 자신만의 퍼스널 이미지를 스타일로써 잘 표현한다는 뜻이다. 여기서 이미지라 함은 패션 이미지[실루엣, 스타일, 디자인, 소재, 컬러, 무늬, TPO(Time, Place, Object) 코디네이션, 액세서리, 헤어스타일, 메이크업 등]가 상당 부분을 차지하지만, 커뮤니케이션, 습관, 행동, 매너, 표정 등이 총체적으로 포함된 퍼스널 아이덴티티가 외적 이미지로 표현됨을 의미하는 것이다.

자신의 외적 이미지는 자기 마음을 표현하는 무언의 메시지이며, 보여지는 Visual Design이다. 그러므로 자신만의 Visual Identity를 갖는다는 것은 무척이나 중요하고 필수적인 것이다. Visual Identity로 형성된 외적 이미지가 뭐 그리 중요할까라고 생각하는 사람도 있을 것이다. 그러나 현대사회에서 성공 코드 중 하나는 당신의 외적 이미지와 밀접한 관계가 있고 상당히 중요한 부분을 차지하고 있다. 사람들은 당신의 첫 이미지로 당신이 어떤 부류의 사람인지, 무슨 직업을 가졌는지 구분할 뿐 아니라 당신에게서 풍기는 무언의 메시지로도 당신의 느낌을 받아들인다.

미국의 한 컨설팅 회사에서 사람의 외적 이미지가 연봉 책정에 미치는 영향을 알아보기 위해 일란성 쌍둥이 형제에게 몇 회사에 동시에 입사 지원서를 제출하도록 하였다. 쌍둥이 형제 중 한 명은 깔끔하고 단정한 용모에 정장을 입고 찍은 사진을 제출했고, 또 다른 한 명은 용모에 신경을 쓰지 않고 자유롭고 편한 옷차림의 사진을 제출한 결과, 똑같은 얼굴에 학력과 경력이 같음에도 불구하고 대부분의 회사에서 정장을 입은 형제의 연봉이 거의 3천 달러나 높게 책정되었다는 결과를 얻었다.

당신 자신의 이미지로 부가가치를 최고로 높이고 싶다면 자신의 현재 이미지를 진단하고, 자신의 스타일에 맞는 최상의 이미지를 찾아내어 상황에 맞게 연출하는 방법을 습득함으로써 성공적인 프로 교사로서의 가치를 높여야 한다.

사람들은 누구나 남들로부터 인정받고 싶은 욕망이 있다. 인정받기 위해서는 남들과 다른 무엇인가를 보여 주어야 한다. 퍼스널 브랜드는 얼마나 남들에게 인지시키느냐가 중요하다. 자신만의 퍼스널 브랜드를 만드는 출발점은 자신을 파악하고 자신의 정체성을 찾는 것이다.

자신에 대한 정체성을 보여 주는 브랜드 이름을 자신 있게 말할 수 있는가? 예를 들면, 산소 탱크 박지성, 시골 의사 박경철, 피겨 여왕 김연아, 마린 보이 박태환 등의 퍼스널 브랜드는 그들을 남과 확실히 구분 짓게 한다.

퍼스널 브랜드는 자신의 생각, 태도, 행동, 스타일 등을 통해서 남들에게 인지시킴으로써 얻어지는 결과이다. 퍼스널 이미지 브랜딩은 타인에게 남겨진 자신의 전반적인 이미지와 내면의 정체성이 함께 조화를 이루어 표현되는 종합예술이 될 수 있다.

지금부터 프로 교사로서 자신의 브랜드 이름을 정의해 보자, 정의가 되었다면 자신의 가치를 최고로 높일 수 있도록 꾸준히 노력하자.

퍼스널 브랜드 전략

1. **프로페셔널 전략:** 전문성 갖추기, 능력의 재고 조사(부족한 것은 보충, 부정적인 것은 버리기)
2. **워크프로세스 전략:** 효율적인 업무 스타일, 목표와 계획, 실적을 자료화하기
3. **트레이닝 전략:** 끊임없는 자기 관리, 긍정적 사고, 꿈의 시각화, 열정을 일깨워 줄 멘토 찾기
4. **네트워크 전략:** 좋은 인간관계, 말과 행동에 일관성
5. **프라미스 전략:** 신뢰와 약속
6. **펀 전략:** 웃어라, 그리고 웃겨라(즐거워야 제 실력을 발휘한다).
7. **라이프스타일 전략:** 몸이 최고의 재산, 스트레스 다스리기

출처: 전미옥(2004). I am Brand.

이미지 메이킹의 실제

제2장

01 퍼스널 이미지 메이킹 전략

이미지 메이킹의 일차적인 목적은 전달자가 수용자로 하여금 호의적인 이미지를 갖게 하고 그에 따라 자신들에게 유리한 선택을 하게 하는 데 있으므로 전달자는 자신의 이미지를 호의적으로 만들기 위해 수용자의 필요나 욕구를 창출하고 자신을 알리는 데 노력하는 효과적 전략을 수립할 필요가 있다.

자신의 현재 이미지를 객관적으로 진단하고, 자신에게 맞는 최상의 이미지를 찾아내어 상황에 맞게 연출하는 방법을 습득함으로써 프로 교사로서의 준비된 이미지를 갖추어야 할 것이다.

성공적이고 효과적인 이미지 메이킹을 위한 전략을 5단계로 설명하면 다음과 같다.

이미지 메이킹의 5단계(5 steps of Image Making)

1. Know yourself : 자기 자신을 바르게 알고 파악하는 단계
2. Develop yourself : 구체적인 목표를 설정하여 자신을 계발하는 단계
3. Package yourself : 자신의 외적 이미지를 목적에 맞게 연출하는 단계
4. Market yourself : 자신을 적극적으로 알리고 표현하는 단계
5. Be yourself : 자신의 진실한 이미지를 전달하는 단계

① Know yourself / 자신을 알라

이미지 메이킹의 첫 단계는 자신을 객관적으로 파악하는 것이다. 자신의 장단점을 잘 알고, 교사로서의 자신의 역량을 파악하고 보완할 수 있는 사람이라면 성공적인 교사로서의 자신의 이미지를 구축할 수 있을 것이다.

② Develop yourself / 자신을 계발하라

교사로서 자기 계발은 매우 중요한 부분이다. 예를 들면 대학원에 진학한다든지, 다양한 연수에 참여하여 자기 계발의 기회를 가진다면 자신의 부족한 면을 다시 한 번 돌아보고 배울 수 있게 된다. 꾸준한 독서와 같은 자기 자신의 계발은 교육자로서 학생들을 대할 때 자부심을 느끼게 해 주며, 자기 발전의 기회도 될 수 있다.

③ Package yourself / 자신을 포장하라

자신에게 어울리는 이미지를 찾아 연출할 수 있어야 한다. 자기의 이미지에 있어 단점을 보완하고 장점을 부각시켜 긍정적으로 멋지게 연출한다면 교사로서 더욱 신뢰감이 느껴지는 이미지를 갖출 수 있을 것이다.

④ Market yourself / 자신을 팔아라

자신을 필요로 하는 곳에 적극적으로 표현할 수 있는 기회를 가지는 것은 효과적인 이미지 메이킹이 될 수 있다.

⑤ Be yourself / 자신에게 진실하라

교사는 성실하고 누구에게나 신뢰를 줄 수 있어야 함은 물론이며, 진실로 소통할 수 있는 마음과 몸가짐을 지녀야 함은 또 하나의 성공적인 이미지 메이킹 전략임을 확신한다.

교사를 준비하는 모든 사람들은 성공적인 이미지 메이킹의 5단계를 마음속에 새기며 자신의 이미지를 구축할 수 있도록 노력해야 할 것이다.

02 이미지 진단

1) 자기 이미지 진단

이미지 메이킹의 첫 단계는 현재의 나 자신을 분석하여 파악하는 일이다. 내가 생각하는 나의 이미지와 상대방이 생각하는 나의 이미지를 비교하여 차이점을 알아봄으로써 더욱 객관적으로 자신의 모습을 살펴볼 수 있다. 이를 위해 이미지 분석 진단지를 작성하거나 사진이나 동영상 촬영 등을 통해 자신의 모습을 분석하는 방법이 도움이 된다.

Tip

- 본인 스스로 느끼는 이미지와 타인이 평가하는 이미지가 어떻게 다른지 생각해 보기
- 자신의 이미지에 부정적 영향을 주는 문제점을 찾아보기

자기 이미지 진단과 분석

나는 (　　　　　　　　　　　　　　)한 사람입니다. – 자신의 특성을 대표하는 형용사로 표현해 보기 (예 성실한, 도움을 주는, 유쾌한…)
나는 어떤 사람으로 보여지고, 평가받고 싶은가?
내가 생각하는 나의 장점과 매력은? – 내적 – 외적
내가 변화되고 싶은 것은? 개선이 필요한 부분은? – 내적 – 외적

역할 모델 찾기

1. 나의 꿈은 무엇인가(무엇이었나)? 현재는 무엇을 꿈꾸고 있는가?
2. 내가 인생에서 가장 중요하다고 생각하는 것은?
3. 나는 어떤 유형의 인물이 되고 싶은가? (내적 & 외적)
4. 내가 존경하는 성공한 사람들을 찾고 그들에 관한 자료 모으기
5. 자신이 역할 모델로 삼고 싶은 모습은? (내적 & 외적)

* 그들의 무엇이 성공하게 만든 것인지 생각해 보기

이미지 메이킹의 10계명

1. 열린 마음을 가져라
2. 첫인상에 승부를 걸어라
3. 외모보다는 표정에 투자하라
4. 자신감을 소유하라
5. 열등감에서 탈출하라
6. 객관적인 자신을 찾아라
7. 자신을 사랑하라
8. 자신의 일에 즐겁게 미쳐라
9. 신용을 저축하라
10. 남을 귀하게 여겨라

| 내적 & 외적 이미지 지수 체크리스트 |

해당되는 항목에 체크하세요.

	이미지 A
	나는 나를 사랑한다.
	긍정적이고 적극적인 성격이다.
	인생의 뚜렷한 희망과 목표가 있다.
	나쁜 습관보다 좋은 습관을 더 많이 가지고 있다.
	나의 의견을 타인에게 드러내고 표현하는 일이 어렵지 않다.
	문제가 생기면 감정적이기보다 이성적으로 대응한다.
	화가 날 때 마인드 컨트롤을 하며 흥분을 가라앉힌다.
	자기 계발을 다루는 서적을 즐겨 읽는다.
	연극, 음악회 등의 다양한 문화 행사에 적극적으로 참여한다.
	눈치(이해력과 판단력)가 빠른 편이다.
	무력감과 우울증에서 빠르게 벗어날 수 있다.
	미래의 성공 이미지를 자주 그린다.
	매일 짧게라도 기도나 명상을 한다.
	사람들을 만나는 것이 즐겁다.
	인간관계에 문제가 생기면 스스로 해결하기 위해 노력하는 편이다.
	남에게 말한 약속은 반드시 지키려고 노력한다.
	옳다고 생각하는 일은 고민하기보다 바로 행동으로 옮기는 편이다.
	인사성이 좋고 친절하다.
	스트레스가 쌓이면 취미(음악, 영화 감상, 독서, 운동 등) 생활로 풀어 버린다.
	시간 약속을 중시 여기며 잘 지키는 편이다.
	시간을 헛되이 쓰지 않으려고 계획을 세우고 그에 따라 노력하는 편이다.
	단점을 고치기 위해 구체적인 노력을 기울인 적이 있다.
	나의 장점을 잘 알고 5가지 이상 구체적으로 말할 수 있다.
	항상 타인의 입장을 존중하며 이해하려고 노력하는 편이다.
	자신에게 이미지 모델(닮고 싶어 하는 인물)이 있다.

◆ 해당되는 항목에 체크하세요.

	이미지 B
	대체로 자신의 외모에 만족한다.
	평소 잘 웃는 편이다.
	사진 찍는 것이 어색하지 않다.
	사람을 처음 만날 때 웃으면서 먼저 다가갈 수 있다.
	거울이 있으면 습관적으로 몸 전체와 표정을 쭉 훑어본다.
	자기보다 매력적인 사람을 만나면 그 사람의 외적 이미지를 유심히 관찰한다.
	패션 트렌드에 관한 기사나 잡지를 즐겨 읽는다.
	사람들 앞에 나서는 것이 두렵지 않다.
	화장을 자연스럽게 잘하는 편이다. (남자는 스킨 로션을 잘 바른다.)
	종종 헤어스타일을 바꾸는 것으로 이미지 변화를 시도한다.
	얼굴에 트러블이 생기면 즉각 관리를 한다.
	체중이 불어나면 즉시 식사 조절이나 운동으로 다이어트에 들어간다.
	자신의 피부색에 어울리는 컬러를 알고 있다.
	자기 체형의 결점을 커버하는 패션 감각을 가지고 있다.
	다양한 컬러의 의상을 시도하는 편이다.
	깔끔하고 단정한 패션 스타일을 좋아한다.
	상황에 맞게 옷을 입을 줄 안다.
	스카프(넥타이) 또는 액세서리를 이용해 다른 분위기로 연출할 수 있다.
	체취에 신경을 쓰며 때에 따라 향수를 뿌린다.
	새로운 스타일을 시도하는 것이 두렵지 않다.
	나에게 어울리는 이미지를 잘 알고 있으며 옷차림에 자신이 있다.
	정중한 인사와 악수를 세련되게 할 수 있다.
	자세가 반듯하다.
	걸음걸이가 당당하다.
	몸짓과 제스처가 어색하지 않고 세련된 편이다.

평가 방법

이미지 A그룹과 B그룹을 체크해 본 결과 당신에게 해당하는 항목이 몇 개씩인가? 그 개수에 해당하는 좌표에 점을 찍어 보자.

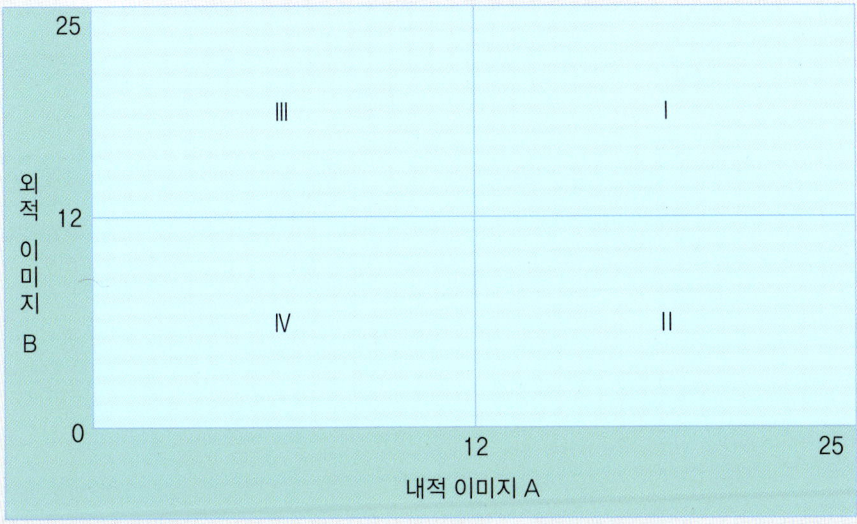

Ⅰ 영역 : 당신은 내적 이미지와 외적 이미지를 잘 갖추고 있습니다. 또한 삶에 대한 의욕도 대단히 강합니다. 자신만의 개성과 매력을 지속적으로 개발한다면 무리 없이 목표를 달성할 수 있을 것입니다.

Ⅱ 영역 : 당신은 외모보다 내적 이미지의 가치를 중시 여기는 사람입니다. 때로는 외적 이미지를 추구하는 사람들에게서 우월감을 느낄 때도 있습니다. 그러나 외모지상주의의 현대 문화에 직면하여 당신은 생각을 바꾸지 않으면 안 됩니다. 당신에게 변화에 적응할 수 있는 잠재력이 있습니다. 지금부터라도 외적 이미지의 중요성을 인식하고 변화한다면 빠른 속도로 경쟁력을 높일 수 있습니다. 당신의 지성에 감각적인 외적 이미지가 추가된다면 당신은 너무나 매력적인 사람이 될 수 있을 것입니다.

Ⅲ 영역 : 당신은 외적 이미지에 치중하는 편입니다. 지적 능력을 키우기 위해 독서량을 늘리고, 자기 개발 프로그램에 적극적으로 참여할 필요가 있습니다. 외모를 가꾸는 일과 내면적 자질 개발이 함께 이루어져야 합니다. 내면적 자질들은 외면으로 스며 나온다는 것을 알고 내적 이미지 개발에 힘쓴다면 당신의 외모는 더욱 돋보일 것입니다.

Ⅳ 영역 : 당신은 자기 자신의 내적 이미지와 외적 이미지에 대한 관심이 부족한 사람입니다. 내면의 자신감이 부족하고 소극적이며, 더 나은 사람이 되고자 하는 노력이 부족합니다. 먼저 긍정적인 생각과 자신에 대한 자신감을 가지는 것이 중요합니다. 자신의 단점보다는 장점을 생각하고 자신의 가치를 충분히 인식한 후 어떠한 모습이고 싶은지를 생각해 보세요. 꾸준히 내적, 외적 이미지를 향상시키기 위해 힘쓴다면 어느새 긍정적이고 적극적으로 변화된 자신을 발견하게 될 것입니다.

2) 이미지 설정 및 개선

이미지 메이킹은 기존의 자신의 모습에서 장점과 잠재력을 끌어내는 것에 중점을 둔다. 없었던 것을 만들어 내는 making 작업은 극히 적은 부분을 차지한다. 그러기 위해서는 자신의 속성에 어울리는 이미지 메이킹 계획이 필요하다. 개성이나 능력 혹은 상황에 맞지 않는 이미지를 만든다는 것은 아주 어려운 일이다. 자신에게 목표를 설정해 놓고 그 이미지에 부합되는 기존의 이미지는 강화하고 목표 이미지에 도움이 될 수 있는 새로운 요소를 더해 나가는 작업이므로 무엇보다 자신에게 맞는 이미지를 설정하는 일이 중요하다.

자신의 미래를 위한 목표 설정이 돼 있는 사람이라면 이미지에 깊은 관심을 갖고 자신의 목표 이미지를 설정해 부족한 부분을 보완하고 개선해 나가는 이미지 메이킹을 해 보라. 이미지의 발굴과 부각으로 '나' 라는 상품에 대한 가치를 포장하라. '내가 어떤 일을 하느냐' 보다 '내가 어떤 일을 한다고 보여지느냐' 가 중요하다. 지금 자신의 모습은 과연 어떻게 비쳐지는지 점검해 봐야 할 것이다.

(1) 내적 이미지 설정 및 개선

더욱 나은 자신의 모습을 원하는 내적 변화의 자세는 성공적인 이미지 메이킹의 시작이며, 동시에 자기를 사랑하고 자신감과 긍정의 힘을 기르는 시너지 효과를 가져온다. 이미지 메이킹을 통한 긍정적인 자아상의 확립은 자신에 대한 자존감을 높여 주고 긍정적이고 적극적인 삶의 태도를 지닌 성공적인 사회인으로 성장하는 데 중요한 발판이 된다.

▣ 내 주변의 소중한 사람들이 나에게 기대하고 있는 것은 무엇인가? 나는 그들로부터 어떤 평가를 받기 원하는가?

역할	평가자	받고 싶은 평가

내적 이미지 설정의 3요소

이미지 메이킹이라고 하면 흔히 외적인 변화만을 떠올리게 되는데, 외적 이미지의 근간이 되는 성공인의 내적 이미지 설정을 위해서는 세 가지 요소를 필요로 한다.

첫째, 자신을 아끼는 자긍심과 자아존중감
둘째, 개인의 능력, 자신의 일에 대한 능력
셋째, 뚜렷한 비전과 목표

유명한 격언을 많이 남긴 철학자 엘버트 하버드가 남긴 격언 한 구절이다. "당신이 되고자 하는 유능하고 성실하며 쓸모 있는 사람의 이미지를 가슴속에 생생하게 그려 보아라. 당신이 품은 생각이 매 시간 당신을 그 모습으로 변화시킬 것이다. 생각이 모든 것을 지배한다. 바른 정신 자세를 견지하라. 용기, 솔직함, 쾌활함이 그것이다. 바르게 생각하는 것이 곧 창조하는 것이다. 욕망이 있으므로 모든 것이 생기며, 모든 진정한 기도는 응답을 받는다. 우리는 우리의 마음을 따라 변한다. 인간은 고치 안에 들어 있는 신이다."(Dale carnegie, 2006)

어떠한 사람이든 모두 성공하길 원한다. 마냥 성공하고 싶다는 생각만으로 그치는 것이 아니라 자기 자신에게 관심을 갖고 자신을 사랑하는 사람만이 이미지 메이킹에 성공할 수 있다. 스스로 자신이 부족하다고 생각하고 안 될 것이라고 생각하고 있다면 아마도 상대방 역시 당신을 그렇게 평가하고 있을 것이다. 항상 스스로를 아끼고 사랑하며, 자신감을 잃지 않고 긍정적인 사고로 모든 일에 최선을 다하는 당신이 되길 바란다.

Tip 자신에게 자신감을 가지는 방법

- 긍정적인 단어와 문장만을 사용하여 자신을 소개하는 간단한 글을 적어 보자. 자신을 소개하는 것처럼 읽는다. 어떻게 들리는가? 기분이 어떤가?

7가지 마음의 법칙

1. 통제의 법칙: 내가 내 인생의 주인이다. 자신만이 스스로의 삶을 컨트롤할 수 있다.
2. 인과의 법칙: 모든 결과에는 원인이 있다. 삶의 일차적인 원인은 생각이다. 뿌린 대로 거둔다.
3. 신념의 법칙: 될 수 있다는 믿음이 강하면 이루어진다. 자신이 믿는 대로 본다. 두려움은 장애물을 보는 것이고 의심은 두 마음을 품는 것이며 믿음은 장애물을 뚫고 보는 것이다.
4. 기대의 법칙: 무엇이든 확신을 갖고 기대하면 그대로 된다.
5. 인력의 법칙: 인간은 살아 있는 자석이다. 자신과 비슷한 사람을 끌어당긴다.
6. 상응의 법칙: 안에 있는 대로 밖으로 표출된다. 마음속의 생각과 감정이 행동으로 표현된다.
7. 마음의 법칙: 우리가 생각하는 대로 된다. 생각이 우리를 지배한다. 생각을 바꾸면 인생이 바뀐다.

(2) 외적 이미지 설정 및 개선

자신의 이미지 진단이 이루어지면 장단점을 파악하여 장점을 극대화시키고 단점을 커버할 수 있는 훈련이 필요하다. 이 과정이 바로 이미지 개선이며 외모 개선을 중심으로 내면의 자신감까지 이끌어 낼 수 있는 과정이다.

자신의 외모를 가꾸고 만족스러운 외모에서 자신감을 느낀다면 다른 사람도 좋은 인상을 받고 당신에게 신뢰할 것이다. 자신의 외모에 대해 자신이 없는 사람은 다른 사람들에게도 그렇게 보일 수 있다. 자신을 위해서 보기 좋은 옷을 고르고 멋진 액세서리를 고르는 것은 자신에게 좋은 일을 해 주는 것이다.

이미지는 여러 가지 요소들을 통해서 시간을 두고 이루어지는 것이므로 이미지를 개선하는 일이 단시간에 이루어지는 것은 아니다. 단기간의 노력으로 어느 정도의 외적 이미지 개선은 가능하지만 시간이 짧을수록 표면적인 변화에 머무를 가능성이 많다. 이미지 개선 작업은 장기적인 노력을 통해 계속적인 교정이 필요한 과정이다.

우리는 자신의 중대한 이미지를 그저 다른 사람의 주관적 사고에만 맡겨 둔

채, 수동적이고 무기력하게 형성되도록 방치할 수는 없을 것이다. 이미지를 창출함에 있어서 '무엇을 보여 줄까?' 와 더불어 '어떻게 보여 줄까?' 도 중요하다는 것을 인식해야만 한다.

외적 이미지 항목	보완점	개선 방법
표정		
자세		
피부/메이크업		
헤어스타일		
체형/패션		

3) 이미지 관리

외적, 내적 훈련을 통해 완성된 이미지는 지속적인 관심과 노력이 필요하며 이를 좀 더 긍정적인 결과로 이끌어 내기 위해서는 지속적인 이미지 관리가 요구된다.

자신이 원하는 이미지로 다른 사람들에게 보이기 위해서는 자신의 외모와 행동을 선택하고 통제할 수 있어야 하며, 상대방이 나에 대해 긍정적인 판단을 내릴 수 있도록 적절한 준비와 계획을 세워야 한다. 이미지 관리는 자신의 이미지를 좀 더 바람직한 방향으로 개선함으로써 개인과 개인, 또는 사회 내 대인 관계에서 긍정적인 이미지를 심어 주고 보다 나은 삶의 질을 고양시킬 수 있도록 노력해야 한다는 것을 의미한다.

좋은 이미지를 가지기 위해서는 자신이 현재 할 수 있는 것부터 하나씩 개선하거나 바꾸는 노력이 필요하다. 예를 들면 만나는 사람들에게 밝게 인사를 하거나 눈이 마주치면 미소를 짓는 등 평소의 습관에서부터 노력하다 보면 언젠가 다른 사람들로부터도 자신의 이미지에 대해 좋은 평가를 받을 수 있을 것이다. 스스로 어떤 이미지를 가지기를 원하는지 자신의 목표 이미지에 대해 생각하고 어떤 부분을 노력해야 하는지 찾는 것부터 자신의 이미지 관리는 시작될 수 있다.

자기 스스로에 대한 자신감과 일에 대한 전문성, 편안하고 호감 가는 외모를 가지고 있다면 좋은 이미지의 기본적인 요소들은 충족되어 있다. 거기에 사교성과 다른 사람을 존중하는 인성을 가지고 있다면 누구에게나 좋은 이미지를 줄 수 있을 것이다.

Tip

한 사람에 대해 첫인상에서 좋은 이미지를 느꼈을지라도 어떤 상황에서 전혀 다른 모습을 보게 된다면 그 사람에 대한 이미지는 연출된 거짓으로 느껴질 수 있다. 자신의 이미지를 일관성 있게 유지시킬 필요가 있다. 크게는 가치관에 있어서, 작게는 말하는 태도나 옷차림에 있어서까지 표출하는 이미지에는 일관성이 있어야 한다.

03 성공적인 이미지 메이킹의 실례

성공적인 이미지 메이킹은 시대가 요구하는 미의식과 가치관이 자신의 외적, 내적 측면의 모습에 반영될 때 가능한 것이다. 또한 그 사람의 외모에서 보여지는 이미지와 말과 행동이 일치되는 모습을 보일 때보다 설득력 있는 이미지 메이킹이 될 수 있다.

최근 외모에 대한 관심이 높아지면서 많은 사람들이 자신의 외모를 가꾸는 데 공을 들이고 좋은 이미지를 보여 주기 위해 노력하고 있다. 그러나 겉으로 보여지는 좋은 모습과는 다르게 말과 행동이 일치하지 않는 모습을 보여 주는 사람은 시간이 지날수록 그 외모가 빛을 잃게 된다.

대중에게 좋은 이미지를 주었던 연예인이 외모적으로 보여 주었던 이미지와 전혀 다른 행동으로 사회적으로 물의를 일으킨 경우 다시 예전의 인기가 회복되기 힘든 최근의 사례들을 보더라도 이미지 메이킹의 성공 여부는 진정성이 아닐까 생각한다. 최근에는 이미지의 중요성이 알려지면서 정치적으로 이미지 메이킹을 활용하는 사례 또한 늘고 있다.

과거부터 현재까지 이미지 메이킹을 통해 대중에게 좋은 이미지를 심어 준 유명인의 사례를 살펴보자.

① 존 F. 케네디(John F. Kennedy, 1917~1963)

1960년에 있었던 미국 대선 당시 케네디와 닉슨은 최초로 TV를 통해 대통령 후보 토론회를 열었다. 이때 닉슨에 비해 정치적 경력이나 지지율이 열세였던 케네디는 산뜻한 감색 양복에 새하얀 셔츠, 단정하게 맨 넥타이로 젊고 건강한 인상과 활동감 넘치는 이미지로 대중들에게 어필하였다. 그것은 곧 그 당시 선진국에 올라선 미국의 젊고 패기 있는 모습의 반영이었기 때문이다. 케네디 부인 재클린 케네디 또한 대통령 후보 부인으로서의 우아함을 잃지 않으면서 그 당시 미국의 진취적이고 젊은 문화적 가치관을 단순하고 모던한 패션과 자유롭고 화목한 라이프스타일로 보여 주었다. 그 결과 케네디는 대선을 승리로 이끌게 되었고, 이후 정치인들에게 이미지 메이킹은 필수 전략으로 인식되었다.

② 빌 클린턴(Bill Clinton, 1946~)

편안한 캐주얼 복장에 색소폰을 부는 모습은 미국 국민들에게 신선하고 자유로운 느낌으로 다가왔다. 몇 번의 스캔들도 그의 부드럽고 점잖은 이미지, 특유의 깔끔한 외모 덕에 무마할 수 있었다.

③ 힐러리 클린턴(Hillary Clinton, 1947~)

과거 변호사 시절엔 눈에 띄지 않는 촌스러운 스타일이었으나, 8년간 퍼스트레이디 역할 이후의 힐러리 뉴욕 상원의원의 이미지는 지적이고 적문적인 이미지로, 세련된 숏커트 헤어스타일과 패션에 있어서는 자신감 있고 당당한 미국인다운 모습을 선명한 색상의 슈트 스타일로 드러냈다.

④ 마거릿 대처(Margaret Hilda Thatcher, 1925~)

영국 최초의 여성 총리로서 '철의 여인' 이라 불렸던 마거릿 대처는 여성의 우아함을 상징하는 진주 목걸이, 귀고리, 팔찌, 반지 등의 액세서리를 적극적으로 활용하여 외유내강형의 이미지 리더십을 강화하였다.

⑤ 매들린 올브라이트(Madeleine Albright, 1937~)

매들린 올브라이트는 상체가 보통 여성의 두 배 정도가 될 만큼 컸는데, 이러한 결점을 커버하기 위해서 슈트는 단색으로 깔끔하게 입고 브로치로 포인트를 주었다. 때에 따라 상징적인 모양의 브로치를 통해 국가의 메시지를 전달하는 이러한 그녀의 브로치 외교 덕분에 나이 든 외모, 뚱뚱한 체형이나 작은 키와 같은 체형의 약점을 극복할 수 있었다.

⑥ 스티브 잡스(Steve Paul Jobs, 1955~2011)

검은 크루넥(혹은 하프 터틀넥)과 닳은 청바지를 즐겨 입었고, 운동화를 즐겨 착용하였다. 캐주얼한 차림과 검은색, 청바지, 운동화라는 아이템은 애플이라는 브랜드의 도전 정신과 젊음, 혁신, 창의성, 자연스러움과 모던한 인상을 소비자들에게 그대로 전달할 수 있었다.

⑦ 버락 오바마(Barack Obama, 1961~)

대선 당시 엘리트 같지도 않고 너무 서민 같지도 않은 적절한 패션을 이용해 건강한 이미지와 젊음, 진취적인 이미지를 심어 줄 수 있었다. 그가 입었던 남색 슈트에 흰 셔츠, 붉은 넥타이 차림은 성조기의 색상을 상징하는 것으로서, 그가 중요한 자리에서 결연한 의지를 표현하고자 할 때 쓰였다.

퍼스트 레이디 옷으로 말한다.

미셸 오바마 취임식 '네이비블루'

구두 · 코트 · 벨트 등 중저가 브랜드

'패션 뮤즈' 미셸 오바마의 취임식 패션에 전 세계의 눈이 쏠렸다. 버락 오바마 대통령이 연임하면서 21일(현지 시간) 두 번째 취임식에 참석한 퍼스트레이디 미셸은 단정하면서도 여성스러운 스타일로 세계적 패셔니스타의 위용을 떨쳤다.

그가 선택한 아이템은 네이비블루 코드였다. 백악관에 따르면 미셸 여사는 이날 미국의 디자이너 '리드 크라코프'의 카디건 위에 '톰 브라운' 체크무늬 코트를 걸쳐 입었다.

지난 2009년 취임식에서 노란색 바탕에 반짝이는 흰색 꽃무늬가 들어간 드레스를 입었던 것과 비교하면 차분한 분위기를 연출하는 드레스코드였다. 다소 어두운 톤에 심플한 디자인의 A라인 코트는 화려한 비즈가 장식된 벨트를 만나 한층 돋보였다. 265달러(약 28만 2,000원)짜리 이 '제이크루' 벨트는 미 전역에서 재고가 없는 상태라고 미 언론들이 보도했다. 평소 그가 애용하는 중저가 브랜드 '제이크루'의 블랙 구두는 전체 패션과 조화를 이뤄 깔끔한 느낌을 줬다.

'톰 브라운'은 남성복을 위주로 하는 대표적인 미국 디자이너 브랜드로, 미셸의 코트 역시 넥타이 소재로 만들어져 화제를 모았다. 실루엣은 여성스러운 반면, 소재를 차별화해 실용성과 활동성을 강조했다는 분석이다.

패션업계 관계자는 "구두와 벨트, 코트 등이 대표적인 미국 디자이너들의 아이템이다. 국민들과 첫 대면하는 자리인 만큼 중저가에 자국 브랜드 옷을 입어 애국심을 드러내고 결의를 다진 것으로 보인다."고 말했다.

포커스신문사 | 2013-01-22

퍼스널 이미지 메이킹 1
– 태도 이미지

제 3 장

01 첫인상과 표정 이미지

1) 첫인상의 중요성

상대방에게 좋은 이미지를 주기 위해서는 첫인상이 중요하다. 대부분의 사람들은 첫인상을 통해서 상대에 대한 이미지를 기억하고 그 이미지를 근거로 그 사람을 판단하며 첫인상은 그 진위와 상관없이 오랫동안 영향을 미치기 때문이다. 외모가 준수한 사람은 사회생활에서 훨씬 더 유리하다. 이를 '후광효과' 라고 하는데, 잘생긴 사람은 외모와 전혀 관계가 없는 능력 면에서 더 유능하고 인간관계도 잘하며 영리할 것이라고 생각하는 경향이 있다.

첫인상은 면접이나 인간관계에 있어서 플러스 효과를 가져다 주기도 하고 그 반대의 결과를 초래하기도 하므로 매우 중요하다.

일부 학자들의 주장에 의하면 첫인상은 보통 3~7초 안에 결정된다고 한다. 심리학자 앨버트 메라비언에 따르면 사람들은 처음 만났을 때 비언어적 요소인 얼굴 표정이나 태도 등 시각적 인상의 영향을 가장 크게 받으며(55%), 그 다음으로 음성 등 청각적 인상(38%), 언어 어휘(7%)의 영향을 받는다고 한다(메라비언의 법칙).

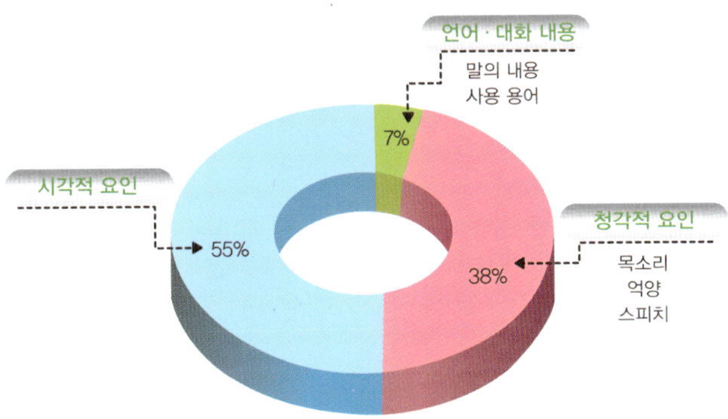

[그림 3-1] **메라비언의 법칙**

상대방에게 호감을 줄 수 있는 첫인상은 표정이나 메이크업, 의상, 제스처, 말투와 같은 외적 모습뿐만이 아니라 진실됨과 겸손함, 상대방을 배려하는 자세, 부지런한 태도, 프로의식 등과 같은 내면적인 모습을 가꿈으로써 비로소 만들어진다는 것을 기억해야 한다.

나의 첫인상 호감도 이미지는?

1. 자신에게 어울리는 이미지를 잘 알고 있다고 생각한다.
2. 평소 긍정적이고 적극적이란 평가를 받는다.
3. 좋은 이미지를 위해 노력하고 변화를 추구하는 편이다.
4. 첫인상이 좋다는 소리를 자주 듣는다.
5. 항상 잘 웃는 편이다.
6. 상황에 맞는 옷차림에 신경을 쓴다.
7. 예의가 바른 사람이라는 평가를 받는다.
8. 자세는 반듯하며 걸음걸이도 만족하는 편이다.
9. 상대방의 말을 잘 듣고 대답하는 편이다.
10. 항상 단정한 헤어스타일을 연출하고 있다.

- **5개 이하: 관리 필요형**
  자신의 생각과는 달리 인간관계에서 손해를 볼 수 있으므로 관리를 할 필요가 있다.
- **6~7개: 그럭저럭형**
  뚜렷한 인상을 심어 주기엔 약간 부족한 타입이지만 조금만 신경을 쓴다면 최상의 이미지를 가질 수 있다.
- **8개 이상: 호감 우수형**
  끌리는 스타일로 모두가 좋아하는 최상의 이미지를 지녔다.

좋은 첫인상의 3단계

1단계: 부드러운 눈으로 바라보기

2단계: 미소를 띄우기

3단계: 따뜻한 말 한마디 보내기

2) 표정 이미지

얼굴로써 첫인상을 전달할 때 얼굴의 잘남과 못남을 떠나 그 사람의 표정이 큰 비중을 차지하게 된다. 표정은 상대방에게 호감을 주느냐, 못 주느냐의 중요한 요소이다.

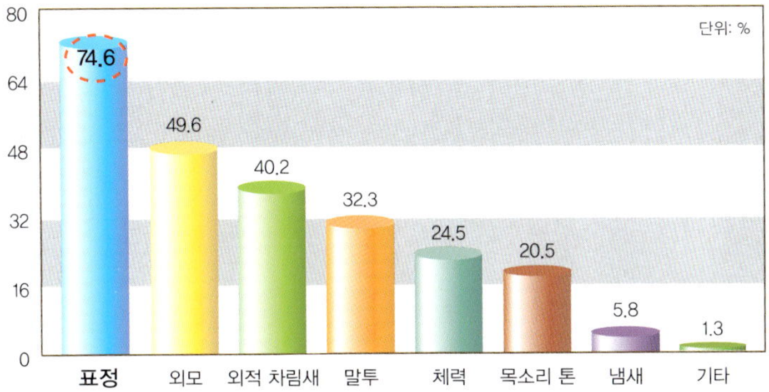

[그림 3-2] **남녀 직장인 첫인상 결정짓는 요인**

출처: 잡코리아

우리는 얼굴의 표정으로 다양한 감정과 마음을 표현하며 또 상대방의 감정을 판단하기도 한다. 얼굴은 신체 가운데 가장 표현력 있고 눈에 띄는 부분이다. 우리 얼굴에는 무려 80여 개의 근육이 존재하는데, 이 중에서 약 30여 가지의 근육이 얼굴 표정에 직접적으로 관여하며 7,000가지 이상의 표정을 만들 수 있다고 한다. 우리가 짓는 웃거나 울거나 찡그리거나 깜짝 놀라는 표정들은 바로 이런 얼굴 근육의 상호작용에 의해 만들어지는 것이다.

사람의 표정은 각 개인의 감정에 따라서 변하므로 "자신의 얼굴에 대한 책임을 져야 한다."는 말처럼, 인생을 살아가는 순간마다 자신이 표정을 결정하며 자신의 얼굴은 자신에게 책임이 있음을 인식해야 한다.

잘못된 표정 습관은 자신의 이미지를 손상시킨다. 표정이 어두우면 아무리 예쁘고 잘생긴 얼굴이라도 상대방에게 좋지 않은 인상으로 비쳐 호감을 주기 어렵고 인간관계에 불편을 얻게 된다.

상대에게 가장 호감을 주는 표정은 바로 미소를 담은 표정이다. 마음을 아름답게 하면 얼굴 표정은 저절로 밝아지며 표정을 밝게 하면 마음 또한 밝아진다. 그러나 미소 짓는 표정이라도 마음이 담기지 않은 꾸며진 표정은 마네킹에 불과하다. 꾸며진 표정은 상대방으로 하여금 거부감이나 부담감을 줄 수 있기 때문에 표정은 마음에서 우러나는 진실된 표현이어야만 한다. 표정은 얼굴 생김새에 따라서 변하는 것이 아니라 마음속의 감정에 따라서 변한다.

우선, 표정을 바꾸려면 자신의 생활을 즐거워하고 자신감을 갖는 것이 중요하다. 자신을 사랑하지 않는 마음으로 남을 배려하고 사랑을 전하는 것은 불가능하기 때문이다. 먼저 자신을 사랑하고 자신감을 갖는 마음의 준비가 선행되어야 하고, 그 다음 타인에 대해서 배려하고 존경하는 마음의 준비를 가져야 한다.

대부분의 사람들이 교사에게 기대하는 것은 신뢰감을 주는 인상이다. 좋은 인상은 타고나는 것이 아니라 만들어지는 것이다. 지속적인 노력으로 자신의 표정에서 부정적인 부분을 교정하고, 긍정적인 부분을 개발하여 호감을 주는 표정과 자연스러운 미소를 지을 수 있도록 하자.

호감을 주는 표정

눈의 표정

- 눈동자는 항상 중앙에 위치하도록 한다.
- 상대의 눈높이와 맞춘다.
- 부드럽게 상대의 미간을 본다.

입의 표정

- 입의 양 꼬리가 올라가게 한다.
- 입은 가볍게 다물거나 윗니가 살짝 보이도록 한다.

안면 근육운동

눈동자	- 눈동자를 8박자의 속도로 왼쪽에서 오른쪽으로 돌려 본다. 반대로 해 본다. - 눈을 꼭 감았다가 번쩍 떠 본다. - 눈을 지그시 감아 본다. - 위의 운동을 반복한다.
눈썹	- 거울을 보며 눈썹을 올렸다가 원 위치로 내리는 것을 반복 연습한다. - 양미간을 살짝 찌푸리면서 눈썹을 아래로 내리다가 원위치로 하는 것을 반복 연습한다.
입	- 입을 다물고, 입꼬리 부분을 잡아당기는 느낌이 들도록 위로 올려 보고 다시 원위치로 돌아온다. 반복해서 연습한다. - 입을 다물고 앞으로 쭉 내밀었다가 원위치로 가게 한다. 반복 연습한다.
턱, 볼	- 윗니와 아랫니 사이를 살짝 띄우고, 턱을 왼쪽 오른쪽으로 반복해서 움직인다. - 입을 다물고 볼 가득하게 공기를 넣어 본다. 공기를 오른쪽 왼쪽으로 보내며 운동을 반복한다.

➔ 거울을 보며 여러 가지 표정을 지어 본다.
가장 편안하고 호감을 주는 얼굴 표정을 찾아내고 그 표정을 연습해 본다.

미소의 효과

- 최고의 인간관계 효과
- 긍정적인 이미지 형성
- 편안한 분위기 연출
- 엔도르핀 발생으로 건강 증진
- 삶의 윤택함을 제공

➔ 평소 모르는 사람과 눈이 마주칠 때는 빤히 쳐다보지 말고 가벼운 웃음과 함께 가볍게 목례를 하도록 한다.

➔ 상대방의 앞에서만 웃음 짓지 말고 돌아서서 가는 순간까지 가벼운 미소를 짓는 것을 잊지 말아야 한다.

기분 좋은 미소 짓는 법

- **미소 짓는 법**
  ① 입을 다물고 뺨을 부풀린다.
  ② 부풀린 상태에서 상, 하, 좌, 우로 움직인다.
  ③ 입술을 떨면서 공기를 뱉어 낸다.
  ④ 입꼬리를 당겨 초승달 모양으로 만든다.
  ⑤ 큰 소리와 큰 입 모양으로 '아-에-이-오-우'를 발음한다.
  ⑥ '위스키'의 발음으로 미소를 만든다.
- **미소 자가 진단**
  ① 입술 모양이 초승달처럼 입술 양 끝이 위로 올라가는가?
  ② 눈이 웃고 있는가?
  ③ 윗니가 드러나는가? (잇몸이 2mm 이상 보이면 안 된다.)
  ④ 쓴 웃음, 마지못해 웃는 웃음은 아닌가?
  ⑤ 표정 전체가 밝은가?

모나리자 미소

이가 보이지 않게 짓는 웃음으로 면접이나 첫 만남에 좋다. 거울 앞에서 두 손으로 입꼬리를 위로 올려 준 후 마음속으로 다섯을 센 후 손만 가볍게 떼어 준다.

활짝 웃는 미소

'위스키!' 하는 발음으로 이가 보이게 활짝 웃는 웃음으로 '위스키!' 하고 발음한 상태에서 두 손가락으로 입꼬리를 고정시키고 마음속으로 다섯을 센 후 손만 떼어 준다.

Tip

- 미소를 지을 때는 눈과 입만 웃는 것이 아니라 마음속으로 즐거워하며 우러나오도록 해야 한다.
- 웃는 입매를 위한 안면 근육운동법과 입 꼬리를 올려 주는 '위스키', '와이키키'를 수시로 연습하고, 매력 있는 눈매를 위한 얼굴 근육운동과 상황에 맞는 표정 연출법 등을 통해 변화되는 내 이미지를 상상해 보자.

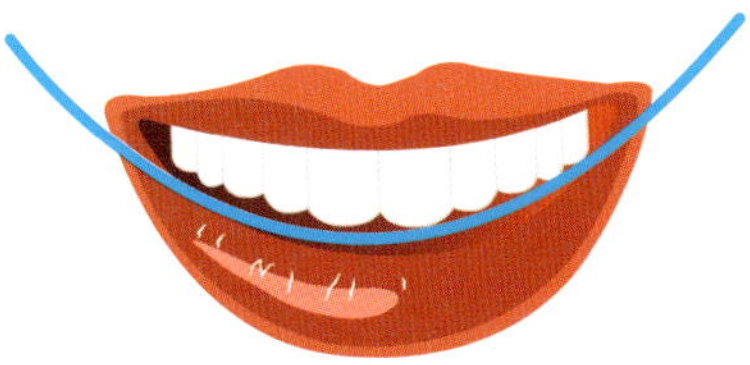

호감 스마일 라인

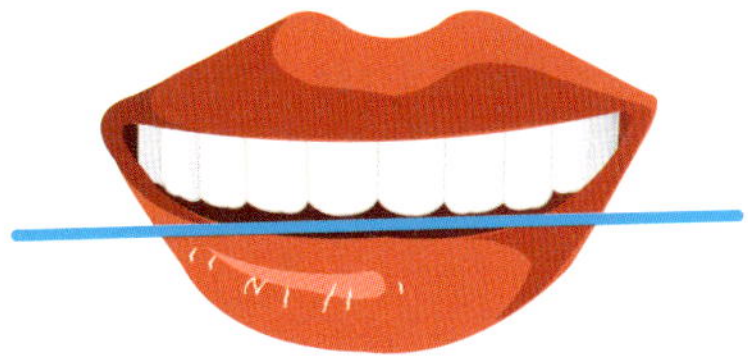

비호감 스마일 라인

Tip 매일 아침 웃기 연습 시간

- 매일 아침 거울을 보고 연습해 보기. 뭔가 즐거운 것, 기분 좋은 것, 진짜 좋아하는 것들을 상상한다. 그런 다음 그냥 그 감정이 일어나게 내버려 두고 그 기분이 얼굴 밖으로 나오도록 해 보자. 오늘 나한테 일어날 수 있는 멋진 일들을 떠올려 보자.

➔ 진짜 웃음과 꾸민 웃음은 쉽게 구별된다. 진짜 웃음을 웃을 수 있을 때까지 연습!

➔ 웃을수록 사람들이 자신에게 좀 더 빨리 마음을 열고 친근하게 대한다는 것을 발견하게 된다. 웃는 행동 자체가 당신을 더욱 친근감 있는 사람으로 만든다.

➔ 입꼬리가 올라가 있을 때는 비관적으로 되는 것이 불가능하며, 입꼬리가 축 쳐져 있을 때 낙관적으로 되는 것은 불가능하다.

Notice 내가 무의식적으로 짓고 있는 무표정은 다른 사람의 눈에는 무뚝뚝하고 퉁명스러워 보일 수 있음을 잊지 말자.

매력적인 미소를 만드는 7가지 법칙

1. 닮고 싶은 모델을 선정하라.
2. 웃기 전에 미리 준비운동을 연습한다. (눈썹, 눈동자, 볼, 입 운동)
3. 연습할 때는 오버해서 연습해라. – 실제로 웃을 때 자연스러워진다.
4. 매일매일 반복 연습해라. – 반복만큼 훌륭한 스승은 없다.
5. 진정으로 웃는 것은 마음과 표정이 함께 웃는 것이다.
6. 자신의 사진을 바꿔라. – 예쁘게 미소 띤 사진으로
7. 거울을 활용하라. – 자주 볼 수 있는 곳에 두기

02 자세 이미지

자세는 행동 예절의 기초가 되며, 몸가짐이 바르지 못하면 부정적인 인상을 줄 수 있다. 교사는 어떤 만남을 통해서든 늘 호감을 주는 표정과 신뢰감을 주는 단정하고 바른 자세를 지녀야 한다.

바른 자세를 지니는 것은 예를 지키고 올바른 정신 자세를 갖춘 자신감 넘치는 사람으로 보이게 하며, 누구에게나 호감을 줄 수 있으므로 바르고 정돈된 자세를 갖추기 위해서는 자신의 움직임을 제대로 인지해야 한다.

1) 선 자세

선 자세는 모든 자세의 기본이 되므로, 스스로 자세를 바로잡고 몸에 익히는 것이 중요하다.

몸은 똑바로 세우고, 위에서 정수리 부분을 잡아당기는 듯한 느낌과 턱을 약간 당기는 느낌을 유지하고, 가슴은 펴고 아랫배에 힘을 주어 등이 곧게 세워지도록 한다. 발은 편안하게 어깨 너비보다 약간 좁은 듯한 느낌으로 벌리고, 손가락은 펴지 말고 계란을 쥔 듯한 느낌으로 하여 두 팔은 몸 양옆에 자연스럽게 드리우거나 손을 모아 공수한다.

✠ 바르게 선 자세

① 호흡을 가다듬고 가슴을 펴고 똑바로 선다.

② 시선은 정면을 향하고, 턱을 당겨 수평이 되도록 한다.

③ 상체와 하체가 기울지 않게 일직선으로 허리를 세운다.

④ 아랫배와 엉덩이에 힘을 주어 위로 끌어당긴다.

⑤ 머리와 어깨는 수평을 이루도록 한다.

⑥ 팔은 몸체에 붙이고, 손은 주먹을 살짝 쥐어 바지선에 붙인다. (여성의 경

우 오른손을 위로 하여 앞으로 모은다.)

⑦ 두 발의 뒤꿈치는 나란히 붙이고 앞부리는 15도 정도 벌려 선다.

⑧ 신체의 무게중심이 위로 올라간 듯 바로 하고 선다.

2) 앉는 자세

일상생활 동안 서서 지내는 시간보다 앉아서 보내는 시간이 많으므로 앉는 자세 또한 그 사람의 교양 정도를 판단하는 기준이 될 수 있다.

의자에 앉을 경우 의자가 밀려 흔들리지 않도록 조용히 앉는다. 허리와 가슴을 펴고 두 무릎을 모아 붙여 앉고 두 손은 가볍게 모아 앞으로 둔다. 어깨와 턱에 힘을 주지 말고 편안하게 앉는다. 일어설 때에는 의자를 바로 놓거나 테이블이 있는 경우에는 의자를 테이블 밑으로 밀어 넣는다. 의자에 앉을 때 주의할 점은 무릎을 벌리고 앉지 않으며 다리를 의자 밑으로 넣지 않는다.

✻ 바르게 앉는 자세

① 의자에 허리를 반듯하게 세우고 깊숙이 앉는다.

② 시선은 정면을 향하여 상대방을 바라본다.

③ 어깨와 가슴은 펴고 곧고 바르게 앉는다.

④ 여성의 손은 다소곳이 모아 무릎 위에 얹는다. 남성은 가볍게 주먹 쥐어 양 무릎 위에 올린다.

⑤ 여성은 다리를 가지런히 모아 세우거나 옆으로 약간 기울인다. 남성은 다리를 어깨 넓이로 벌려 앉는다.

3) 걷는 자세

자신의 걸음걸이는 어떤가 생각해 보자. 등을 구부정하게 하고 어깨는 움츠린 채 시선을 밑으로 떨어뜨리고 걷고 있지는 않은가?

바른 걸음걸이는 바르게 선 자세를 그대로 유지한 채 시선을 정면으로 약간 먼 곳에 두고, 어깨와 허리는 펴고 걸음을 걸을 때 중심은 늘 몸의 중심에 두도록 한다. 머리와 몸이 흔들리지 않게 하며, 팔은 가볍게 흔들며 걷는다. 뒤꿈치를 끌지 않도록 유의하며 보폭은 자신의 체격에 맞도록 자연스럽게 하고 실내와 계단에서는 발 소리가 크게 나지 않도록 주의해서 걷는다.

✠ 바르게 걷는 자세

① 머리와 목은 곧게 펴서 똑바로 세운다.
② 시선은 눈높이보다 15도 정도 올려 고정시킨다.
③ 어깨는 아래쪽으로 당기는 듯 상체를 끌어올려 준다.
④ 가슴은 세워서 넓게 펴 주며, 몸의 중심은 내딛는 발에 모은다.
⑤ 손은 자연스럽게 쥐고, 팔은 앞으로 30도, 뒤로 15도 정도를 움직이며, 바지 옆선을 스치면서 자연스럽게 흔들어 준다.
⑥ 무릎은 굽히지 말고 쭉 뻗히면서 걷는다.
⑦ 발은 여성의 경우 앞부리가 먼저 닿도록 하고, 남성은 뒤꿈치를 먼저 내딛으며 일직선으로 곧게 걷는다.

서서 대화할 때 자세, 앉아서 대화할 때의 자세, 안내할 때의 바람직한 자세는 다음과 같다.

✠ 서서 대화할 때 자세는

① 시선은 상대방의 미간을 바라본다.
② 머리는 좌우 기울어짐 없이 정중앙에 놓는다.
③ 턱은 몸 쪽으로 당긴다.
④ 양쪽 어깨는 수평을 유지한다.
⑤ 가슴은 최대한 활짝 편다.
⑥ 배는 힘을 주어 안으로 밀어 넣는다.

⑦ 힙은 힙업의 느낌으로 위쪽으로 쭉 당겨서 선다.

⑧ 손은 공수한다.(여-오른손 위, 남-왼손 위)

⑨ 공수한 상태에서 여자는 두 발 중 편한 발을 살짝 뒤로 한다.

⑩ 체중은 엄지발가락에 실어 척추를 바르게 세우면 바른 자세가 된다.

앉아서 대화할 때의 자세는

① 의자 왼쪽으로 돌아서 의자 반 보 앞에 선다.

② 털썩 앉기보다는 치맛자락을 정리하면서 의자 깊숙이 한 번에 앉는다.

③ 가슴은 펴고, 시선은 정면, 손은 모아서 치마 앞자락을 눌러 준다. 자료를 설명할 때는 자연스럽게 손을 사용한다.

④ 머리, 등, 허리는 곧게 펴고 의자와 주먹 하나의 간격을 유지한다.

⑤ 무릎과 발뒤꿈치는 붙인다.

⑥ 일어설 경우엔 양발을 당기고 무릎의 반동을 이용해서 한 번에 일어난다.

안내할 때의 자세는

교실, 상담실, 복도 안내할 경우

① 안내하려는 위치를 상대에게 손으로 가리킨 후 우측에서 걷는다.

② 혼자만 진행하지 말고 가끔 뒤돌아보면서 상대와 보조를 맞추어 안내한다.

③ 방향이나 위치를 가리킬 때에는 손가락을 가지런히 하고 안내한다.

계단 안내를 할 경우

① 계단을 오르거나 내려가기 전에 "ㅇㅇ반은 ㅇ층에 있습니다."라고 안내한 후 상대가 계단의 손잡이 쪽으로 걷도록 한다.

② 손님을 안내하여 계단을 오를 때는 손님의 왼쪽 서너 계단 앞에서 오르며, 내려갈 때는 안내자가 먼저 내려간다.

③ 윗분을 수행할 경우에는 윗분보다 2~3계단 뒤에서 가도록 한다.

교실, 상담실, 회의실 등의 문에서는

① 교실이나 상담실 앞에 이르면 앞으로 당기는 문은 손잡이를 잡아당겨 상대가 먼저 들어간 후 조용히 닫는다.

② 밀고 들어가는 문은 교사가 먼저 들어간 다음 손잡이를 잡고 상대가 들어오도록 한다.

③ 미닫이문은 교사가 문의 손잡이를 잡고 조용히 미끄러지듯 열고 상대가 먼저 들어간 후 조용히 문을 닫는다.

Tip 자신감을 가지게 하는 자세

자세 교정만으로도 기분이 달라진다. 자신 있게 움직이면 자신감이 생기며 다른 사람에게도 자신감이 넘치는 사람으로 보이게 된다.

➔ 머리를 꼿꼿이 세우고, 어깨는 뒤로 펴고, 정면을 바라본다. 몸집이 크게 보이도록 해 보자. 자신 있게 걷는다. 기분이 어떠한가?

➔ 이제 반대로 해 보자. 어깨에 힘을 빼고 고개를 숙여서 바닥을 바라본다. 몸을 최대한 작게 만든다. 자신감이 얼마나 느껴지는가?

주의해야 할 버릇

- 손
  - 손톱 끝 잡아 뜯기: 불결한 인상을 준다.
  - 손톱 깨물기: 정서적으로 불안정한 인상을 준다.
  - 테이블 위에 팔꿈치 올려놓기: 무기력하거나 어린애 같은 인상을 준다.
  - 볼펜이나 메모지를 손가락으로 가지고 놀기: 자신감이나 집중력이 모자라는 인상을 준다.
  - 손가락으로 따다닥거리며 테이블 두드리기: 침착함과 집중력이 없으며 경박한 인상을 준다.
  - 팔짱 끼기: 욕구 불만이나 스트레스를 끌어안고 있는 성격으로 보이며, 사람의 그릇이 작아 보인다.
  - 두 손을 맞잡고 이리저리 움직이기: 음험한 인상을 준다.
  - 턱 고이기: 의존적이거나 무관심하다는 인상을 준다.

- 다리
  - 다리를 크게 벌리고 앉기: 위압적이고 완고하며 지성이 없어 보인다.
  - 다리 떨기: 정신적으로 불안정하거나 지성이 없어 보이며, 현재 상태에 불만이 많은 인상을 준다.
  - 비딱하게 서 있기: 무성의하고 건강하지 않은 인상을 준다.
  - 신발을 끌면서 걷기: 건방지고 단정치 못한 인상을 준다.
  - 심한 팔자걸음: 정신적으로 불안정하고 완고해 보인다.

03 매너 이미지

1) 인사 매너

모든 매너의 시작은 인사를 잘하는 것이다. 인사를 잘하는 사람은 어디에서나 환영받으며, 인사 하나로 사람의 평가가 달라지기도 한다. 인사는 '비용의 투자 없이 할 수 있는 인간관계의 가장 큰 투자' 라는 말이 있다. 직장에서든 밖에서든 그 사람의 예의범절이 어떠냐에 따라 인상이 좌우된다. 인사는 인간성을 판단하는 기준이 되기도 한다. 따라서 원만한 대인 관계와 사회생활을 위해 나를 표현하는 인사 매너를 잘 익혀 두는 일이 필요하다.

(1) 인사의 의미

인사는 한자로 사람 인(人)자와 일 사(事)자의 합성어로 결국 사람이 하는 일을 의미한다. 즉, 인사란 내 자신의 상대방을 진심으로 존중해 주거나 다방면을 배려하기 위한 최고의 방법이라고 할 수 있다.

사전적 의미로서 인사는 "상대방의 안부를 묻거나 공경의 뜻을 표하기 위하여 예(禮)를 갖추거나 표현하는 일, 서로 만나거나 헤어질 때 하는 말이나 태도 등으로 표현하는 행동양식"이라고 정의하고 있다. 이렇듯 인사란 상대에게 닫혀 있는 마음의 문을 열어 주는 구체적인 행동의 표현이며 환영, 감사, 반가움, 기원, 배려, 염려의 의미가 내포되어 있는 것을 알 수 있다.

인사는 인간관계의 시작이며 마무리이다. 인사는 상대방에 대한 존경심, 친근감, 반가움의 표현이며, 인사는 자신을 알리는 적극적인 방법으로서 상대방이 느낄 수 있는 첫 번째 감동이 될 수 있다. 인사는 사회 어느 곳에서나 상대와 첫 대면하는 행동 예절로 인간관계의 첫걸음이다.

✠ 인사의 의미

- 상대에 대한 마음의 표현
- 상사에게는 존경의 표현
- 동료에게는 우애의 상징
- 자신의 인격과 교양의 표현

동양이나 서양 어디에서나 윗사람에게 존경을 표시하는 인사는 각 나라마다 표현 방법은 다르지만 마음에서 우러나는 내적인 의미는 같다. 인사는 사회생활의 시작으로서 매우 중요하며 상대뿐만 아니라 자기 자신을 위한 기본 예절임을 잊어서는 안 될 것이다.

(2) 좋은 느낌을 주는 인사의 포인트

① 내가 먼저 인사한다.

- 인사는 '나는 당신을 보았습니다' 혹은 '나는 당신을 알고 있습니다'에 대한 반가움의 표시이기에 보는 사람이 먼저 한다.

② 인사는 상대방의 눈을 바라보고 한다.

③ 인사는 큰 소리로 밝고 명랑하게 한다.

④ 인사는 친근감이 있는 인사말을 상황에 맞게 사용한다.

- 아침에는 "안녕하십니까?", "좋은 아침입니다." 하고 인사한다.

- 저녁에 퇴근할 때는 “먼저 실례(퇴근)하겠습니다.”라고 하고 나보다 먼저 퇴근하는 사람이 인사를 해 오면 “수고하셨습니다.”라고 대답한다.
- 출장을 갈 때나 외출할 때는 “다녀오겠습니다.”라고 하고 학교에 돌아왔을 때는 “다녀왔습니다.” 하고 인사한다.
- 다른 사람이 외출할 때는 “다녀오십시오.”라고 하고, 학교로 돌아올 때는 “다녀오셨습니까?” 하고 반갑게 맞아들인다.

⑤ 인사는 지속적으로 한다.

(3) 기본적인 인사 방법

① 선 자세로 여자는 공수, 남자는 주먹을 살짝 쥐고 바지선에 붙인다.

② 공수한 손은 배꼽보다 아래에 닿도록 자연스럽게 내린다.

③ 어깨는 펴고 힘을 뺀다.

④ 발은 발뒤꿈치를 붙여서 발의 앞 모양을 V자로 만든다.

⑤ 턱은 당기고, 부드러운 눈빛으로 상대방의 양미간에 시선을 둔다.

⑥ 표정은 미소를 유지한다.

⑦ 허리를 굽혀 인사한다. (머리만 굽히는 일이 없도록 주의한다.)

⑧ 인사말로 먼저 상대방의 시선을 끈 후 인사말이 끝나는 시점에서 인사한다.

⑨ 상체는 들어 올리고 똑바로 선 후 다시 미소 띤 표정으로 상대방과 아이컨택(Eye contact)한다.

올바른 인사의 방법

- 1단계: eye contact & smile
- 2단계: 숙인 상태에서 잠시 멈춘다.
- 3단계: 천천히 상체를 올림
- 4단계: 상체를 들어 올리고 똑바로 선 후 eye contact & smile

(4) 잘못된 인사 방법

① 무표정한 인사: 화난 듯하다.

② 쳐다보지도 않은 인사: 무관심해 보인다.

③ 할까 말까 망설이는 인사: 답답하고 소극적으로 보인다.

④ 고개만 까닥하는 인사: 무성의해 보인다.

⑤ 말로만 하는 인사: 진심이 느껴지지 않는다.

(5) 인사의 종류

① 목례(15° 정도): 가벼운 인사, 협소한 장소에서

일어서서 상대방이 3m쯤 왔을 때 허리를 15° 정도 굽혀서 하는 인사이다. 같은 사람을 두 번 마주칠 때, 통화 중에 만났을 때, 동료를 만났을 때, 복도 · 계단 · 엘리베이터 등의 좁은 공간에서, 아랫사람의 인사에 대한 답례, 양해를 구할 때와 질문이나 부탁을 할 경우에 하는 인사이다.

② 보통례(30° 정도): 일반적인 인사

남자는 두 팔과 두 손을 양옆에 붙여서 하고, 여자는 공수하는 자세로 하며 각각 상체를 30° 정도 구부리면서 하는 인사이다. 윗사람에게 인사할 때에는 2~5m 가량 앞에 가서 인사해야 하며, 인사말은 밝고 명확하게 한다. 보통례는 사회 활동에서 보편적으로 처음 인사를 나눌 때, 일상생활에서 어른이나 상사를 만났을 때 가장 일반적으로 많이 하는 인사이다.

③ 정중례(45° 정도): 정중한 사과, 감사

바로 선 자세에서 상체를 약 45° 정도로 숙여 하는 가장 정중한 인사이다. 정중례는 손님을 배웅할 때, 감사 또는 사과를 표시할 때, 스승을 만났을 때, 직위가 높은 분이나 저명인사를 만났을 때 하는 인사이다.

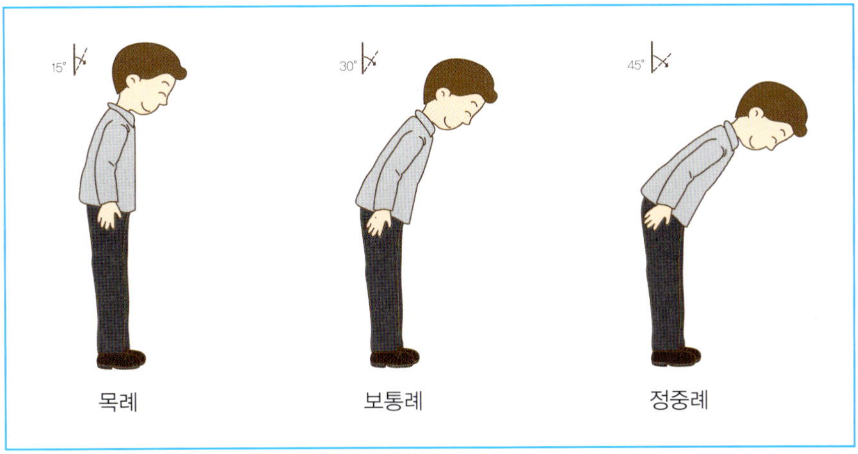

각도에 따른 인사 구분

인사 예절

① 인사는 아랫사람이 먼저 하는 것이 원칙이고 인사를 받으면 반드시 답례를 한다.
② 인사할 때는 바른 태도와 함께 마음에 존경심과 사랑을 담아 성의껏 한다.
③ 엘리베이터나 복도 등에서 마주치면, 먼저 인사로써 예의를 표한다.
④ 거리에서 지나칠 때는 우물쭈물하지 않고 먼저 인사한다.
⑤ 마음에 담기지 않은 인사를 해서는 안 된다.
⑥ 인사를 할 때는 상대방을 바라보며 정중하고 밝은 얼굴로 인사한다.
⑦ 인사할 때에 인사말을 생략하지 않는다.
⑧ 멀리서도 인사를 한다.
⑨ 바쁜 상황에서는 가벼운 인사를 한다.
⑩ 여러 번 마주쳤을 때는 가벼운 목례를 한다.

2) 소개 매너

사회생활의 시작은 만남에서 시작된다. 소개는 사교의 시작이며, 자신을 소개하거나 사람과 사람을 소개시켜 줄 때 적절한 형식을 갖추는 일은 매우 중요한 매너이다. 자연스러우면서 매너를 갖춘 소개 방법의 습득으로 상대가 갖는 자신의 첫 이미지를 긍정적으로 기억하도록 한다.

소개 순서

① 손아랫사람을 손윗사람에게 먼저 소개한다.
② 연소자를 연장자에게 먼저 소개한다.
③ 남성을 여성에게 먼저 소개한다.
④ 지위나 연령이 같은 경우 자신과 친한 사람을 먼저 소개한다.
⑤ 윗사람과 자신이 함께 만나는 경우 윗사람을 먼저 소개한다.

3) 악수 매너

악수는 석기시대에 무기를 소지하지 않았다는 것을 보여 주기 위해서 서로 했던 행동으로 석기시대부터 내려오는 전통이다. 악수는 소개 후 나누는 인사로서 상호 간 신체 접촉을 통해 친근한 정을 나타내는 것으로 사교 활동에 있어 중요한 행위이다. 악수는 밝고 반가운 마음으로 해야 하며 표정은 미소를 띠고 진심에서 우러나오는 마음으로 자신의 이미지를 밝게 보이도록 한다.

(1) 악수하는 방법

악수는 서로 마주 서서 손을 잡고 상하로 흔들어 움직이는 동작이다.

① 원칙적으로 오른손으로 한다.
② 오른손에 부상을 당했을 경우에는 원칙에 얽매이지 않고 할 수 있으나, 흔

히 왼손은 부정적으로 여기므로 양해를 얻어 사양하는 것도 방법이다.

③ 손을 쥘 때 너무 느슨하게 쥐는 것은 냉담한 느낌을 줄 수 있고, 스치듯 가볍게 쥐는 것은 상대를 경멸하는 느낌을 준다.

④ 너무 세거나 약하지 않게 쥐는 것이 가장 좋은 방법이다.

⑤ 남자들끼리는 오히려 힘을 주는 편이 좋다.

⑥ 너무 오랫동안 손을 쥐고 있는 것은 좋지 않다.

⑦ 손은 상하로 가볍게 흔드는데, 지나치게 높이 올려 흔들어서는 안 된다.

⑧ 여자와 악수를 할 때는 남자처럼 손을 흔들지 않는 것이 좋다.

(2) 악수하는 순서

원칙적으로 윗사람이 아랫사람에게 손을 내밀게 되어 있으며, 그 기준은 다음과 같다.

① 여성이 남성에게

② 윗사람(연장자)이 손아랫사람에게

③ 선배가 후배에게

④ 기혼자가 미혼자에게

⑤ 상급자가 하급자에게

(3) 악수 에티켓

① 수많은 사람을 대하는 경우는 손에 힘을 빼고 악수하는 것이 좋으며, 여성과 악수할 때 너무 꽉 잡으면 반지 등으로 인해서 상대방에게 고통을 줄 수 있으므로 주의한다.

② 상대가 악수를 청할 때 일어서야 하는 것이 에티켓이다.

③ 악수를 할 때는 양손을 걸치거나 어깨를 껴안는 등 필요 없는 과장된 행동은 품위가 없어 보이므로 삼가도록 한다.

④ 악수를 할 때 허리를 굽히거나 두 손을 잡지 않는 것이 매너이나 상대가 윗사람일 경우 상체를 조금 기울이는 것이 좋다.

⑤ 악수할 때 장갑을 벗는 것이 에티켓이다. 그러나 장갑을 벗느라고 상대방을 기다리게 하는 것보다는 양해를 구한 후 장갑을 낀 채로 신속하게 악수하는 것이 좋다.

4) 명함 매너

사람을 만나 자신을 소개할 때 건네는 명함은 개인의 얼굴처럼 소중한 인격을 가진 소개 카드이다. 우리가 첫 만남에 인사로 전하는 명함 한 장의 인연이 새로운 인간관계를 만들 수 있다. 명함은 자신의 표현이자 상대방이 자신에 대해 신뢰할 수 있는 가장 좋은 표시이다.

전달받은 명함은 소중히 다루어 주는 것이 상대에 대한 예의일 뿐만 아니라 자신의 이미지 관리에도 바람직한 태도이다. 명함은 자기를 나타내는 자기 소개의 하나로서 항상 밝은 미소로 "만나 뵙게 되어 반갑습니다.", "ㅇㅇㅇ입니다."라고 인사말을 한 후 주고받도록 한다.

① 자신의 명함은 반드시 명함 전용 지갑에 넣어 깨끗하게 보관한다.
② 명함은 항상 여유 있게 준비하는 것이 좋고, 명함 지갑에는 가급적 자신의 명함만을 넣고 다니는 것이 좋다.
③ 명함을 건네는 방법은 방문한 사람이 먼저 건네는 것이 좋다.
④ 상대의 가슴 높이에서 상대가 정면으로 이름을 볼 수 있도록 전달하며, 명함을 전달하면서 소속과 이름을 밝히는 것이 좋다.
⑤ 명함을 받을 때는 가볍게 목례한 다음 손바닥으로 받으며 다른 한 손으로 받친다.
⑥ 명함을 받은 다음 상대의 이름을 확인하며 적당한 인사말을 한다(예 "ㅇㅇㅇ선생님이시군요. 뵙게 되어 반갑습니다.").
⑦ 한문 이름일 경우, 모르는 글자가 있을 때에는 그 자리에서 물어도 실례가 아니다.

⑧ 명함 교환 후 소파나 의자에 앉은 경우 테이블 모서리에 일직선으로 명함을 두었다가 상담이 끝난 후 상의나 핸드백에 넣어 두는 것이 좋다.

⑨ 책상이 없는 공간이나 복도에서 명함을 교환한 경우는 손으로 명함을 만지작거리지 말고 상의 안주머니에 넣거나 핸드백이나 지갑에 넣어 두는 것이 좋다.

(1) 명함을 줄 때

① 정면에서 준다.

② 윗분, 여성에게 먼저 준다.

③ 상대방 쪽에서 자기 이름이 보이도록 오른손으로 준다.

④ 허리선과 가슴선 사이로 준다.

⑤ 반드시 일어서서 준다.

(2) 명함을 받을 때

① 두 손으로 받는다.

② 동시에 교환할 때는 왼손으로 받고 오른손으로 준다.

③ 반드시 성명, 학교명, 직함을 확인한다.
(읽기가 어려운 글자가 있을 때는 물어봐도 실례가 되지 않는다.)

④ 받은 명함을 허리선 아래로 내리지 말고 윗주머니나 지갑에 소중히 보관한다.

⑤ 명함에 낙서를 하지 말되 따로 일자와 해당 사항을 기입해 두면 사후관리가 용이하다.

(3) 잘못된 명함 교환법

① 상대방의 명함을 받자마자 주머니에 넣는다.

명함을 교환하고 서로 소개도 없이 명함을 보지 않은 채 그대로 상의 주머니에 넣는 경우 상대방에게 실례이다.

② 상대방 앞에서 상대방의 명함 위에 글을 쓴다.

상대가 소개를 하거나 대화를 나누는 중에 상대방이 보는 앞에서 상대에 대한 사항을 명함 위에 쓰는 일이 없도록 한다. 꼭 기재할 사항은 기억했다가 나중에 상대가 없는 곳에서 명함 뒷면에 적어 둔다.

③ 상대방의 명함을 무의식 중에 구긴다.

대화 중에 상대에게 받은 명함을 접거나 구기는 것은 실례이다. 명함은 상대의 얼굴이므로 이런 행동은 삼가야 한다.

④ 받은 명함을 상대방의 테이블 위에 놓고 온다.

상대로부터 받은 명함을 받은 곳에 두고 나오는 경우, 상대에게 큰 실례이다. 받은 명함은 명함을 상의 안주머니에 넣고 나온다.

⑤ 명함을 받은 후 상대의 이름을 기억하지 못해서 주머니에서 꺼내 본다.

상대로부터 명함을 받았을 때 상대의 직함과 이름을 확인하고 대화하는 동안 기억해야 함에도 불구하고 건성으로 보고 기억하지 못하여 다시 꺼내어 명함을 보는 것은 상대에 대한 관심이 없다는 것과 같다.

⑥ 자신의 명함을 찾지 못해서 상대를 기다리게 한다.

명함 교환 시 상대에게 명함을 받고 나서 자신의 명함을 주려고 하는 중에 찾지 못해서 가방이나 주머니를 뒤지는 모습은 준비가 부족해 보인다.

⑦ 명함을 좌석에 앉아서 교환한다.

대화를 하다가 명함을 주고받게 되는 경우에도 일어나서 허리를 굽혀 인사하고 난 뒤 명함을 교환한다.

⑧ 명함을 받은 뒤 누구의 것인지 기억하지 못한다.

명함 파일을 만들고 명함 옆에 메모할 수 있는 기록 카드를 만들어 관리한다. 명함을 주고받은 것으로 끝내지 말고 개인의 인맥으로 오래도록 관계를 유지하기 위해서는 명함의 관리가 무엇보다 중요하다.

5) 전화 매너

바른 전화 매너는 당사자뿐 아니라 소속 학교의 이미지를 높이는 데도 큰 역할을 한다. 전화는 상대방의 얼굴을 직접 보면서 대화하는 것이 아니기 때문에 전화를 받는 매너와 태도에 따라 상대의 신뢰를 얻기도 하고 학교 이미지에 치명적 손실을 주기도 한다.

전화의 기본 매너는 '신속하게, 정확하게, 정중하게' 라는 말로 요약할 수 있다. 사회생활에서 전화의 가치와 효용은 절대적임을 기억하고 올바른 전화 매너를 실천하는 것이 필요하다.

(1) 목소리 조절

- 목소리에 미소와 상냥함이 담겨 있어야 한다.
- 편안한 목소리 톤으로 정확하게 발음하며 친절하게 응대한다.
- 어리광 피우는 목소리 및 작은 목소리는 금물이다.
- 적정한 속도를 유지한다.

(2) 통화 태도

- 정확한 의사소통이 되기 위하여 용건은 재확인하고 메모한다.
- 왼손엔 전화기를 들고, 오른손은 메모를 한다.
- 전화 받는 데 집중하며, 잡담이나 취식, 다른 업무는 하지 않는다.
- 턱과 어깨에 전화기를 걸치고 응대하지 않는다.
- 밝은 목소리는 밝은 표정으로부터 나오므로 항상 밝은 표정을 유지한다.

(3) 통화 예절

전화 받는 법

① 벨이 세 번 이상 울리기 전에 전화를 받는다.

② 자기의 소속과 이름을 말한다.

③ 상대를 확인한다.

④ 상대방의 용건을 잘 듣는다.

⑤ 받은 전화 내용을 재확인한다.

⑥ 끝인사를 정중하게 한다.

⑦ 상대방이 끊은 것을 확인한 다음 수화기를 조용히 내려놓는다.

전화 거는 법

① 시간대와 상대방의 상황을 고려하여 전화를 걸어도 좋을지 생각한다.

② 용건을 육하원칙에 따라 구성한다.

③ 상대방의 전화번호, 이름 등을 다시 한 번 확인한다.

④ 상대가 전화를 받으면 자신의 소속과 이름을 말한다.

⑤ 통화하고 싶은 사람을 확인한다.

⑥ 용건을 간결, 명확하게 전달한다.

⑦ 복잡한 용건은 재확인한다.

⑧ 통화 중에 끊기면 곧 다시 걸어 상대방이 기다리지 않게 한다.

⑨ 끝맺음 인사를 한다.

⑩ 수화기는 상대방이 내려놓은 다음에 놓는다.

좋은 전화 응대의 요령

- 전화 받을 때
  - 감사합니다, ○○○입니다.
  - 안녕하십니까? ○○○학교 ○○○교사입니다.
- 늦게 받았을 때
  - 기다리게 해서 죄송합니다. ○○○입니다.
  - 기다려 주셔서 감사합니다. ○○○학교 ○○○교사입니다.
- 상대방을 확인할 때
  - 실례하지만, 존함을 말씀해 주시겠습니까?

– 죄송합니다만, 어디라고 전해 드릴까요?

- 잘 들리지 않을 때

  – 통화 상태가 좋지 않습니다.

  – 좀 더 크게 말씀해 주시면 감사하겠습니다.

- 전화를 끊을 때

  – 좋은 하루 보내십시오.

이런 상황이 되었을 때는 이렇게 하면 어떨까요?

- "자리에 없는데요."(무관심하게)보다는
  → 죄송합니다. 자리를 비우셨습니다. 제가 메모를 남겨 드릴까요?
- "기다리세요."(명령으로)보다는
  → ㅇㅇㅇ어머님 잠시만 기다려 주시겠습니까?
- "잘 알아보고 다시 전화하세요."(귀찮다는 듯이)보다는
  → 전화가 잘못 걸린 것 같습니다. 다시 한 번 확인해 보시고 전화 주시겠습니까?
- "뭐라고요? 잘 안 들려요."(신경질조로)보다는
  → 죄송합니다만, 전화 상태가 좋지 않아 듣지 못했습니다. 한 번만 더 말씀해 주시겠습니까?
- "왜 그러시는데요?"(반문조로)보다는
  → 무엇을 도와드릴까요? 궁금한 사항이 있으시면 말씀해 주시겠습니까?

6) 테이블 매너

테이블 매너는 대인 관계에 필요한 중요한 요소가 되기도 한다. 처음 대면한 사람들은 식사 시간을 함께하기 시작하면서부터 쉽게 가까워지며 친분을 쌓게 되는 경우가 많다. 올바른 식사 매너를 갖추는 것은 자신의 인격과 품위를 나타낼 수 있는 수단이 되기도 하며, 좋은 이미지 형성에도 큰 도움이 될 수 있다.

식사 접대 시의 매너

- 상대의 입맛을 고려하여 메뉴를 고르는 것이 좋다.
- 특정 기호식품이나 보신용 음식은 상대의 취향을 잘 알아보고 신중하게 고려하여 선택해야 한다.
- 상대의 입맛을 잘 모를 때는 미리 어떤 종류의 음식을 좋아하는지 물어 예약을 하거나 다양한 메뉴가 준비된 식당으로 정한다.
- 메뉴는 손님이 원하는 음식으로 선택하도록 하며, 접대자가 원하는 음식으로 유도하지 않는다.
- 접대 받을 사람이 오는 거리와 교통편을 잘 고려하여 불편하지 않은 식당으로 정해야 한다.
- 예약 없이 식당을 방문했을 경우 자리가 없어 기다려야 하거나 다른 곳으로 옮겨야 하는 상황이 생긴다면 접대를 받는 사람에게 불편함을 끼칠 수 있으므로 사전에 예약을 꼭 확인한다.
- 평소에 가 보았던 식당으로 예약을 하는 것이 음식의 맛이나 서비스, 분위기 등을 미리 알 수 있어 손님 접대에 실패하지 않을 수 있다.
- 처음 가 보는 식당이라면 손님 접대 전에 미리 가서 가격, 음식의 맛, 서비스, 분위기 등을 확인하고 미리 접대 준비를 한다.
- 예약을 할 때는 출입구에서 멀고 전망이 좋은 자리로 예약한다.
- 업무적인 일처리를 해야 할 경우 따로 독립되거나 칸막이가 있는 조용한 곳으로 미리 준비해 달라고 예약하는 것이 좋다.
- 생일이나 기념일 등의 날에는 별도의 서비스가 제공되는 경우도 있으므로 예약 시 특별한 날임을 미리 알려 두는 것도 좋다.
- 식사 약속은 적어도 1주일 전에는 하되, 만남 하루 전에 다시 한 번 문자 메시지나 전화 등으로 확인하도록 한다.
- 먼저 식사를 제의했으면 반드시 음식 값을 지불하도록 한다.
- 식사비를 지불할 때 손님에게 부담을 주거나 불편함을 주는 상황이 되지 않도록 지불 방법을 미리 계획하여 원활하게 진행한다.

(1) 한식 테이블 매너

- 연장자가 먼저 상석에 앉으면 따라서 앉는다.
- 출입구에서 먼 쪽, 상의 한가운데로 병풍이나 그림 등을 등지는 부분이 상석이다.
- 자리에 앉을 때는 발로 방석을 밟지 않도록 주의한다.
- 식사를 할 때는 허리를 펴고 바른 자세로 앉되 상 위에 손이나 팔꿈치를 올려놓지 않는다.
- 식사하기 전에 머리를 숙여 감사의 인사를 하고 먹는다.
- 연장자가 먼저 숟가락을 들면 따라서 든다.
- 숟가락과 젓가락을 동시에 쥐고 먹지 않는다.
- 반찬의 양념을 털어 내거나 뒤적거리며 골라 먹지 않는다.
- 여러 번 베어 먹어야 할 경우 잘라 먹은 음식을 자신의 밥그릇에 놓는다.
- 자신이 좋아하는 음식이나 주 메뉴인 음식만 탐하여 먹지 않는다.
- 밥이나 국을 먹을 때 그릇을 들지 않고, 상에 놓은 상태에서 숟가락으로 떠서 먹는다.
- 음식은 한 입에 들어갈 정도만 먹는다.
- 음식이 입 안에 있을 때는 말하지 않는다.
- 식사를 할 때는 다른 사람의 먹는 속도와 잘 맞추되 너무 늦게 먹거나 빨리 끝나지 않도록 주의한다.
- 다른 사람보다 빨리 식사가 끝났을 경우는 숟가락을 국그릇 위에 걸쳐 놓았다가 모두 식사가 끝날 경우 내려놓는다.
- 식사 중 재채기를 할 경우는 냅킨에 대고 하여 이물질을 뱉어야 할 경우 다른 사람이 모르도록 조심해서 처리한다.
- 식사 전후에 트림을 하거나 밥상 앞에서 이를 쑤시지 않는다.
- 물을 마실 때는 양치질하듯이 소리 내어 마시지 않는다.
- 식사가 끝나도 그릇을 포개어 놓거나 위치를 바꾸거나 하지 않는다.
- 식사 후에는 음식에 대한 칭찬과 함께 감사의 인사를 한다.

(2) 서양식 테이블 매너

포크 & 나이프 쥐는 법

나이프는 오른손, 포크는 왼손의 각각 엄지와 검지, 중지로 쥐고, 검지는 위에서 눌러서 약지와 새끼 손가락을 거든다. 단, 생선용 나이프는 검지를 위에서 누르지 말고, 엄지와 검지로 나이프를 집듯이 잡는다.

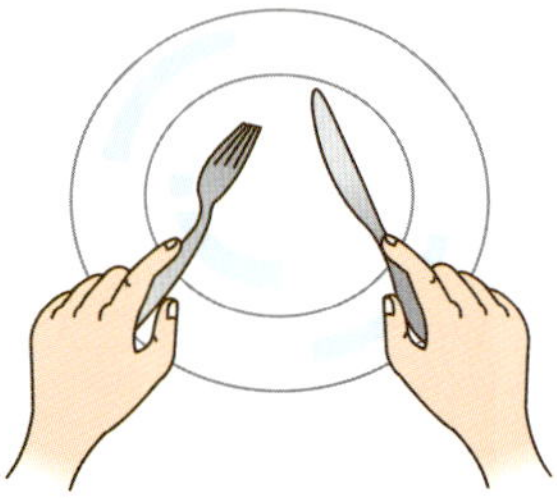

식사 도중과 완료의 사인

식사 중에 대화를 위해서, 또는 화장실에 간다든지 해서 자리를 뜨게 되는 경우 포크와 나이프는 접시 위에 한자 팔(八)자로 내려놓는다. 이때 포크는 뒤집어서 놓고 나이프는 날이 안쪽으로 향하게 놓는다. 식사가 끝난 후 포크와 나이프를 내려놓을 경우에는 4시 방향으로 접시 오른쪽으로 가지런히 모아 놓는다. 이것은 테이블을 주시하며 서비스하는 웨이터에게 식사 중인지, 식사가 끝난 것인지 알려주는 무언의 신호이기도 하다.

식사 중

식사 후

풀코스 테이블 세팅

1 & 1'	전채 요리 나이프 & 포크(appetizer knife & fork)	7	빵 접시(bread plate)
2	수프 스푼(soup spoon)	8	버터 나이프(butter knife)
3 & 3'	생선 요리 나이프 & 포크(fish knife & fork)	9	샴페인 플루트 잔(champagne flute)
4 & 4'	고기 요리 나이프 & 포크(steak knife & fork)	10	화이트 와인 잔(white wine glass)
5 & 5'	디저트 요리 나이프 & 포크(dessert knife & fork)	11	레드 와인 잔(red wine glass)
6	냅킨(napkin)	12	워터 글라스(water glass)

- 주로 에피타이저, 메인 요리, 디저트의 3가지로 구분하여 음식이 나온다.
- 코스에 따라 음식이 나오는 시간 전개형 방식이다.
- 포크와 나이프는 요리에 따라 다른 것을 사용한다.
- 수프는 스푼으로 조금씩 떠서 먹되, 다 먹은 후에는 수푼을 접시 안에 둔다.
- 식사 도중 포크나 나이프, 냅킨 등을 떨어뜨렸을 경우 줍지 말고 새 것으로 주문한다.
- 냅킨은 전원이 착석한 후 연장자가 냅킨을 펼친 후 펼친다.
- 냅킨은 반으로 접되 벌어진 쪽이 자신의 몸 쪽으로 향하도록 무릎 위에 놓고, 냅킨의 안쪽에 입이나 손을 닦아 식사 도중 상대방에게 지저분한 것이 보이지 않도록 한다.
- 냅킨을 다 사용한 후에는 대충 접어 테이블 위에 올려놓는다.
- 코스에 따라 음식이 나오며, 음식에 따라 포크와 나이프를 다르게 사용하되 바깥쪽 것부터 사용한다.
- 포크나 나이프를 들고 물건을 가리키거나 이야기 도중 휘두르지 않는다.
- 식사 중 이야기를 할 때는 음식이 입 안에 없을 때 하되 포크나 나이프는 내려놓고 한다.
- 빵과 샐러드는 왼쪽의 것이 자신의 것이며, 물잔은 오른쪽의 것이 자신의 것이므로 다른 사람의 것을 먹지 않도록 주의한다.
- 스테이크는 레어, 미디엄 레어, 미디엄, 웰던으로 익히는 정도가 달라지므로 자신의 식성에 맞게 적절히 골라 주문한다.
- 스테이크는 한꺼번에 잘라 놓지 않으며 바깥쪽에서 안쪽으로 먹을 만큼씩 잘라 가며 먹는다.
- 테이블이 세팅된 상태로 놓아두는 것이 매너이며, 자신이 먹기에 불편하다고 하여 그릇의 위치를 바꾸는 것은 옳지 않다.
- 식사 도중 머리나 얼굴 등을 만지거나 테이블에서 화장을 고치는 등의 행동은 좋지 않다.

(3) 차 매너

- 찻잔에 손잡이가 있는 경우 고리 사이로 검지 손가락을 끼워 잡는 것은 옳지 않다.
- 손잡이의 둘레 부분을 손가락 세 개 정도로 잡고 나머지 손가락을 살짝 받치는 정도로 잡는다.
- 각설탕을 넣을 경우 맨손으로 집어 잔 속으로 넣지 않고 티스푼에 올려 잔에 넣고 녹인다.
- 티스푼을 사용한 후에는 잔의 뒷부분에 가로로 놓는다.
- 차를 마실 때 잔에 스푼을 담가 놓지 않는다.
- 차를 마실 때는 적절히 식혀 가며 천천히 마시되 뜨거운 차를 급하게 후후 불면서 마시지 않는다.
- 차는 조금씩 몇 번에 나누어 가며 마시고 한 번에 들이키지 않는다.
- 티백이 있는 경우는 티백을 살짝 들어 올려 컵의 안쪽 면에 대고 티스푼으로 눌러 물이 흐르지 않도록 살짝 짜낸 후 컵의 뒤쪽에 놓는다.
- 찻잔을 잡고 돌려가며 흔들어 마시는 것은 좋지 않다.
- 컵 받침은 탁자에 놓은 상태에서 컵만 가져다가 마신다.
- 컵 받침과 컵 사이에 물기가 있는 경우는 컵을 들어 올릴 때 컵 받침이 같이 따라 올라올 수 있으므로 한 손으로 컵 받침을 잡고 컵을 들어 올린다.
- 손잡이가 없는 녹차 같은 경우는 오른손으로 잔을 살짝 감싸 쥐고 마시되 왼손으로 잔의 아랫부분을 조심스럽게 받친다.

(4) 와인 매너

최근 모임이나 식사 자리에서 와인을 가볍게 즐기는 사람들이 많아지고 있다. 사람들과의 자연스러운 친교를 위해 와인에 대한 기본적인 상식과 매너를 알고 있는 것이 좋다.

와인은 인류가 마신 최초의 술로 성서에서도 여러 번 언급될 만큼 인간의 삶과 함께 존재해 왔다. 와인의 어원은 라틴어 '비넘(Vinum)'으로 '포도나무로부터 만든 술' 이라는 의미이며 영어로는 와인(Wine), 독어로는 바인(Wein), 불어로는 뱅(Vin), 이탈리어로는 비노(Vino)라고 부른다. 학술적으로 분류하면 와인은 양조주와 발효주에 속한다. 유럽인들은 "와인 없는 식탁은 태양 없는 세상과 같다."고 하였고, 플라톤은 '와인은 신이 인간에게 내려 준 최고의 선물' 이라고 칭송했다. 적당량의 와인을 마시는 것은 식욕 촉진과 소화 작용에도 도움을 주며 와인이 건강에 좋다는 사실은 이제는 과학적으로도 확실히 밝혀진 이론이다.

테이블의 꽃이라 불리는 와인은 그 종류가 아주 많기 때문에 때와 장소에 맞는 선택이 필요하다. 이를 위해서는 어느 정도는 와인에 대한 지식이 있어야 한다. 와인은 어느 해에 생산되었느냐에 따라 값에 차이가 난다. 와인을 고를 때 주의할 점은 색상, 맛에 유의해야 하며, 예산을 세워서 골라야 실수가 없다.

와인을 시음할 때는 먼저 와인잔에 와인을 4분의 1 정도 따른 후 잔대 부분을 잡고 빛이 있는 쪽으로 들어 색깔과 침전물을 확인하고, 잔을 2~3회 회전 후 코에 가까이 대고 향기를 맡는다. 와인을 조금 입에 머금고 혀끝으로 굴리듯 하며 천천히 맛을 본다. 주최자가 와인 시음 후 고개를 끄덕이면 상석의 여성부터 시계 방향으로 여성들에게 먼저 와인을 따라 준다. 이어 상석의 남성부터 시작해 같은 순서로 남성들의 잔을 채운 후 마지막으로 주최자의 잔을 채운다. 이후 와인을 따를 때는 와인잔의 3분의 2 정도가 적정한 분량이다. 따를 때 병이 잔에 닿지 않도록 해야 하며 병을 약간 돌리면서 들어 올리면 마지막 방울이 흐르지 않는다. 받는 사람은 잔을 들지 않으며 테이블 위에 놓은 채 받는다. 마실 때는 향기가 중요하므로 먼저 입술에 살짝 적신 다음 혀끝에서 굴리듯이 천천히 음미하면서 마신다. 와인은 식욕을 돋우면서 취하지 않는 선에서 또는 분위기를 부드럽게 하는 선에서 마시도록 한다.

생선 요리에는 산뜻한 화이트 와인이 적합하고, 육류 요리에는 레드 와인이 어울린다. 고급 와인은 단맛과 신맛, 떫은 맛이 균형과 조화를 이루어 어떤 한 가지 맛이 강하게 느껴지지 않는다. 와인은 온도에 따라 맛과 풍미가 좌우되는데 화이트 와인은 10℃ 정도로 약간 차게 해서 작은 잔에 따라 마시는 것이 좋으며, 레드 와인은 17~20℃ 정도의 실온과 비슷한 온도일 때 가장 맛이 좋으므로 큰 잔에 따라 천천히 마시는 것이 좋다. 샴페인이나 스파클링 와인은 4~7℃ 정도로 차게 해서 마신다. 와인잔은 튤립 모양에 긴 손잡이가 달린 것을 주로 사용하는데 이것은 체온이 와인에 직접 전달하는 것을 방지하고, 향이 밖으로 나가지 않고 잔에 머물게 하기 위해서이다.

퍼스널 이미지 메이킹 2 –컬러 & 패션 이미지

제4장

01 컬러 이미지 메이킹

컬러는 패션 디자인 및 이미지 컨설팅의 요소 중 가장 흥미롭고 중요한 요소 중의 하나이다. 또한 컬러는 이미지 커뮤니케이션에서 매우 중요하게 작용하는데, 처음 만나는 사람의 이미지는 의상의 컬러에 영향을 받는 경우가 많기 때문에 그만큼 중요하다.

첫 만남에서 이미지로 기억되는 요소 중 가장 중요한 요소가 시각적인 요소이고, 그중 가장 큰 비중을 차지하는 것이 컬러이기 때문에 좋은 이미지 연출을 위해서는 효과적인 컬러 이미지 메이킹이 필요하다.

1) 컬러의 이해

색은 빛이 눈에 들어와 시신경을 자극하여, 뇌의 시각중추에 전달함으로써 생기는 감각이다. 태양이 지고 날이 저물어 빛이 없어지면 색은 보이지 않게 된다. 이것은 빛에 의해 색을 느낄 수 있기 때문이다. 우리가 자연광선인 햇빛에서 보는 색과 인공조명에서 보는 색이 다른 것도 색과 빛이 서로 필수 불가결한 관계에 있다는 것을 말한다.

인간이 받아들이는 정보의 70% 이상이 시각에 의존하는 만큼 일상생활이나 우리의 무의식 속에도 색의 의미는 크게 작용하고 있다. 색은 의식적이거나 무의식적으로 육체적, 감정적 반응을 불러일으키며 색에 대한 반응은 즉각적이고 오래 지속되어서 소재나 디자인, 디테일은 잊어버릴지라도 색과 그에 대한 반응은 오래 기억된다. 색에 대한 느낌은 좋다, 싫다, 아름답다 등과 같이 기호적인 면과 생활환경이나 생활체험에 의해 결정된다.

각각의 색들은 색 자체의 고유한 특성을 갖고 있어서, 각 색이 주는 연상과 상징성을 알아보고 그것을 개성적이고 매력 있는 이미지로 연출하는 데 활용함으로써 효율적인 이미지 메이킹을 할 수 있을 것이다.

(1) 컬러의 분류와 3속성

물체의 색은 크게 색의 유무에 따라 무채색과 유채색으로 구분된다. 무채색은 밝고 어두운 단계에 따라, 즉 명도에 의해 구분되고 유채색은 색의 종류(색상), 밝고 어두운 정도(명도), 색의 농담(채도)에 의해 분류된다. 이런 색을 구분 짓는 속성을 색상, 명도, 채도라고 하며 이를 색의 3속성이라고 한다.

색상(Hue)

색의 3속성에서 색을 구별하는 것으로 빛의 파장에 따라 빨강, 노랑, 초록 등 색의 성질을 갖고 있는 것을 색상이라고 하는데, 이는 색의 종류를 말한다.

명도(Value)

물체의 표면이 빛을 반사하는 정도에 따라 색의 밝고 어두운 정도가 달라지게 되는데 이런 색의 밝기의 정도를 명도라고 한다. 흰색을 섞어서 만든 밝은 색은 명도가 높고, 검은색을 섞으면 명도는 낮아진다. 명도 단계는 먼셀 색체계에서 검정색을 0, 흰색을 10으로 정하고 그 사이에 단계를 나눈다.

채도(Chroma)

색의 순수한 정도를 말하는 것으로 색은 순색에 가까울수록 채도가 높고, 다른 색상을 가하면 채도가 낮아진다. 이러한 색의 맑고 탁함은 유채색에서 나타난다.

색에서 고명도 · 고채도인 경우 명랑하고 쾌활한 느낌을 주며, 저명도 · 저채도에서는 무겁고 어두운 느낌을 준다. 중명도 · 중채도는 온화하고 차분한 느낌을 주며, 순색인 고채도에서는 자주적이며 강한 느낌을 준다.

고명도 · 고채도

저명도 · 저채도

중명도 · 중채도

(2) 컬러의 감정 효과

따뜻한 색/차가운 색

색에서 온도감은 색상에 주로 영향을 받으며 난색, 한색, 중성색으로 나눌 수 있다. 난색인 빨강, 주황, 노랑은 따뜻한 느낌을 주며 자극적이고 흥분시키는 색이다. 한색인 남색, 파랑, 청록은 시원하고 차가운 느낌이 나며 안정적이고 침착하게 하는 색이다. 중성색인 연두, 녹색, 보라, 자주, 무채색은 따뜻함이나 차가움을 느끼게 하지 않는다.

진출색/후퇴색

진출색은 앞으로 튀어 나와 보이는 색으로 따뜻한 색, 고명도, 고채도의 색이다. 후퇴색은 뒤로 물러나 보이는 색으로 차가운 색, 저명도, 저채도의 색이다. 색의 진출과 후퇴에는 명도와 색상의 차이가 영향을 미친다.

팽창색/수축색

팽창색은 따뜻한 색, 고명도로 실제 크기보다 팽창되어 커 보이는 색이다. 수축색은 차가운 색, 저명도로 실제 크기보다 수축되어 작아 보이는 색이다. 체형의 결점을 보완하는 데 팽창색과 수축색이 효과적으로 사용될 수 있다.

무거운 색/가벼운 색

색의 밝기와 어두움에 따라 가벼움과 무거움을 느낄 수 있다. 명도가 높고 밝은 색은 경쾌하고 가벼운 느낌을 주며, 명도가 낮고 어두운 색은 가라앉은 중압감과 무거운 느낌을 준다.

딱딱한 색/부드러운 색

채도가 낮고 밝고 따뜻한 색은 부드러운 느낌을 준다. 중명도 이하의 어둡고, 채도가 높고, 차가운 색은 딱딱한 느낌을 준다.

흥분색/진정색

따뜻한 색 계열의 색상은 선명한 고채도의 색을 사용하면 심리적으로 흥분감을 일으키며, 차가운 색 계열의 저채도의 색상은 심리적으로 감정을 진정시키는 효과가 있다.

2) 컬러별 이미지

컬러를 보고 느껴지는 이미지는 콘셉트(concept)에 따른 스타일링을 할 때 유용하게 사용된다.

(1) 빨강(Red)

본능적인 감각과 열정을 자극하는 색으로 힘, 정열, 사랑, 환희 등을 연상시킨다. 에너지를 느끼게 하는 긍정적인 이미지를 갖는 반면, 공격적이며 분노를 상징하기도 하며 위험이나 경고의 이미지를 나타내기도 한다. 주로 섹시하고 강한 인상을 줄 때 많이 사용되며, 포인트 컬러로도 생동감 있는 역할을 한다. 무채색인 그레이, 블랙, 화이트 등과 코디해 주면 강렬하면서도 세련된 이미지로 연출할 수 있다.

- 빨간색을 선호하는 사람은 타인의 주목을 즐기며 자존심이 강하며, 자신의 욕구를 직선적으로 나타내는 외향적 성격을 가지고 있으며, 다소 충동적이고 감정적으로 치우치는 경향이 있다.
- 긍정적 이미지: 정열, 열정, 승리, 애정, 유혹
- 부정적 이미지: 흥분, 분노, 위험, 혁명

(2) 주황(Orange)

주황색은 인접해 있는 빨간색과 노란색의 속성을 공유하면서도 주황색 고유의 이미지를 가지고 있다. 주황색은 따뜻하면서도 발랄한 이미지를 동시에 줄 수 있고, 주목성이 높은 색이다. 활발함, 밝음, 활력, 재미, 행복 등을 연상시키는 컬러이다. 이 색은 유희적인 색으로 즐거움과 사교를 상징하고 있으며, 에너지를 주는 색이지만 식욕을 돋우기도 하므로 다이어트 시에는 피해야 하는 색이다.

- 주황색을 좋아하는 사람은 따뜻하고 밝은 성격으로 친화력이 좋으며 흔히 팔방미인이라 불리는 인기가 있는 사람이다.
- 긍정적 이미지: 즐거움, 기쁨, 만족, 건강, 활기, 친근함
- 부정적 이미지: 욕망, 경박한, 저렴한, 무질서, 초조

(3) 노랑(Yellow)

빛에 가장 가까운 색으로 생동감과 명랑한 느낌을 주는 색이다. 귀여움, 행복, 희망, 밝음, 환희 등을 연상시키는 컬러로 즐겁고 유쾌한 분위기를 연출하기에 알맞은 색상이다.

- 노란색을 좋아하는 사람은 이상이 높으며 명쾌한 사고를 하고 표현력과 센스가 풍부하며 새로운 것과 자기 성취를 추구하는 특성을 지닌다.
- 긍정적 이미지: 희망, 따뜻함, 명랑, 즐거움, 환희, 밝은
- 부정적 이미지: 배신, 연약한, 겁쟁이, 질투, 인색한, 교만, 불신

(4) 녹색(Green)

녹색은 감정적 효과에 있는 중성색으로서 모든 색 중 가장 차분한 색이다. 녹색은 사람의 눈에 가장 편안한 색상으로 온화함과 상쾌함을 느끼게 해 주어 마음의 긴장을 풀어 주고 진정시키는 효과가 있는 색이다. 구체적인 연상으로는 자연, 새싹, 풀 등이 있으며 추상적으로는 희망, 신선함, 위안, 온화, 편안함, 휴식 등을 연상시키는 안정감 있는 색상이다. 녹색 의상을 입으면 편안하고 차분한 이미지와 함께 모범적이고 단정한 인상을 줄 수 있다. 녹색은 고통과 긴장을 완화해 주고 생활 공간에 쓰이면 피로감을 덜 느끼게 해 주어 휴게실 등에 사용되면 좋다.

- 녹색을 좋아하는 사람은 성실하고 겸손하며 예의가 바르며 튀고 싶어 하지 않는 경향이 있다.
- 긍정적 이미지: 자연, 신선, 안정, 성장, 휴식, 편안함, 생명, 평화
- 부정적 이미지: 미숙한, 부패, 외계인

(5) 파랑(blue)

파랑은 모든 문화권에서 정신, 하늘, 신을 의미하는 색으로 차갑고 이지적인 느낌을 주는 색이다. 젊음, 꿈, 신뢰, 지성, 진보, 미래 등 이지적이고 희망을 상징하는 이미지이다. 반면에 차가운 색상으로 냉정함, 우울, 고독함을 상징하기도 한다. 화이트와 배색하면 더욱 시원하고 세련된 이미지로 연출할 수 있으며, 다크 블루를 활용하면 단정하고 도시적인 세련미를 표현할 수 있다.

- 파란색을 좋아하는 사람은 냉정하지만 생각이 깊고 분별력과 자제력이 있으며, 잇속이 밝고 논리적인 성향이 있다. 반면에 자칫 독선적이고 폐쇄적인 사고로 빠질 우려가 있는 사람이다.
- 긍정적 이미지: 젊음, 꿈, 성공, 신뢰, 정직, 지성, 지혜, 진보, 미래
- 부정적 이미지: 우울한, 관료적, 보수적, 권위적, 고독, 금욕

(6) 보라(Purple)

보라색은 빨간색과 파란색이 혼합된 색으로서 동서양을 불문하고 고대에서 현대에 이르기까지 고귀함을 상징하는 색상으로 간주되고 있다. 신비, 우아, 고상함 등을 연상시키는 반면 외로움, 슬픔, 정서불안 등의 이미지도 있다. 창의적 분야에 종사하는 사람들이 선호하는 색이다. 우아하고 성숙한 이미지, 신비로운 이미지를 표현하고자 할 때 의상이나 메이크업에 사용하면 좋은 효과를 볼 수 있다.

- 보라색을 좋아하는 사람은 일반적으로 자의식이 높고 직관력과 상상력이 풍부하며, 감수성이 예민한 예술적 재능을 지닌 사람이 많다.
- 긍정적 이미지: 예술, 고귀한, 고급스러운, 신비로운, 우아한, 관능적인
- 부정적 이미지: 광기, 신성, 불안, 인공, 피로, 퇴폐, 허영, 공허

(7) 갈색(Brown)

갈색은 신뢰감과 소박함, 성실한 느낌을 준다. 민속적인 전통과 따뜻한 이미지로 풍성한 가을을 상징하며 안정감을 준다. 심리적으로 따뜻함과 편안한 느낌을 주며, 품격과 안정감, 전통적인 이미지를 주는 데 효과적이다. 의상에서 갈색은 수수하고 검소한 이미지의 색으로 밝은 갈색은 자연스럽고 온화한 느낌을 주며, 짙은 갈색은 클래식한 이미지를 줄 수 있다. 무채색과 함께 베이직 컬러로 주로 많이 사용되며 내추럴 컬러의 대표 색이기도 하다.

- 갈색을 좋아하는 사람은 책임감이 강하고 어른스러운 이미지를 가지고 있다.
- 긍정적 이미지: 겸손, 소박함, 안정, 클래식, 침착함
- 부정적 이미지: 촌스러움, 보수적, 늙음, 퇴막하는, 억제하는

(8) 흰색(White)

흰색은 순수, 청결, 결백, 순결, 청순, 깨끗함을 연상시키는 색상이다. 결백, 진실 등을 상징하기도 한다. 기본적인 색 또는 강조를 위한 색으로서 모든 색과의 배색이 용이하며 영원한 패션의 색으로서 유행을 초월한 그 우아함은 모든 문화와 계절에 흰색이 두루 쓰이게 한다. 의상에서는 블랙과 배색해서 모던한 느낌으로 연출하기도 한다.

- 흰색을 좋아하는 사람 중에는 완벽함을 추구하거나 자존심과 개성이 강한 성격이 많다.
- 긍정적 이미지: 깨끗한, 순수한, 순결, 청초함, 청결, 결백
- 부정적 이미지: 냉정한, 서늘한, 비인간적인, 공허함

(9) 회색(gray)

회색은 도시적, 보수적, 지적, 하이테크 등의 이미지와 불안, 무기력, 비애, 우울, 엄숙, 쓸쓸함 등을 연상시키는 색상이다. 회색은 겸손을 나타내며 우유부단하고 확실한 주장을 내비치지 않는 느낌을 준다. 회색은 누구에게 무난하게 어울리기 때문에 베이직 컬러로 의복에 많이 활용되며, 침착하고 차분한 이미지를 연출하기에 좋다. 세련된, 지적인, 보수적인 이미지로 비즈니스 슈트에 적당하다. 회색은 어떠한 색과도 배색이 가능하고 다른 색상을 돋보이게 한다.

- 회색을 좋아하는 사람들은 안정적으로 틀에 맞춘 생활을 선호하며, 평화를 추구해 타협하고 엇갈린 의견을 잘 조정하는 능력이 있다.

- 긍정적 이미지: 점잖은, 세련된, 고상한, 모던, 차분한, 수수한
- 부정적 이미지: 평범한, 소극적, 중립, 무기력, 음울, 쓸쓸한, 삭막한

(10) 검정(Black)

검정은 긍정적인 이미지로는 고급스러움, 깊고 차분함, 엄숙함, 위엄의 이미지가 있으며, 부정적인 이미지로는 고독함, 음산함, 죽음, 어둠, 공포, 허무, 좌절과 반항의 이미지가 있다. 검정은 도회적이며 격조 있는 고급 상품에 어울리고 세련되고 권위 있는 느낌이 든다. 의상에서 검정은 도시적이고 이지적인 이미지를 주며, 강한 카리스마를 연출하기에도 적합한 색상이다. 다른 색과 배색해서 선명한 이미지를 표현할 수 있으며, 포멀한 의상으로 연출해서 차분하고 엄숙한 이미지를 표현할 수 있다.

- 검정을 좋아하는 사람은 의지가 강하고 독립적인 성격이며, 다른 사람에게 지시 받는 것을 싫어하는 성격으로 자기 감정을 억제하고 진짜 감정이나 성격을 표출하지 않는 경향이 있다.
- 긍정적 이미지: 위엄, 강함, 엄숙한, 진중한, 고급스러운, 모던한
- 추상적 연상: 공포, 어둠, 죄, 허무, 금기, 죽음, 절망, 공포

3) 톤의 이미지

톤이란 명도와 채도를 포함한 색의 명암, 강약, 농담을 나타내는 색의 속성으로 색의 이미지를 더욱 쉽게 전달하고자 한 것이다. 일반적으로 톤은 선명한(vivid), 강한(strong), 밝은(bright), 맑은(pale), 연한(very pale), 흐릿한(light grayish), 은은한(light), 탁한(grayish), 차분한(dull), 진한(deep), 어두운(dark) 등 11개로 분류되고 있다.

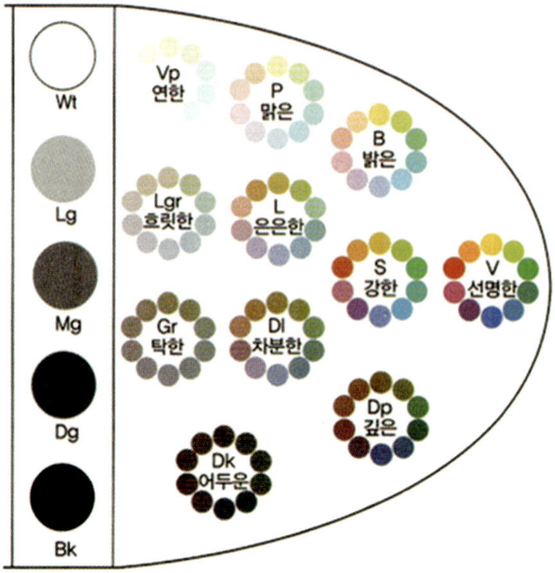

- 강하고 화려한 톤: 비비드 톤(V), 스트롱 톤(S)
- 밝은 톤: 브라이트 톤(B), 페일 톤(P), 베리 페일 톤(VP)
- 차분한 톤: 라이트 그레이시 톤(Lgr), 그레이시 톤(Gr), 덜 톤(Dl), 라이트 톤(L)
- 어두운 톤: 다크 톤(Dk), 딥 톤(Dp)

(1) 모노 톤

흰색, 검정, 회색 계통의 컬러를 말한다.

모노 톤은 유행에 민감하지 않으며, 패션에 많이 사용되는 기본 컬러로서 어떤 상황과 분위기에서도 세련된 멋을 나타내므로 패션 컬러의 고전이라 불린다.

모던한 감각의 입기 좋은 색상으로 심플한 실루엣에 잘 어울린다.

(2) 비비드 톤

빨강, 주황, 노랑, 연두, 초록 계통의 순색으로 채도가 높아 선명하고 화려한 것이 특징이다.

강하고 자극적인 이미지 표현에 적합하므로 대담한 표현과 자유분방함을 강조하는 스타일에 효과적으로 활용된다.

(3) 파스텔 톤

비비드 톤에 화이트 컬러를 가미하여 부드럽고 뽀얀 느낌을 주는 컬러 톤의 총칭으로 핑크, 크림색, 민트블루, 파스텔블루, 하늘색 계통의 컬러를 말하며, 밝고 부드러운 색조로 온화하고 여성스러운 이미지와 로맨틱한 이미지를 나타낸다.

(4) 내추럴 톤

베이지, 카키, 브라운, 올리브그린 계통을 말하며 차분한 느낌과 이국적인 분위기 연출에 좋은 색상이다. 자유롭고 편안한 캐주얼과 세련된 정장에도 잘 어울리는 톤이다.

(5) 딥 톤

비비드 톤에 검정색이 약간 섞인 톤으로 포도주색, 흑갈색, 겨자색, 감색 계통의 깊고 중후한 색감을 띤다. 원숙한 색상으로 품위 있고, 심오한 느낌을 준다. 클래식한 분위기를 연출하고 싶을 때는 갈색을 기본으로 배색하는 것이 좋다.

4) 컬러 코디네이션 기법

(1) 톤 온 톤 컬러 코디네이션

톤 온 톤 컬러 코디네이션은 동일 혹은 유사한 색상의 조합에서 톤의 변화를 살린 방법이다. 톤 온 톤 배색은 동계색 혹은 단색상의 조합으로 무난하면서 정리된 배색 효과를 나타낸다. 따라서 부드럽고 은은한 이미지를 표현하고자 할 때 효과적인 컬러 코디네이션이다.

색상이 한정되어 있으므로 패션 연출에 있어 소재에 변화를 주거나 패턴이 들어간 아이템을 함께 스타일링해 줌으로써 더욱 세련된 느낌으로 연출이 가능하다.

(2) 톤 인 톤 컬러 코디네이션

톤 인 톤 컬러 코디네이션은 동일한 톤에서 색상의 변화를 살린 방법이다. 톤의 선택에 따라 강하고 약한, 가볍고 무거운 등의 다양한 이미지를 연출할 수 있다.

(3) 콘트라스트 컬러 코디네이션

콘트라스트 컬러 코디네이션은 대조되는 성질을 가진 색의 조합을 이용하는 방법이다. 색상 차에 의한 콘트라스트 컬러 코디네이션은 보색 혹은 반대색으로 대립 관계를 살려 부조화스럽고 저항적이지만 젊음과 활력을 표현하는 두드러진 배색 효과를 나타낸다.

(5) 악센트 컬러 코디네이션

악센트 컬러 코디네이션은 배색의 일부에 악센트가 되는 색을 조합해 악센트 컬러를 중심으로 배색을 통일시키는 방법이다. 주로 악센트 컬러로 쓰이는 색은 주된 색과 대조되는 색을 사용하지만 작은 면적에 대조되는 색을 사용하여 그 부분을 강조함으로써 전체의 이미지를 긴장시키며 두드러진 효과를 나타낸다. 전체적인 스타일링에서 악센트 컬러가 있는 부분에 시선이 집중되는 경향이 있으므로 키가 작은 체형의 경우 스카프나 넥타이 등에 악센트 컬러를 사용하여 시선을 위로 올려 주는 센스가 필요하다.

02 퍼스널 컬러(personal color)

1) 사계절 색상의 특징

자연의 색에는 사계절 컬러가 있으며 사계절 컬러는 따뜻한 색과 차가운 색으로 구분된다. 봄과 가을은 따뜻한 색 계열로, 여름과 겨울은 차가운 색 계열로 구분한다. 사계절 색상의 특징을 기본 톤과 명도, 채도 면에서 살펴보면 먼저 겨울과 여름의 기본 톤은 차가움이 느껴지는 블루 베이스이고, 봄과 가을의 기본 톤은 따뜻함이 느껴지는 옐로 베이스이다. 겨울과 가을의 명도는 대체적으로 낮고, 봄과 여름의 명도는 높다. 겨울과 봄의 채도는 높고, 여름과 가을의 채도는 낮다.

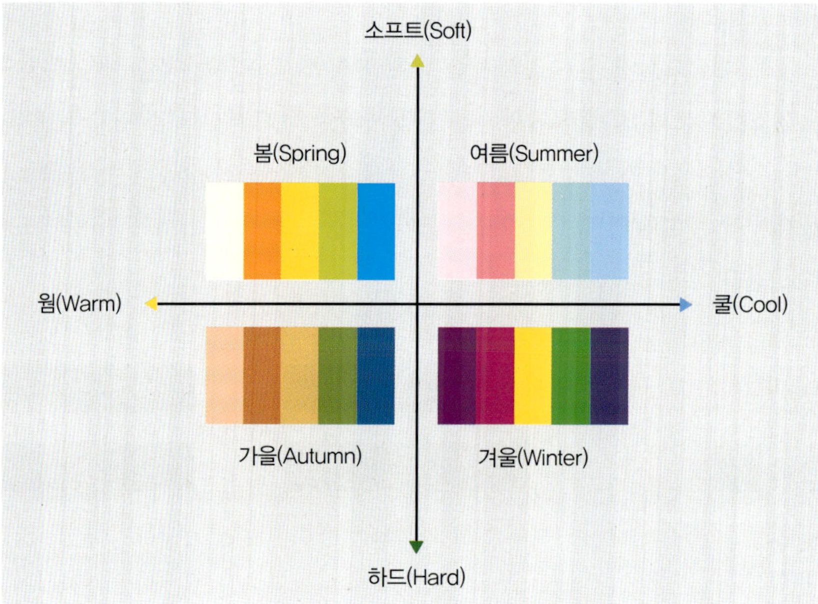

(1) 봄

생명력과 에너지를 느낄 수 있는 봄의 색은 모든 색에 노랑이 섞인 색으로서 따뜻한 색으로 구분된다. 노란색을 기본 바탕색으로 하는 봄의 색상은 명도와 채도가 높아 원색적이며 밝고 화사하며 생명력과 에너지를 느낄 수 있는 경쾌한 이미지이다. 선명한 레드, 블루, 그린, 오렌지, 바이올렛 등이 봄의 대표적인 색이다.

(2) 여름

여름의 색은 모든 색에 흰색과 파란색을 기본 바탕색으로 하는 차가운 색이다. 밝고 부드러우나 선명하지 못하며 흐린 편으로 파우더처럼 불투명한 특징이 있다. 모든 색에 흰빛을 가지고 있으므로 명도는 높고 채도는 낮아 강하지 않은 파스텔 톤과 중간 톤이 주를 이루고 있다. 여름색은 여성스럽고 부드러운 이미지로 대표적인 색은 연블루 계열, 연회색 계열, 연보라, 연핑크 계열, 연그레이 계열이 주를 이룬다.

(3) 가을

가을의 색은 황금 들녘처럼 황색 빛을 띠면서 차분하고 따뜻한 느낌을 준다. 황색이 기본 바탕색인 가을색은 비교적 명도와 채도가 낮아 선명하지 않고 자연색에 가까우며 깊고 풍성한 이미지를 준다. 대표적인 색으로 황색 빛의 노란색 계열, 브라운 계열, 카키 계열, 베이지 계열, 레드 계열 등이 있다.

(4) 겨울

겨울의 색은 모든 색에 푸른색과 검은색이 혼합되어 차가운 색으로 구분된다. 채도가 높고 밝은 색과 선명하고 짙은 색이 주를 이루어 밝고 짙은 색의 대비가 매우 크다. 명도와 채도의 대비가 강하고 심플하고 세련되고 도회적인 이미지이다. 대표적인 색으로 선명하고 강렬한 블루와 검정색을 기본으로 하는 블루, 레드, 와인, 청보라, 청회색, 은색 등이 있다.

| 표 4-1 | **계절별 컬러의 특징과 이미지**

계절	색상	명도	채도	이미지와 스타일 컬러
봄	원색을 엷게 한 밝은 컬러 (옐로 베이스)	높다	높다	활발하고 귀여운 스타일 프리티, 액티브, 캐주얼 등
여름	원색에 흰색을 섞은 파스텔톤 (블루 베이스)	높다	낮다	소프트하고 심플한 스타일 엘레강스, 로맨틱, 클리어 등
가을	원색에 회색을 섞은 컬러 (옐로 베이스)	낮다	낮다	자연의 톤을 살린 세련된 스타일 내추럴, 클래식, 고저스 등
겨울	블루 중심의 선명한 원색 (블루 베이스)	낮다	높다	콘트라스트가 강한 스타일 모던, 다이나믹, 댄디 등

2) 퍼스널 컬러의 이해

우리는 좋아하는 색과 어울리는 색을 같은 개념으로 받아들이는 경우가 많다. 그러나 좋아하는 색과 어울리는 색이 반드시 일치하는 것만은 아니다.

사람에게는 저마다 '가장 잘 어울리는 색상'이 있는데 이 색은 자신의 피부색, 눈동자 색, 머리카락 색에 따라 달라진다. 사람들에게 각기 다른 어울리는 색은 조화와 균형을 주어 돋보이게 하므로 자신의 신체 색에 따른 어울리는 색상을 알고 이를 활용하여 이미지 연출을 하는 것이 필요하다.

- **좋아하는 컬러(내적, 주관적 관점)**
  좋아하는 색은 상황이나 기분에 따라 달라지며 개인의 심리 상태와 잠재의식이 반영되기에 색채치료에 사용된다.
- **어울리는 컬러(외형, 객관적 관점)**
  개개인 고유의 신체 색상에 따라 건강하고 아름답게 보이는 색

퍼스널 컬러는 피부 톤에 근본을 두고 있으며 차가운 유형과 따뜻한 유형으로 나뉘는데, 피부 톤에서 푸른 빛이 도는 차가운 유형은 여름과 겨울 유형으로, 노란 빛이 도는 따뜻한 유형은 봄과 가을 유형으로 분류된다. 퍼스널 컬러를 진단하는 방법에는 블루 베이스와 옐로 베이스의 천을 얼굴에 받쳐 보고 판단하는 법, 금색 종이와 은색 종이에 손을 놓고 살피거나, 오렌지 계열과 분홍색 계열의 립스틱을 바르고 어울리는 정도를 파악하는 방법, 피부와 머리카락 및 눈동자 색 등을 보고 판단하는 방법 등이 있다.

(1) 퍼스널 컬러 진단 및 적용

퍼스널 컬러 진단을 통해 자신에게 어울리는 퍼스널 컬러를 찾을 수 있다. 이를 적용함으로써 만족스러운 외모의 변화와 함께 심리적, 정서적인 안정까지 얻을 수 있으며, 더 나은 이미지로 긍정적인 평가를 얻게 되면 그에 따른 자신감으로 인해 자신의 능력을 극대화할 수 있다.

퍼스널 컬러의 장점

- 얼굴색을 보완한다: 밝고 투명하며 화사하고 생기 있어 보이게 한다.
- 얼굴형을 보완한다: 일종의 착시 효과로 얼굴이 작고 입체적으로 보이며 광대뼈, 턱선 등이 두드러져 보이지 않는다.
- 젊고 건강해 보인다: 주름이나 그늘이 없고, 눈 밑 처짐과 다크서클, 기미, 잡티, 여드름 등이 두드러지지 않게 보인다.
- 자신만의 이미지로 자신감을 높인다: 색으로 자신의 단점을 보완하고 장점을 부각시켜 늘 세련되고 매력적인 이미지를 연출할 수 있으며, 타인으로 하여금 긍정적인 평가를 받게 되면 보다 자신감 있는 생활을 영위할 수 있다.
- 경제적인 효율성이 있다: 자신의 이미지나 색상을 알고 있을 경우 충동구매를 자제할 수 있고, 자신에게 필요한 소비가 형성되므로 쇼핑을 위한 시간과 돈이 절약된다. 또한 모든 옷을 자유롭게 연출할 수 있어 기존의 의상과의 코디가 용이하다.

퍼스널 컬러 진단 절차

- 1단계: 컬러 진단 준비
  - 퍼스널 컬러 진단은 자연광이 비치는 실내에서 실시한다.
  - 시간은 오전 11시에서 오후 3시가 적당하다.
  - 화장을 지우고 머리색과 옷의 영향을 제거하기 위하여 머리에 흰색 천을 두르고 흰색 케이프를 턱 밑에 두른다.
  - 귀고리 등 액세서리는 착용하지 않는다.
  - 거울을 준비한다.

- 2단계: 육안으로 따뜻한 유형과 차가운 유형을 구분

얼굴의 피부색, 눈동자 색, 머리카락 색, 두피 색, 손목 안쪽, 뒷목 밑의 피부색을 육안으로 살펴보고 푸른 빛인지 노르스름한 빛인지를 먼저 구분한다. 푸른색과 흰빛이 많이 돌면 차가운 색 계열, 노르스름한 빛이 많이 돌면 따뜻한 계열이다. 2단계의 진단법으로는 정확하게 파악할 수 없으므로 3단계에서 실시하는 드레이프 진단을 반드시 실시해야 한다.

- 3단계: 드레이프 진단
  - 따뜻한 색과 차가운 색의 컬러 진단 천을 차례로 둘러보고 어울리는 색을 판단한다. 만일 차가운 색이 어울리면 차가운 유형에 속하고, 따뜻한 색이 어울리면 따뜻한 유형에 속한다.
  - 대표적인 색을 몇 가지 선정한 후 각 색의 봄, 여름, 가을, 겨울 색에 해당하는 진단천을 차례로 드레이핑해 본다.
  - 구체적으로 명도를 비교한다. 밝은 색, 중간 색, 어두운 색 중 어떤 색이 어울리는가를 구분한다.
  - 진단 의뢰인에게서 풍기는 분위기를 파악하여 최종적으로 계절을 결정한다.
  - 진단 결과에 따라 패션, 메이크업, 헤어 컬러 등 이미지에 대한 조언을 한다.

어울리는 색의 판단 기준

- 어울리는 색에 대한 얼굴색 반응
  - 얼굴이 밝고 투명해진다.
  - 얼굴에 윤기가 나며 화사해진다.
  - 얼굴의 형태는 입체적으로 보이고 얼굴의 각이 부드러워져 보인다.
  - 다크서클, 잡티, 기미, 여드름은 희미해지고 얼굴에 있는 주름이나 그늘이 옅어진다.
  - 붉은 빛이 적게 나타난다.

- 어울리지 않는 색에 대한 얼굴색 반응
  - 피부색이 어둡고 칙칙해 보인다.
  - 다크서클, 잡티, 기미, 여드름이 짙어 보이고 주름이 지고 그늘져 보인다.
  - 얼굴의 형태는 평면적이고 얼굴의 각이 두드러져 보인다.
  - 푸른빛이 돌아 보인다.
  - 평소 피부색이 붉었던 사람은 더 붉게 보이고 누르스름한 피부는 더 누렇게 보인다.

컬러 진단, 이미지 메이킹 전

컬러 진단, 이미지 메이킹 후

사진 출처: 컬러즈

3) 퍼스널 컬러의 유형별 이미지 메이킹

(1) 봄(Spring) 유형

① 신체 컬러

봄 유형의 사람은 생기가 있으며 실제 나이보다 젊어 보이는 경향이 있다. 피부색은 노르스름한 톤을 기본으로 하며, 피부 표면이 매끄럽고 투명하며 얇기 때문에 얼굴에 주근깨 같은 잡티가 생기기 쉽다. 눈동자는 노란 빛이 감도는 밝은 갈색으로 생동감 있는 느낌을 주고 머리카락은 노란 빛이 감도는 갈색으로 윤기가 나고 부드러우며 얇은 것이 특징이다.

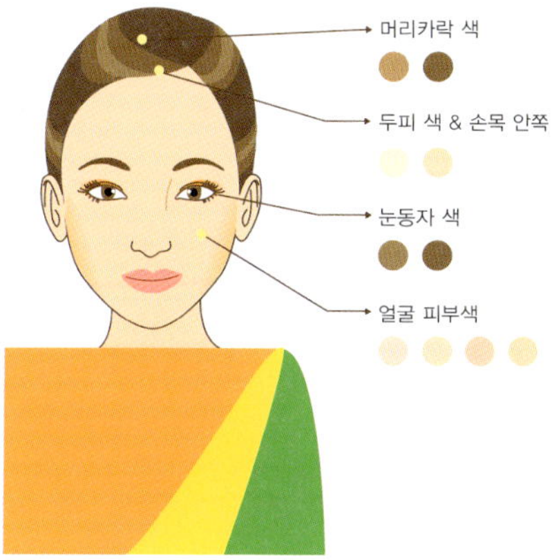

② 어울리는 컬러

봄 유형은 노란색 기운이 있는 밝고 선명한 색이 잘 어울린다. 주황색, 연두색, 산호색, 연어색, 청록색과 같은 선명하고 밝은 색이 잘 어울린다. 선명한 노란색이나 오렌지색, 보라색을 악센트 컬러로 사용하여 스타일링할 때 포인트를 주는 것이 좋다. 밝고 다양한 색들로 경쾌하고 젊은 분위기를 표현한다.

③ 메이크업 & 헤어 컬러링

밝고 화사한 느낌으로 표현한다. 피부 표현은 맑고 투명하게 하고 눈썹은 너무 짙지 않은 갈색이나 회갈색으로 한다. 아이섀도는 의상 색이나 입술 색상에 맞추어 베이지, 오렌지, 피치, 연두색 등의 색으로 칙칙하지 않게 표현하고, 입술 색은 오렌지, 코랄, 피치, 스킨색으로 밝고 부드럽게 표현한다.

헤어 컬러는 밝은 갈색, 오렌지 계열의 색이 잘 어울리며, 검정색이나 회갈색, 와인 계열, 블루 계열은 피하는 것이 좋다.

④ 패션

밝은 색상의 재킷은 코디네이션의 활용도가 높으며, 파스텔 컬러의 셔츠나 블라우스에 비비드한 색의 스카프를 이용하여 생동감 있게 연출할 수 있다. 단, 차가운 계열의 무겁고 칙칙한 색상은 피부색이 칙칙해 보이고 무표정해 보이므로 피하는 것이 좋다. 액세서리는 밝은 골드 계열, 브라운색 계열을 기본 색조로 하되, 구두나 스타킹의 색은 가을 톤의 짙은 컬러를 활용해도 좋다. 전체적으로 무겁고 큰 느낌보다는 가볍고 작은 스타일로 소프트하고 밝은 느낌으로 코디네이션한다.

남성의 경우 비즈니스 슈트로는 밝은 감색, 카멜색, 밝은 회색 슈트가 잘 어울리며, 드레스 셔츠로는 아이보리, 버프 등의 노란색이 베이스로 되어 있는 밝은 색이 잘 어울린다. 넥타이는 밝고 선명한 색을 드레스 셔츠 컬러의 색상에 맞추어 선택할 수 있다.

(2) 여름(Summer) 유형

① 신체 컬러

여름 유형의 사람은 낭만적이며 여성스러운 이미지를 지니고 있다. 피부색은 희고 푸른 빛을 지닌 차갑고 부드러운 톤으로 붉고 흰 피부가 많으며, 복숭앗빛이나 핑크빛의 피부색으로 햇볕에 잘 타지 않고 붉어지는 특징이 있다. 눈동자는 밝은 갈색과 어두운 회갈색으로 부드러운 느낌을 주며, 머리카락은 윤기가 나지 않는 건조한 타입으로 가늘고 회색 기미를 지닌 갈색 계열이다.

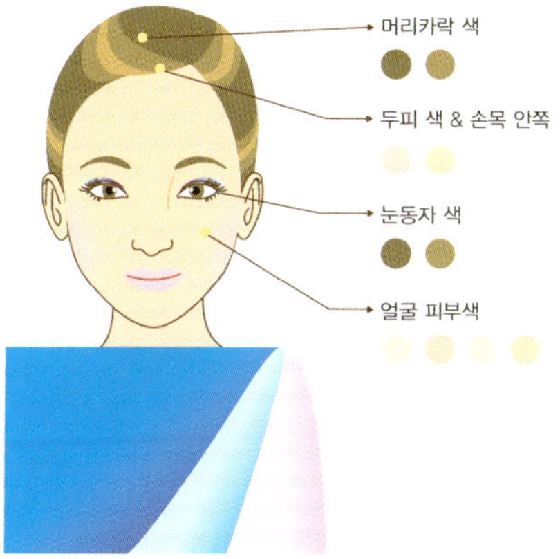

② 어울리는 색

여름 유형은 푸른 기가 있는 파스텔 색조의 연보라, 연핑크, 회청색, 하늘색 등의 소프트한 색이 잘 어울리며, 그라데이션을 이용한 배색에 짙은 색으로 포인트를 주어 여름 유형의 특징을 살리는 것이 바람직하다.

③ 메이크업 & 헤어 컬러링

여성스럽고 엘레강스한 이미지로 파스텔 톤의 화사함과 내추럴함을 살린 메이크업, 펄감이 있는 메이크업이 잘 어울린다. 피부 표현은 은은한 핑크빛으로 표현하고 아이섀도는 핑크베이지, 연브라운, 연하늘색, 청록색, 파스텔 핑크 등으로 부드럽게 표현하고 입술 색상은 핑크베이지, 연베이지, 연핑크, 자주색 등이 잘 어울린다.

헤어 컬러는 자연갈색, 회갈색, 와인색 등이 어울리며, 검정이나 오렌지, 카키 계열은 피하는 것이 좋다.

④ 패션

여름 유형은 부드럽고 세련된 도회적인 스타일이다. 스타일은 엘레강스한 이미지의 세미정장 스타일이나 내추럴한 스타일이 세련되어 보인다. 차가운 파스텔톤을 활용하여 부드러운 이미지를 표현하도록 한다. 스카프는 블루 계열이나 회색빛이 포함되어 있는 화려한 컬러로 코디네이션하는 것이 세련된 이미지로 표현하는 것에 도움이 된다. 액세서리는 실버, 백금이 잘 어울리며, 광택이 있는 것보다 광택이 없는 것이 부드러워 보여서 여름 유형의 특징을 잘 살려 줄 수 있다.

남성의 경우 비즈니스 슈트로는 감색(네이비 블루), 회색, 붉은 빛을 띠는 브라운, 코코아색이 잘 어울리며, 검은색 슈트는 여름 유형의 사람에게 너무 강하게 느껴지므로 소재감이나 디자인으로 부드러움을 보완하도록 한다. 드레스 셔츠는 미색(소프트 화이트), 연하늘색, 연핑크색 등의 푸른 빛이 베이스로 되어 있는 컬러를 사용하는 것이 좋으며, 넥타이 컬러는 소프트한 색이 잘 어울리나 겨울 색상으로 포인트를 줄 수 있다.

(3) 가을(Autumn) 유형

① 신체 컬러

가을 유형의 사람은 상대방에게 친근감과 편안함을 주는 이미지로 깊이 있는 분위기가 느껴지는 경우도 있다. 피부색은 노르스름하며 윤기가 없고 얼굴의 혈색이 없는 편이다. 봄의 피부색보다는 짙으며 햇볕에 잘 타는 편이어서 쉽게 얼굴색이 갈색으로 변하는 특징이 있다. 눈동자는 짙은 황갈색 계열로 그윽하고 포근한 느낌을 주며 머리카락은 윤기가 없는 어두운 갈색이 대부분이다.

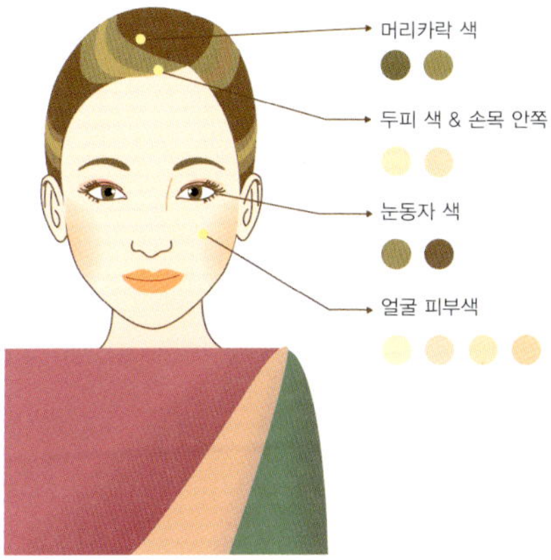

② 어울리는 컬러

가을 유형은 골드 기운의 차분하고 깊이감이 있는 커피 브라운색, 다크 브라운색, 이끼색, 머스터드색 등이 잘 어울린다. 따뜻한 계열의 밝고 화려한 색은 조화롭지 못하고, 차가운 계열의 어두운 색인 실버, 회색, 검정색, 감색 등은 강한 인상을 나타내기 때문에 피하는 것이 좋다.

③ 메이크업 & 헤어 컬러링

차분하고 풍부한 색감으로 내추럴하고 클래식한 메이크업이 잘 어울린다. 피부 표현은 내추럴 베이지 계열로 차분하게 표현한다. 아이섀도는 브라운 계열과 카키색 등으로 깊이 있는 이미지로 표현하며, 입술 색상은 피치, 브라운 계열로 차분한 이미지로 표현한다.

헤어 컬러는 짙은 갈색, 카키 계열, 브론즈 계열의 컬러가 잘 어울리며 지나치게 밝은 갈색은 피하는 것이 좋다.

④ 패션

어두운 색이 많은 가을 유형은 밝은 베이지색 등으로 배색하여 지적이면서 클래식한 느낌이 나도록 하며, 자연스러운 분위기를 연출하는 것도 좋다. 가을 유형은 차분하고 내추럴한 스타일로 액세서리는 소재감이 딱딱하고 작은 것보다는 자연스럽고 부드러운 스타일로 연출하도록 하며, 골드 계열이나 브라운색 계열로 짙고 깊이감이 느껴지는 색상을 선택하도록 한다.

남성의 경우 비즈니스 슈트로는 커피 브라운, 다크 브라운, 차콜 브라운, 짙은 감색(마린 네이비) 등이 좋으며, 드레스 셔츠는 노란 빛의 베이지색 등 황색이 바탕으로 되어 있는 색상을 사용하고, 황색 계열과 그린색 계열의 넥타이 색상으로 멋스러움을 표현할 수 있다.

(4) 겨울(Winter) 유형

① 신체 컬러

겨울 유형의 사람은 차갑고 강렬하며 이지적인 느낌의 이미지를 지니고 있다. 피부색은 푸른 빛을 지니고 있어 차갑고 창백해 보이며, 피부가 얇고 투명하다. 머리카락 색상 또한 푸른 빛이 들어간 짙은 갈색이나 검은색이 주를 이루며 머리카락은 두껍고 윤기가 많다. 눈동자 색은 짙은 회갈색이나 검은색으로 흰 피부와 대조를 이루며 깔끔하고 세련된 이미지를 나타낸다.

② 어울리는 컬러

겨울 유형은 블랙 & 화이트, 푸른 기운이 있는 선명하고 강한 비비드색이나 짙은 색이 잘 어울린다.

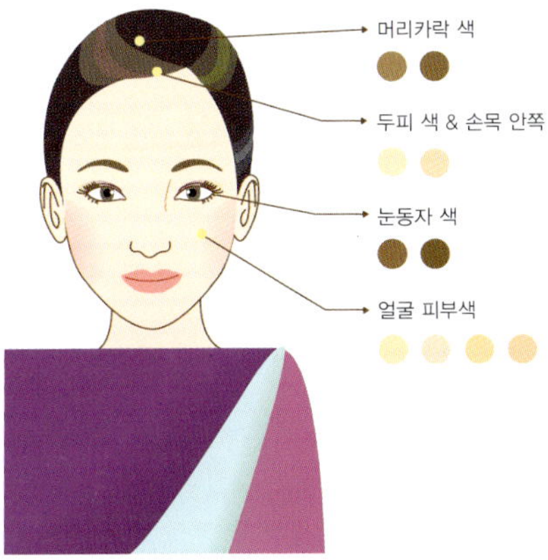

③ 메이크업 & 헤어 컬러링

검은 눈동자를 더욱 빛나게 하기 위해 뚜렷한 인상을 주도록 메이크업하는 것이 좋다. 원포인트 메이크업과 아이시한 느낌의 메이크업이 잘 어울리며, 피부 표현은 핑크 베이지, 로즈 베이지로 표현하고 아이섀도는 실버그레이, 블랙, 로얄 블루, 퍼플 블루 등의 색상으로 선명하고 깊이 있는 눈매를 연출하고 입술 색상은 선명한 핑크, 짙은 레드, 와인, 퍼플 계열 등으로 뚜렷하게 표현한다.

헤어 컬러는 짙은 갈색, 검정색, 블루블랙, 와인 계열 등이 어울리며 밝은 오렌지나 옐로 계열은 피한다.

④ 패션

겨울 유형은 도시적이고 모던한 스타일로, 특히 블랙 & 화이트의 배색이 단정함과 세련됨을 표현하므로 적극적으로 활용하는 것이 좋다. 차분하고 세련된 이미지를 위해서는 명도가 낮은 청색 계열을 적극 활용하도록 하며, 무채색을 주조 색으로 하여 모던한 이미지를 표현하는 것이 좋으며, 선명한 색상의 스카프로 개성적인 코디네이션을 할 수 있다. 실버나 백금 액세서리가 잘 어울리며 흑진주는 겨울 유형에게 화려하고 멋스러움을 준다. 액세서리는 모던한 스타일을 선택하고, 블랙 앤 화이트, 실버, 네이비, 마젠타색 등의 강렬한 색으로 포인트를 준다.

남성의 경우 비즈니스 슈트로 검정색, 짙은 회색, 짙은 감색 등이 효과적이며, 드레스 셔츠는 백색, 푸른색, 회색 계열 외에도 푸른 빛이 도는 핑크 등 차가운 느낌의 컬러를 사용할 수 있다. 넥타이는 드레스 셔츠의 컬러에 맞추어 선택하며 선명한 색이 잘 어울린다.

03 패션 이미지 메이킹 – 여성

잘 가꾼 정돈된 외모는 보기에도 좋고 편안하다. 머리끝에서부터 발끝까지 잘 관리하고 의상을 잘 맞추어 입은 사람은 좋은 이미지를 준다.

의상은 주위 환경과 잘 맞아야 한다. 동료와 상사들이 무엇을 입는지를 주의 깊게 살펴보고 거기에 맞는 이미지로 의상을 준비하도록 한다. 자신의 이미지에 신뢰감을 주기 위해서는 말씨나 매너도 소중하지만 패션 센스도 중요하다. 옷을 잘 입으려면 먼저 자신의 패션 감각과 체형을 파악한 후 자신의 매력 포인트를 찾아 돋보이도록 표현한다.

- 옷차림이 말해 주는 것: 경제적 능력, 교육 수준, 사회적 지위, 세련미, 신뢰도, 재치나 견문, 정신 상태, 감정 상태, 소속한 단체의 분위기
- 옷은 다른 사람이 자신에 대해 갖는 느낌을 결정적으로 좌우하며, 자신에게는 자기암시로 작용하여 일과 성공에 실질적인 영향력을 행사한다.

1) 체형에 따른 스타일링

자신의 체형에 완전히 만족하는 사람은 드물다. 개인마다 다른 체형의 특징을 알아보고 그에 따른 코디네이션의 원리를 알아보자. 체형을 보완하기 위해서는 ABC 원칙을 따라야 한다. A는 강조(Accentuate), B는 조화(Balance), C는 위장·보완(Camouflage)이다. 자신 있는 부분은 강조하고, 자신 없는 부분은 눈에 띄지 않게 위장·보완하고, 전체적인 실루엣은 조화를 이루어야 한다.

체형 보완의 기본 상식

체형 결점의 보완은 단점보다는 장점을 찾아 강조함으로써 시선을 끄는 것이 좋은 방법이다. 장점을 부각시키고 단점은 가리거나 최대한 눈에 띄지 않게 심플한 스타일로 스타일링하는 것이 좋다.

(1) 체형에 따른 코디네이션

각 개인은 다양한 체형을 가지고 있다. 개인에 따라서 장점과 단점이 다르며 의상을 통해서 자신의 장점을 부각시키고 단점을 커버하여 보기 좋은 이미지를 연출하여야 한다.

키가 크다면

Good	Bad
1. 엉덩이 요크, 커프스가 있는 팬츠, 넓은 라펠, 넓은 벨트 및 가로 줄무늬 등을 사용하여 가로선을 강조 2. 상하의가 서로 대조되는 색상의 의복 3. 디테일과 액세서리 등이 몸 중간 부분에서 넓은 부분을 차지하도록 된 의복 4. 무릎 아래 길이, 길이가 긴 플레어 스커트, A 라인 스커트	1. 머리에서부터 발끝까지 한 가지 색상 또는 수직선을 가진 의복으로 세로선을 만들어 내는 디자인의 의복 2. 몸에 비해 너무 작은 디테일, 문양, 액세서리 착용 3. 밝은 톤의 상하의 동일 색상 의복

키가 작다면

Good	Bad
1. 앞 트임, V 네크라인, 앞여밈 재킷 및 팬츠와 같은 수직선이 길게 보이도록 한 디자인 2. 머리에서 발끝까지 길이 방향으로 연장될 수 있도록 한 가지 색 또는 유사색으로 코디 3. 스커트는 무릎 길이나 무릎에서 약간 짧게 4. 하이웨이스트의 원피스 5. 폭이 넓지 않은 세로 줄무늬 의상 6. 최소한 5cm 이상의 굽이 있는 단색 구두	1. 재킷, 스커트 또는 양말 등을 구별되는 색으로 입어서 가로선을 만들어 주는 의복 2. 엉덩이 요크, 커프스가 있는 팬츠, 플랩 포켓 또는 가로의 경계선 프린트를 단선에 사용한 의복 3. 디테일이 많거나 느슨한 박스 스타일의 재킷

뚱뚱하다면

Good	Bad
1. 세로선을 사용하여 길이를 길어 보이게 하는 디자인 2. 중간 정도의 색이나 짙은 색을 선택하고, 상하의가 유사색으로 조화를 이루는 스타일 3. 얼굴 가까이에 밝은 악센트를 준 의상 4. 두껍지 않은 소재의 심플한 디자인의 의상	1. 어깨선 아래 위치한 곳에 폭 넓은 가로 절개선 디자인 2. 너무 크거나 몸에 꼭 붙는 스타일 3. 광택, 두꺼운 소재, 니트류

말랐다면

Good	Bad
1. 요크, 폭넓은 벨트, 가로 줄무늬, 포켓 뚜겅, 커프스 있는 팬츠와 같이 가로선을 강조하는 디테일의 의상 2. 부피감이 있는 소재, 스웨터 니트, 벨루어, 트위드, 골이 넓은 코듀로이 직물로 만든 의복 3. 몸에 부피감을 줄 수 있는 레이어드 룩 4. 상하의에 대비되는 색상을 사용한 의상	1. 너무 큰 의상 2. 달라붙는 소재나 타이트한 디자인의 의상 3. 전체적으로 어두운 컬러의 의상

| 체형 체크리스트 |

◆ 자신의 신체 특징을 분석하여 전체적인 체형을 파악해 보자.

키	작은		평균		큰	
체중	가벼운		평균		무거운	
머리 크기	작은		평균		큰	
어깨	좁은		평균		넓은	
	처진		평균		솟은	
가슴	작은		평균		큰	
배	밋밋한		평균		나온	
허리	가는		평균		굵은	
	짧은		평균		긴	
엉덩이	작은		평균		큰	
다리	가는		평균		굵은	
	짧은		평균		긴	

체형별 코디네이션 – 여성

여성 체형은 남성에 비하여 다양하게 분류하는데, 일반적으로 어깨, 허리, 엉덩이 너비를 기준으로 하여 다섯 가지 유형으로 구분한다. 어깨와 엉덩이가 크고 허리가 가는 모래시계형, 상반신이 큰 역삼각형, 하체가 큰 삼각형, 전체적으로 일직선 형태인 직사각형, 살이 많고 둥근 형태의 둥근형이 있다.

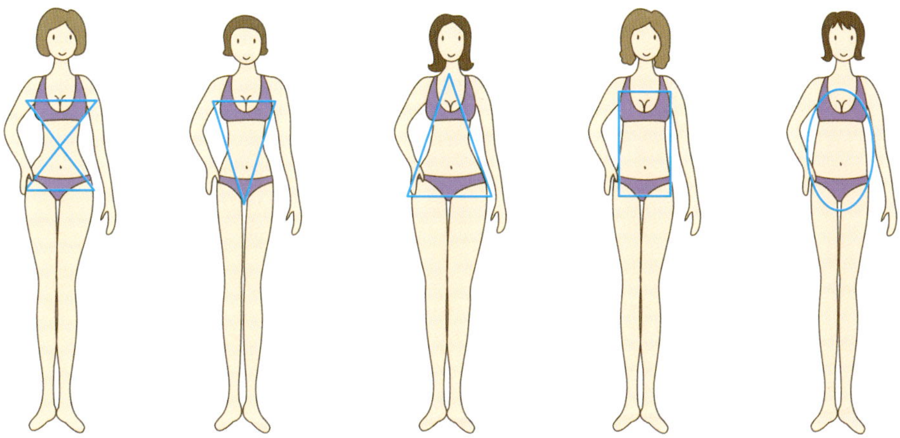

모래시계형 역삼각형 삼각형 직사각형 둥근형

① 모래시계형

어깨와 엉덩이가 크고 허리가 가는 체형이다. 전체적으로 몸매가 볼륨 있어 보이나, 상반신과 어깨가 강조되어 보일 수도 있으므로 풍만한 가슴과 엉덩이, 그리고 상대적으로 가는 허리의 차이를 약간 보완해 줌으로써 여성적인 미를 잘 살리면 어떤 옷이든 잘 소화할 수 있는 체형이다. 따라서 체형을 지나치게 강조하지 않는 스타일이 자연스럽게 어울릴 수 있다.

모래시계형 체형은 허리를 조이면 체형을 도드라져 보이게 하므로 여성미를 강조할 수 있지만, 허리선에 구분이 없는 의복은 가슴과 엉덩이의 볼륨만 강조되어 몸이 확대되어 보이거나 키가 작아 보일 수 있으므로 어느 정도 허리선이 드러나는 코디네이션이 바람직하다. 부드러운 소재로 힙을 감싼 듯한 디자인이 좋으며 랩 드레스나 스커트, 플레어스커트 등 부드럽게 퍼지는 스타일의 스커트가 어울린다. 엠파이어 스타일, 가슴 부분이 꽉 죄는 타이트한 블라우스는 피한다.

Good	Bad
• 자연스러운 허리 곡선의 싱글 브레스티드 재킷 • 허리가 너무 가늘어 보이지 않도록 허리 부분에 약간 볼륨을 주거나 느슨한 벨트 • 전체적으로 부드럽고 약간 느슨한 디자인 • 상의는 허리선이 들어간 셔츠 스타일	• 크루넥처럼 네크라인이 목 바로 아래에 있는 상의 • 어깨끈이 없는 드레스나 상의, 홀터넥 상의 • 가슴 부분에 장식이 있거나 풍만함이 더 강조될 수 있는 레이어링이 너무 많은 디자인 • 뚱뚱해 보일 수 있는 박스형 재킷과 일자 바지 • 허리를 지나치게 강조하는 스타일

② 역삼각형

상반신은 크고 하반신은 작은 체형으로, 어깨가 넓고 엉덩이와 대퇴부가 상대적으로 작은 체형이다. 어깨와 팔, 가슴 부위가 많이 발달되고, 등이 넓고 허리가 굵으며 상반신이 무겁고 둔해 보인다. 하체가 상대적으로 빈약하므로 스타일링 시에 하체에 볼륨감을 살리고 상의는 심플한 디자인을 선택하여 균형을 맞춘다.

상의는 디자인 포인트가 들어가거나 광택이나 볼륨감 있는 것은 피한다. 어깨 패드나 어깨 장식이 없는 상의를 선택하며, 어깨 구조가 또렷하지 않고 부드러운 형태의 의상이 좋다. 또한 더블 브레스티드 재킷이나 짧은 재킷과 상의, 가슴 선에 셔링이나 프릴과 같은 볼륨이 들어간 디자인은 피하는 것이 좋다. 하의는 하체가 풍성해 보일 수 있는 플레어, 개더, 플리츠 스커트 등을 선택하여 볼륨감 있게 연출하거나 허리 부분에 포인트 배색을 하여 시선을 끌 수 있도록 연출한다.

Good	Bad
• 어깨가 강조되지 않고 상체의 부피감이 적은 심플한 스타일의 상의 • 어깨를 분할하는 디자인의 상의 • 하체에 볼륨을 주는 플레어나 개더 · 플리츠 스커트 • 아웃포켓이 달린 넉넉한 디자인의 바지	• 견장, 어깨 장식, 폭이 넓은 칼라 • 상체의 부피감을 더해 주는 가슴의 셔링이나 프릴 • 상체가 강조되는 더블 브레스티드나 부피감 있는 소재의 상의 • 상의가 하의보다 밝은 컬러

③ 삼각형

삼각형 체형은 상체는 빈약하고 하체는 엉덩이와 허벅지 부분이 발달한 체형으로 이러한 체형은 아이템의 적절한 코디네이션으로 상하체의 균형을 맞추어 주어 여성스러운 이미지를 연출할 수 있다.

상의는 하의보다 밝은 컬러에 어깨와 가슴 부분에 장식이 있거나 볼륨감 있는 소재를 선택한다. 상의에 액세서리를 하거나 스카프 등을 매칭하여 균형을 맞추며 시선을 위로 끌어 주는 것이 필요하다. 상의와 하의의 경계가 엉덩이가 아닌 그 위나 아래에 얹히도록 상의의 끝부분이 엉덩이에서 가장 넓은 부분보다 위나 아래로 걸치도록 입는다. 컬러는 상의가 하의보다 어둡지 않게 하고, 힙 부분에 개더가 들어간 패턴은 피한다. 하의는 수축되어 보일 수 있는 어두운 색상을 선택하고 심플한 라인의 세로 방향의 절개선이 있는 디자인이나 A라인 실루엣을 선택하며, 너무 달라붙는 디자인, 큰 문양, 광택이 있는 것은 피하는 것이 좋다. 바지의 경우도 타이트한 것보다 라인이 들어간 심플한 디자인이 효과적이다.

Good	Bad
• 어깨에 볼륨을 주는 패드나 퍼프 소매, 견장 • 상체를 강조하는 디테일(핀턱, 셔링) • 밝은 색상의 상의와 어두운 색상의 하의 • 굵은 허벅지와 엉덩이를 감출 수 있는 여유가 있는 A라인 스커트	• 상체가 왜소해 보이는 타이트한 상의 • 굵은 하체를 드러내는 타이트한 스커트나 바지 • 하체가 커 보이는 엉덩이 부분의 주름, 개더

④ 직사각형

어깨나 가슴, 허리, 엉덩이의 차가 크지 않은 체형으로 아주 마른 사각형 체형과 체격이 큰 사각형 체형으로 구분할 수 있다. 대체로 가슴이 작고 납작하며, 허리와 힙의 사이즈가 비슷해서 허리선이 확실하지 않다. 아주 마른 사각형 체형은 좁은 어깨와 엉덩이, 작은 가슴과 허리, 가는 팔과 다리로 인체 라인이 곧고 각이 져서 호리호리한 체형으로 여리고 미성숙한 이미지가 강하다. 건장한 큰 사각형의 체형은 전체적으로 각이 지고 여성스러운 곡선미가 거의 없어 남성적인 이미지가 강하다.

일직선의 체형으로서 전체적으로 살이 없는 마른 몸매는 관형 체형이라 하는데, 관형 체형은 가슴 부분에 디테일을 주고 엉덩이와 하체에 볼륨을 살려 스타일링한다. 곡선적인 디자인이나 적당히 주름이 있는 느슨한 스타일로 부드럽고 부피감 있는 소재를 선택하는 것이 마른 체형을 보완해 준다.

체격이 큰 사각형 체형은 전체적으로 여유가 있으면서 허리와 복부를 자연스럽게 흘러내리게 하는 스타일이 좋다. 상의를 하의에 넣어 입기보다는 밖으로 빼서 입는 것이 좋으며, 기하학적인 선이 있는 패턴의 옷이나 단추나 파이핑과 같은 디테일을 통한 착시 효과로 시선을 중앙으로 모아 주는 것이 좋다.

Good	Bad
• 시선을 상승시키는 디테일이나 액세서리 • 곡선미가 있는 부드럽고 자연스러운 어깨선의 재킷이나 코트 • 허리 곡선을 살려 줄 수 있는 프린세스 라인의 원피스, 코트 • 허리선이 약간 들어간 오버 블라우스와 튜닉형 상의 • 마른 형은 직선적 몸매를 감춰 줄 수 있는 레이어드룩, 하체에 볼륨을 주는 풍성한 스커트	• 직선적 느낌의 박스 스타일의 재킷이나 코트 • 허리선을 너무 강조하는 굵은 벨트 • 너무 얇거나 몸에 붙는 소재 • 지나치게 헐렁한 스타일

⑤ 둥근 형

전체적으로 살이 많고 둥근 형태의 체형으로서 신체의 모든 부분이 살집이 있어 전체적으로 둥글고 부드러운 느낌을 준다. 둥근 형은 살이 많아 둔해 보이는 느낌을 직선이나 각을 이용한 디자인으로 선명한 인상을 주도록 하며 세로로 흐르는 선으로 길고 가늘어 보이는 착시 현상을 활용하는 것이 좋다. 장식이 많은 디자인은 피하고, 보정 속옷 등을 이용하여 체형을 보완해 주며 몸에 꼭 붙지 않는 디자인이라고 해도 너무 부드럽거나 부피감이 있는 소재, 광택, 밝은 색상, 큰 문양 등은 피한다. 적당히 힘이 있는 소재로 단색이나 앞부분에 긴 수직선의 트리밍, 세로로 흐르는 긴 목걸이 등을 이용하여 옆으로 퍼진 체형을 보다 길게 보일 수 있도록 연출한다.

Good	Bad
• 검은색을 비롯하여 차고 어두운 느낌의 수축색 • 수직선을 사용하여 세로 느낌 강조 • 부피감이 없는 소재	• 체형이 드러나는 몸에 밀착되는 의복 • 허리가 강조되는 굵은 벨트 • 목이 강조되는 굵은 목걸이 • 둥근 느낌을 강조하는 라운드 네크라인 • 부피감을 더해 주는 퍼프 소매, 어깨 패드

얼굴형에 따른 패션 코디네이션

긴형

길이감이 강조되는 목걸이, 귀고리, 스카프 등의 액세서리만 피하면 대체적으로 잘 어울린다. 의상의 네크라인은 라운드 네크라인, 보트넥, 탭 칼라, 터틀넥, 롤 칼라가 잘 어울리며 앞이 깊이 파인 네크라인은 피한다.

둥근형

액세서리는 넓지 않고 세로감이 있는 것이 좋다. 의상의 네크라인은 V네크라인이나 테일러드 칼라, 깊게 파인 네크라인을 선택해서 샤프한 이미지를 주도록 연출한다.

사각형

액세서리는 너무 튀거나 부피감과 넓이감이 강한 것은 피한다. 의상의 네크라인은 V네크라인이나 U네크라인, 부드러운 라인의 칼라로 연출하는 것이 효과적이다.

역삼각형

액세서리 연출은 목에 가깝게 있는 목걸이는 피하고, 부착형이나 둥근 링 귀고리 등이 효과적이다. 의상의 네크라인은 완만한 곡선형 네크라인과 부드러워 보이는 칼라가 좋다.

마름모형

액세서리 연출은 스카프를 활용하여 각진 느낌을 완화시켜 준다. 의상은 라운드 형태의 부드러움을 강조하는 네크라인으로 연출한다.

2) 액세서리 코디네이션

(1) 가방

가방은 의복과 전체적인 조화를 이루도록 하고 목적과 장소에 맞게 선택하여야 한다. 가방은 옷과 달리 유행을 많이 타지 않아 오래 사용할 수 있기 때문에 구입할 때 질이 좋은 소재의 제품을 선택하는 것이 실용적이다. 크기는 자신의 키와 비례하여 연출하는 것이 바람직하고 색상은 의상과 구두에 맞추어 선택하되 검정, 브라운 계열 색상이면 어디에나 잘 어울릴 수 있다. 때로는 의상과 전혀 다른 색상을 포인트 색상으로 사용하는 것이 좋은 코디네이션이 될 수도 있다.

(2) 구두

구두는 이미지를 완성시키는 역할을 하므로 항상 정돈되고 청결하게 유지하도록 한다. 정장용 구두로는 심플한 디자인의 좋은 가죽 소재의 제품으로 준비하면 싫증이 나지 않고 어느 옷에나 잘 조화시킬 수 있다. 검정, 브라운색 계열을 기본으로 하는 것이 실용적이다.

구두는 디자인보다는 신어 보아 발이 편한 것을 구입하도록 하며 구입 시점은 발이 충분히 부은 상태인 오후가 적당하다. 종아리가 굵은 사람이 굽이 가는 하이힐을 신으면 단점이 더욱 부각되며, 발목이 굵거나 다리가 굵고 짧은 사람은 통굽 구두는 피하는 것이 좋다.

(3) 스타킹

구두와 스타킹의 색을 맞추어 신으면 다리가 길어 보이고 단정한 느낌을 준다.

가장 무난한 스타킹 색깔은 블랙, 살색, 커피색상이다. 전체 의상이 무채색일 경우 같은 톤으로 코디하면 모던한 느낌을 줄 수 있다. 큰 무늬가 있는 스타킹은 다리를 굵어 보이게 할 수 있으며, 지나치게 화려한 색상의 스타킹은 점잖은 자리에서는 피하도록 한다. 스타킹은 특히 손상이 많이 가는 품목이므로 늘 주의를 기울이며 여벌을 지참하는 것이 안전하다.

(4) 벨트

벨트는 의복을 정리하고 실루엣을 살리면서 장식적으로도 중요한 역할을 한다. 정장 슈트를 입을 때에는 질이 좋은 가죽 소재의 제품을 선택하는 것이 좋다. 스커트와 같은 색상의 것이 허리를 좀 더 날씬하게 보이게 하며 굵기는 의상의 소재나 디자인에 맞추어 결정하도록 한다. 재킷 위에 벨트를 매는 것도 멋스러운 연출이 될 수 있다.

(5) 스카프

스카프는 여성들을 아름답고 예쁘게 만들어 줄 수 있는 간단하면서도 실용적인 아이템이다. 스카프 한 장만으로도 옷과 잘 매치하면 한결 돋보이고 그 사람의 이미지까지도 변화를 줄 수 있다. 스카프는 체형과의 조화를 생각하여 매는 것이 더욱 중요하다. 일례로 목이 짧은 사람에게는 목을 최대한 시원스레 보이기 위해 아래로 묶거나 세로로 내려뜨리는 방법이 적당하다.

의상이 단색이면 화려한 스카프를, 의상이 화려하면 단색의 스카프를 매는 것이 좋은 연출법이다. 보통 의상과 같은 계열의 색상이 무난하며 여러 가지 무늬가 있을 경우 그 가운데 한 가지 색상을 택하여 스카프 색상으로 정하는 것이 바람직하다.

여러 가지 스카프의 예

스카프 연출법

• **스카프의 종류**

크기와 형태가 다양한 스카프는 크게 대형, 미니, 롱의 세 종류로 나뉜다. 주름이 들어간 플리츠 유형이나 폭이 좁은 타이 유형과 같은 스카프도 있다. TPO에 따라 자신이 원하는 스타일에 어울리는 스카프를 선택하여 사용하면 된다.

- 대형 스카프는 88×88cm, 90×90cm가 일반적이며, 여러 가지 스타일로 연출할 수 있으며, 디자인, 색감, 계절이 다양해서 폭넓게 활용된다.
- 미니 스카프는 55×55cm, 70×70cm도 있으며, 귀엽고 발랄한 분위기에 적당하다. 가방이나 손잡이에 묶어서 액세서리로 활용하기도 한다.
- 롱 스카프는 직사각형의 스카프를 말하며, 폭 30~50cm, 길이 130~160cm가 보통이다. 긴 길이를 살린 연출법이 많이 있다.
- 숄은 어깨를 감싸는 데 사용하는 대형 사이즈의 천을 말하며, 직사각형과 정사각형이 일반적이다. 울, 캐시미어, 실크 등 종류가 다양하고, 특별한 기교 없이 어깨에 두르기만 해도 멋스러운 분위기를 연출할 수 있다. 머플러는 방한용 울 제품이 많으며 최근에는 폭이 좁은 것부터 길이가 긴 것까지 종류가 점차 다양해지고 있다.

• **스카프 고르는 요령**

스카프를 고를 때는 자신의 얼굴색에 어울리는지 살펴봐야 한다. 자신의 얼굴색과 어울리는 색을 고르고 나서 마음에 드는 무늬를 선택하는 것이 바람직하다. 어떤 옷이든지 튀지 않게 매치하려면 민무늬 스카프가 무난하지만 잔잔한 무늬에 색감이 다채로운 스카프도 생각보다 응용할 수 있는 범위가 넓다. 다양한 색이 들어간 스카프는 어떤 방법으로 묶더라도 포인트가 되는 색이 있어서 옷 색깔과 매치하기 쉽다.

- **스카프 관리법**

스카프를 멋지게 즐기면서 오랫동안 최상의 상태로 사용하려면 손질과 보관 방법에 각별히 신경을 써야 한다. 실크 스카프를 물빨래로 세탁하면 실크 특유의 매끄러운 재질과 광택이 없어지기 때문에 드라이클리닝을 하는 것이 바람직하다.

- **얼굴형에 따른 스카프 연출법**

스카프를 맬 때 얼굴형에 따른 연출법 또한 중요하다. 이는 자신의 얼굴형의 결점을 커버해 줄 뿐만 아니라 멋스럽게 연출할 수 있는 방법이 되기 때문이다. 긴 얼굴형은 짧게, 넓고 둥근 얼굴형은 길게 매는 게 좋다. 둥근 얼굴의 경우 스카프를 길게 늘어뜨리면 시선을 아래로 분산시키는 효과가 있다. 긴 형의 얼굴은 쁘띠 스카프로 얼굴을 짧아 보이게 하는 효과와 함께 여성스러운 느낌을 준다. 턱이 각진 얼굴이라면 목의 윗부분을 드러내는 것이 좋으며, 숄 유형의 스카프를 어깨에 둘러 주면 시선을 자연스럽게 어깨 쪽으로 향하기 때문에 턱선을 부드럽게 보이게 할 수 있다. 스카프를 너무 목에 조이듯이 묶어 연출하면 얼굴이 더 커 보일 수 있으므로 주의하도록 한다.

(6) 주얼리

귀고리와 목걸이, 반지 등의 주얼리는 여러 종류를 해서 시선을 분산시키기보다는 한두 개로써 그 효과를 극대화하는 것이 좋은 연출법이다. 귀고리와 목걸이는 얼굴형을 고려하여 적절한 디자인을 선택하도록 하며, 정장용 주얼리는 세련되고 마무리가 잘 된 제품으로 구입하는 것이 좋다.

정장용 주얼리의 예

3) 교사를 위한 코디네이션 – 여성

과거 교사들은 보수적인 옷차림을 고수했지만 최근에는 교사들의 옷차림도 개성에 따라 다양한 스타일이 표현되고 있다. 스타일의 다양한 표현은 감수성이 예민한 학생들에게 긍정적 효과를 나타낼 수도 있다.

교사는 학생들과 함께 활동하는 시간이 길기 때문에 노출이 많거나 실루엣이 지나치게 드러나는 스타일은 바람직하지 않으며, 지나치게 보수적인 스타일 또한 고지식해 보이거나 진취적이지 못하다는 인상을 줄 수 있으므로 피하는 것이 좋다. 가장 일반적인 스타일링은 심플한 디자인의 재킷에 H라인 스커트 또는 바지를 매치해 깔끔하고 단정한 이미지를 주는 의상이다.

다른 분위기로 신선한 이미지를 연출하기 위해서는 센스 있는 코디네이션으로 변화를 주는 것이 좋은 방법이 될 수 있다. 액세서리, 스카프, 벨트 등의 소품을 이용해 변화를 주며, 이런 경우 여러 벌의 옷차림 효과를 낼 수 있다. 주간 코디네이션을 미리 계획하는 것도 도움이 되며, 학생들에게 신뢰감, 안정감을 줄 수 있는 옷차림이 바람직하다.

MBC 드라마 '신사의 품격' 에서 교사로 등장한 김하늘

여성 교사 스타일링의 예 1

KBS 드라마 '학교 2013' 에서 교사로 등장한 장나라

여성 교사 스타일링의 예 2

세련되고 단정한 이미지 연출을 위해 너무 눈에 띄는 아이템은 삼가도록 한다. 헤어는 인위적인 스타일이나 부스스한 파마보다는 단정한 이미지를 연출할 수 있는 자연스러운 스타일이 적합하다. 메이크업은 화려하게 하면 시각적으로 부담스러워 보일 수 있고, 메이크업을 하지 않는 것은 자칫 성의 없어 보일 수 있으므로 깔끔하면서도 생기 있어 보이는 정도의 메이크업을 하는 것이 좋다.

교사의 옷차림

존 T. 몰로이는 26년 전, 미국 코네티컷 주 스탠포드에 있는 한 사립 고등학교의 국어 교사였다. 그는 교실에서 교사의 복장이 미치는 영향이라는 주제를 선택하여 코네티컷 주의 학교에서 일련의 실험을 실시하였는데, 교사들이 입고 있는 옷이 학생들의 학업과 태도에 잠재적으로 영향을 미친다는 사실을 증명할 수 있었다. 보고서의 주된 내용은 교사의 옷차림이 교실 내 기강, 학습 양상, 학습 태도에 상당한 영향을 미친다는 것이었다. 이 연구를 통해 교사의 옷차림은 학생들에게 긍정적인 영향을 줄 수 있도록 고려되어야 함이 보다 명확해졌다.

| 보기 좋은 용모 복장 체크리스트 – 여성 |

항목	내용
두발	• 일을 하는 데 지장을 주지 않는 스타일입니까? • 헤어스타일이 교사로서 적당합니까? • 냄새가 나거나 비듬이 보이진 않습니까? • 헤어 장식이 너무 요란하지는 않습니까?
화장	• 화장 상태가 정결합니까? • 립스틱 색상은 교사로서 적당합니까? • 화장을 전혀 안 하고 출근하지는 않습니까?
복장	• 어깨에 비듬이 떨어져 있지는 않습니까? • 스커트 길이가 너무 짧거나 요란하지는 않습니까? • 속이 너무 비치는 스타일의 옷은 아닙니까? • 옷단이 터지거나 단추가 떨어져 있지 않습니까? • 다림질이 잘 되었고 깨끗한 상태입니까?
손	• 매니큐어가 벗겨진 상태는 아닙니까? • 매니큐어 색깔이 너무 진하지는 않습니까?
스타킹	• 색상은 적당합니까? • 늘어나거나 올이 나가진 않았습니까? • 여분의 스타킹은 준비해 두었습니까? • 색상이나 모양이 너무 요란하거나 화려하진 않습니까?
구두	• 깨끗이 닦여 있습니까? • 굽이 너무 닳거나 모양이 망가지진 않았습니까? • 색상이나 형태가 너무 튀지는 않습니까?
액세서리	• 너무 많이 치장하지 않았습니까? • 지나치게 크기가 크거나 요란하지는 않습니까?

4) 패션 이미지에 따른 코디네이션

패션 이미지는 인간이 가지고 있는 다양한 감성에 기반을 두고 있는 미의식인 패션 마인드를 말한다. 일반적으로 많이 표현되는 패션 이미지는 8가지로 분류하며 클래식, 엘레강스, 페미닌/로맨틱, 에스닉, 아방가르드, 액티브/스포티브, 매니시, 소피스티케이티드 모던 이미지가 있다.

본 교재에서는 교사를 준비하는 사람들에게 활용이 가능한 패션 이미지로서 클래식, 엘레강스, 페미닌, 소피스티케이티드 모던 이미지를 살펴보고자 한다.

(1) 클래식 이미지

클래식 이미지는 유행과 상관없이 시대를 초월하는 가치와 보편성을 지닌 패션 이미지로서, 오랫동안 선호되어 시간적인 제약을 받지 않는 전통적이고 보수적인 패션 스타일이다. 또한 지적이며 품위 있는 이미지를 표현하고 균형과 조화를 중시하는 패션 이미지로서 교사라는 직업에 가장 잘 어울리는 이미지로서 중고등학교 교사에게 적합한 스타일이기도 하다.

디자인은 몸에 적당히 맞는 스타일로서, 클래식 아이템으로는 테일러드 슈트, 샤넬 슈트, 트렌치 코트, 카디건, 블레이저 등이 대표적이다. 색상은 갈색 톤을 중심으로 와인, 다크그린, 겨자색 등의 중후한 느낌을 주는 딥이나 다크 톤의 색상 및 감색이나 검은색을 주로 사용하며 동색 계열이나 유사색을 사용하여 자연스러운 조화를 이루도록 하는 것이 좋다. 소재는 트위드, 울, 캐시미어, 벨벳, 실크 직물 등을 많이 사용하며 타탄체크, 격자무늬, 유기적인 구상무늬 등이 주를 이룬다. 액세서리 역시 너무 유행을 따르지 않는 스타일로 보수적이고 중후한 분위기를 나타낼 수 있는 갈색, 골드, 네이비 계열의 시계나 장갑, 각이 진 형태의 가방이 잘 어울린다.

(2) 페미닌 로맨틱 이미지

페미닌 로맨틱 이미지는 여성적이고 부드러우며 상냥한 이미지로서, 단정하면서 서정적인 분위기를 나타낸다. 의복에서는 인체의 곡선미를 살린 둥근 어깨선과 부드러운 실루엣의 디자인으로 은은한 파스텔 톤과 밝고 따뜻한 느낌의 색상이 많이 사용된다. 소재는 부드럽고 매끄러운 것이나 얇고 가벼운 직물을 많이 사용하는데, 시폰, 저지, 실크, 벨벳, 앙고라 등이 주로 사용된다. 무늬는 부드러운 느낌의 꽃무늬가 많으며 프릴이나 자수, 레이스 및 리본 등의 장식적 디테일을 사용하면 여성적인 느낌이 더욱 강조된다. 여기에 여성스러운 느낌의 벨트나 스카프를 같이 매치시키면 더욱 부드러운 인상을 줄 수 있다. 액세서리는 드롭형 귀고리, 코사지, 스팽글, 구슬 장식, 작은 크기의 핸드백이나 리본 장식의 펌프스 등이 이미지를 잘 살려 줄 수 있다. 부드럽고 여성스러운 이미지가 강조되므로 감수성이 중시되는 유아들을 상대하는 유치원 교사에게 가장 적합하고 어울리는 스타일이기도 하다.

(3) 엘레강스 이미지

우아하고 단정하며 품위 있는 패션 이미지로서 기품이 있고 세련된 감성의 패션 테마이다.

여성복의 경우 클래식한 감각의 슈트 차림이 엘레강스 이미지의 전형으로 여겨지나 여성의 인체 곡선미를 살린 우아한 드레스도 여기에 속한다. 실루엣은 슬림하며 어깨선을 과장하지 않고 허리 라인을 강조해서 여성미를 부각시킨다. 디테일은 최소한으로 사용해 요란하지 않고 절제된 느낌을 주도록 한다. 색상은 자주, 보라 계열을 중심으로 하여 부드러운 그레이시 톤으로 강한 느낌의 대비를 억제하며, 페일 톤이나 라이트 톤을 사용하면 더욱 우아한 분위기를 살릴 수 있다. 소재는 부드럽고 광택이 있는 새틴, 태프터 등과 실크, 레이온 직물, 섬세한 레이스, 벨벳 등을 사용하는 것이 적합하다. 액세서리는 부드러운 실크 스카프나 산호, 진주 목걸이 등을 사용하여 고급스러운 분위기를 연출한다.

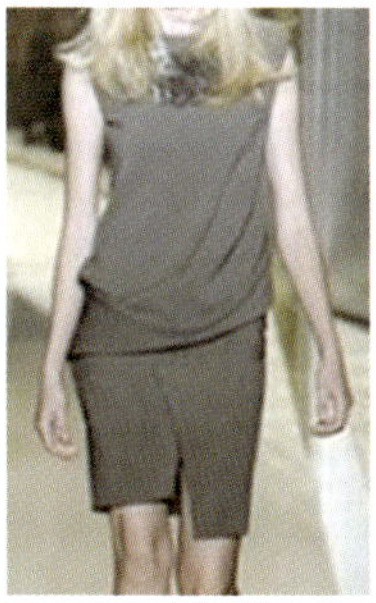

(4) 소피스티케이티드 모던 이미지

모던은 '근대적, 현대적' 이라는 의미로 '세련된, 정교한' 의 의미를 가진 소피스티케이티드와 만나 도회적 감성으로 진취적이고 세련되며 시크한 이미지가 형성된다. 모던의 의미는 시대적으로 약간은 다를 수 있으나 어른스러운 감각과 도시적이고 세련된 아름다움과 멋을 지닌 전문직 종사자들이 추구하는 이미지이다.

패션에서는 다소 차가운 간결미를 추구하며, 현대적이고 도시적인 감각이 돋보이는 것이 특징으로 디자인에 있어 개성적이며 미래 지향적인 감각에 직선적인 패턴들이 선호된다. 패션 연출 시에는 전체적으로 간결하게 코디하여 부드러움이나 장식성을 배재하는 것이 좋으며, 무채색 계열과 차가운 색을 기조로 색대비와 명암대비가 강한 배색이 선호된다. 패턴은 수평, 수직 또는 사선에 의한 분할선, 삼각, 사각, 원 등의 기하학적 구조가 모던한 디자인이 사용된다. 액세서리는 실버 계통의 차가운 느낌의 금속 등을 소재로 한 기하학적이거나 미래 지향적인 디자인이 어울리며, 스카프의 경우에도 패턴의 대비가 강한 큰 무늬가 적당하다.

5) TPO에 따른 패션 코디네이션

(1) 결혼식 참석

결혼식 참석을 위한 스타일링은 결혼식에 대한 예의와 축하를 나타내도록 예의를 갖추며, 신부보다 주목을 받지 않도록 단정하고 차분하게 연출하는 것이 좋다. 여성의 경우에는 원피스, 투피스 등 차분한 정장 차림이 무난하며 액세서리는 밝고 화사하게 연출한다. 색상의 선택에 있어서는 신부의 색인 흰색이나 핑크색은 피하는 것이 예의이다. 헤어와 메이크업은 너무 튀거나 화려하지 않으면서 화사하고 단아한 이미지로 연출하는 것이 좋다.

(2) 데이트

교제 기간이 얼마 안 된 경우에는 여성스러운 심플한 세미포멀웨어가 좋다. 노출이 심하거나 유행 스타일의 사치한 옷차림은 좋은 이미지를 주지 못한다. 교제 기간이 오래된 경우에는 개성과 매력을 최대로 표현하면서 스타일로 변신을 시도해 보도록 한다. 상대방의 패션 취향을 파악하여 데이트 장소에 따라 스타일과 색을 고려하여 입는 것도 좋은 방법이다.

(3) 맞선 시

잘 모르는 사람끼리 대면하는 자리이므로 첫인상을 좋게 남기기 위해서는 전체적으로 격식을 갖추어 단정하고 여성스럽게 연출하도록 한다. 맞선 보는 장소의 분위기를 고려하거나, 용모가 돋보이도록 목선 주위의 디자인에 신경을 쓰면 더욱 좋다. 산뜻한 원피스나 블라우스를 곁들인 심플한 투피스가 좋고 자연스러운 화장과 장신구로 의상과 조화를 이루게 한다. 하지만 딱딱한 느낌의 비즈니스 스타일이나 지나치게 호화스러운 스타일, 그리고 자신에게 익숙하지 않은 스타일은 피하도록 한다.

(4) 문상

조문 시에는 애도의 뜻을 표현할 수 있는 스타일로 연출하는 것이 바람직하며, 남녀 모두 검정색의 정장을 착용하는 것이 좋다. 검정색이라도 광택이 있거나 노출이 심한 의상은 피하도록 하고, 장식이 적은 소박한 스타일로 착용하는 것이 좋다. 헤어스타일이나 메이크업도 너무 화려하거나 진하지 않게 하는 것이 좋으며, 액세서리는 눈에 띄지 않는 작은 것을 착용하거나 하지 않는 것이 좋다.

(5) 모임, 파티

모임의 목적이나 콘셉트(concept)에 따라 격식에 벗어나지 않도록 의복을 착용하는 것이 중요하다. 공식적인 파티의 경우 남성은 정장 슈트에 드레스 셔츠, 넥타이 등으로 연출하고, 여성은 세련된 인상을 남길 수 있도록 벨벳이나 쉬폰 등의 고급 소재와 심플한 디자인에 어울리는 액세서리로 포인트를 주어 연출하는 것이 좋다. 초대를 하는 경우에는 접대하는 입장에서 예의에 어긋나지 않을 정도의 옷차림을 갖추도록 하며 화사한 색상의 투피스, 블라우스와 롱스커트 등이 좋다. 최근의 파티에는 드레스 코드가 있는 경우가 많으므로 그에 따라 센스 있게 연출하도록 한다.

(6) 전시회, 음악회에 갈 때

전시회에 갈 때는 예술세계와 어울리는 조용하고 차분한 이미지의 그레이, 베이지, 짙은 블루 컬러 등의 감각적인 모던 슈트가 좋다.

음악회에 갈 때는 화려하고 격조 있는 클래식한 무드의 차림이 어울리며, 장식이 있는 원피스로 드레시한 분위기를 연출하거나 벨벳, 새틴 등 고급 소재를 사용한 옷에 숄이나 스톨을 코디하면 우아하고 아름다운 옷차림이 된다. 블랙 컬러의 정장에 액세서리나 화려한 스카프, 코사지로도 손쉽게 고급스런 분위기를 연출할 수 있다.

04 패션 이미지 메이킹 – 남성

1) 슈트의 이해

슈트는 신사복의 상의, 조끼, 바지를 모두 같은 소재, 같은 색으로 맞추어 입는 것으로 싱글 브레스티드(앞 중심에 한 줄로 단추 달림)와 더블 브레스티드(두 줄의 단추 달림)으로 나눌 수 있다.

칼라는 목둘레에 붙은 깃을 말하며, 라펠(lapel)은 앞 몸판의 일부를 젖힌 것이다. 슈트와 칼라와 라펠이 만나는 모양에 따라 노치드 라펠과 피크드 라펠로 구분한다. 벤트(뒤트임)는 뒤 중심에 하나의 트임이 있는 싱글 벤트, 뒤 옆솔기 양쪽에 트임이 있는 더블 벤트, 뒤트임이 없는 노 벤트 스타일이 있다. 앞 중심 단추는 2~3개가 보통이지만 1개 혹은 4개 이상의 단추가 달리는 경우도 있다. 단추의 위치는 1개일 경우 허리선 정도에 위치한다.

2버튼 싱글 브레스티드

3버튼 싱글 브레스티드

더블 브레스티드

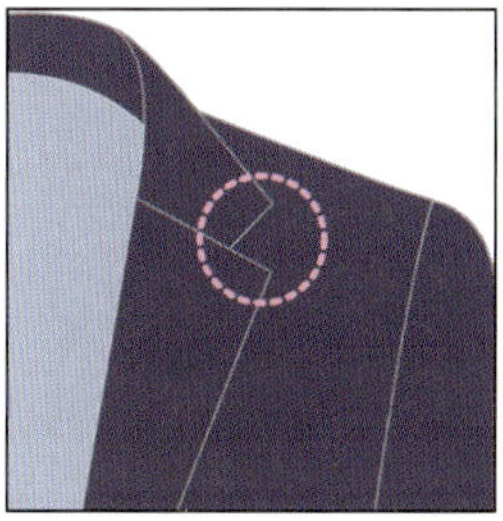

노치드 라펠

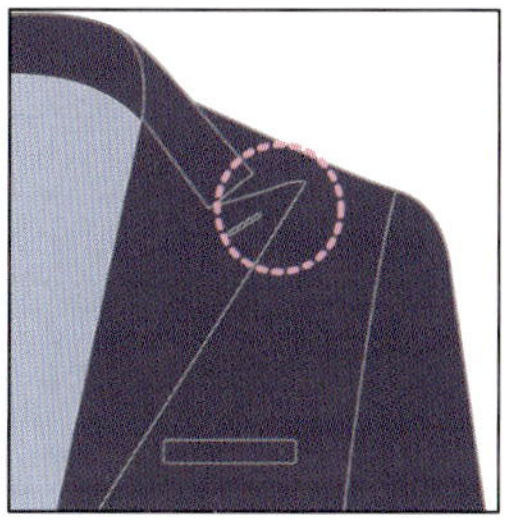

피크드 라펠

싱글 벤트

더블 벤트

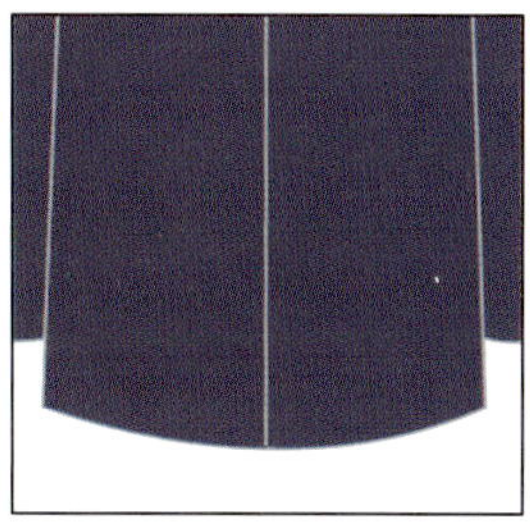

노 벤트

슈트 스타일에 따른 분류는 다음과 같다.

(1) 아메리칸 스타일

가장 실용적인 형태의 슈트로 넉넉하고 움직임이 편한 기능적인 면을 강조한 스타일이다. 전체 외곽의 실루엣이 허리선 없이 일직선으로 떨어지며, 활동에 편하도록 한 개의 뒤트임이 있다. 최근에는 단추가 2개로 줄고 허리선은 약간 들어가고 소매통도 조금 좁아진 형태로 변했다. 아메리칸 스타일은 체형을 어느 정도 감추면서 편안함을 느낄 수 있는 특징이 있다.

(2) 브리티시 스타일

영국의 세계적인 남성 맞춤복 거리인 세빌로우에서 처음으로 만들어져 세빌로우 스타일이라고도 한다. 실루엣은 얇은 1장의 패드를 넣거나 패드를 넣지 않으면서도 자연스럽게 각이 지게 만드는 어깨에 싱글 브레스티드로 두 개의 앞여밈 단추와 뒤트임이 양쪽에 있거나 중앙에 있는 스타일이다. 현대 기성복의 기본형이라 불리며 아메리칸 스타일과 유러피안 스타일의 중간 느낌을 준다.

(3) 유러피안 스타일

의복에 엄격한 격식을 차리는 유럽인의 성향이 나타나서 다소 경직된 느낌을 주는 스타일이다. 선이 엄격한 재단을 통해 각이 진 어깨와 좁은 소매, 가슴에서 엉덩이까지 매우 피트하게 신체선이 잘 표현되는 스타일로 2개의 앞여밈 단추와 뒤트임이 없는 특징을 가진다.

(4) 이탈리안 스타일

이탈리안 스타일은 미국의 기능성과 편안함, 유러피안 스타일의 격식을 차린 직선미와 곡선미, 브리티시 스타의 부드러움과 균형미를 잘 조화시켜 새롭게 선보인 스타일로 다른 스타일에 비해 어깨가 다소 넓고 허리에 여유가 있으며 아래 끝단이 부드러운 곡선으로 처리되어 착용 시 편안함과 세련된 이미지를 준다. 최근에 가장 인기 있는 슈트 실루엣으로 자리 잡고 있으며 캐쥬얼 라인까지 폭넓게 응용되고 있다.

슈트 컬러에 따른 이미지와 코디네이션

슈트 컬러에 따른 셔츠와 넥타이를 코디할 때 V존의 칼라 배색은 슈트, 넥타이, 셔츠의 순서로 진한 색이 좋다.

- **검정 계열의 슈트**

  검정 계열의 슈트는 화려하면서도 정중한 이미지를 연출할 수 있다. 또한 어떤 색상의 셔츠와도 잘 어울린다. 흰색, 회색, 청색 계열의 셔츠와 코디네이션하면 깔끔한 분위기를 연출할 수 있으며, 넥타이는 셔츠 색상보다 진한 솔리드 타입이 좋다.

- **회색 계열의 슈트**

  회색 슈트는 편안하고 지적인 분위기를 연출할 수 있다. 흰색, 청색, 갈색 계열의 셔츠와 잘 어울리며 차분하고 성숙한 분위기를 연출할 수 있다. 넥타이는 솔리드 또는 스트라이프 디자인이 좋으며 색상은 슈트 색에 맞추며 셔츠보다는 진한 것이 좋다.

- **네이비 계열의 슈트**

  네이비 슈트는 신뢰감을 주며 진한 색이 깔끔하고 심플한 느낌을 준다. 흰색, 하늘색 등 파스텔 톤의 밝은 셔츠와 코디네이션한다. 넥타이는 솔리드, 스트라이프, 도트 디자인이 어울린다.

- **브라운 계열의 슈트**

  브라운 계열의 슈트는 안정감 있고 부드러운 이미지를 연출할 수 있지만, 슈트를 처음 입는 사람에게는 연출이 어려운 색이기도 하다. 셔츠는 흰색, 베이지 계열이 적합하며, 넥타이는 진한 갈색, 붉은색 계열이 좋다.

2) 드레스 셔츠

슈트와 함께 입는 셔츠를 드레스 셔츠(dress shirt)라고 한다. 드레스 셔츠는 맨살에 입는 것이 원칙이나 흰색 이너를 입을 경우는 몸에 맞는 사이즈를 입는다. 드레스 셔츠는 칼라의 모양에 따라 구분할 수 있다. 칼라 각에 따라 레귤러 칼라, 윈저 칼라, 와이드 칼라, 내로 칼라로 구분할 수 있고, 칼라 끝 모양에 따라 라운드 칼라, 윙 칼라로 구분하며, 기능이 추가된 버튼다운 칼라, 탭 칼라가 있다.

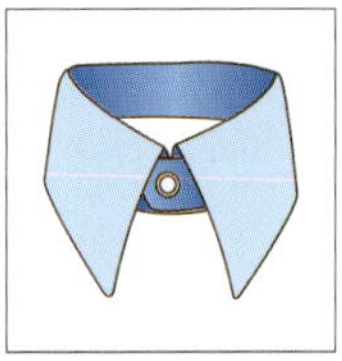

레귤러 칼라

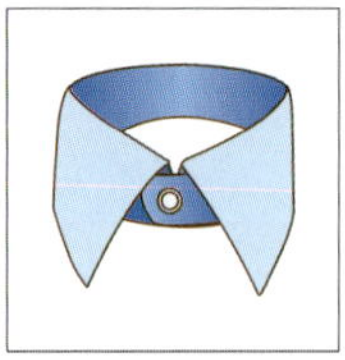

윈저 칼라

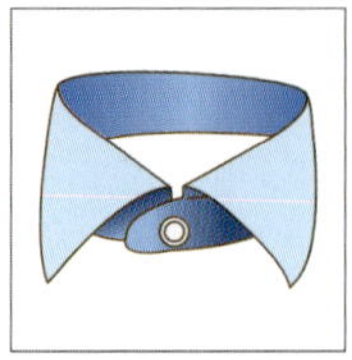

와이드 칼라

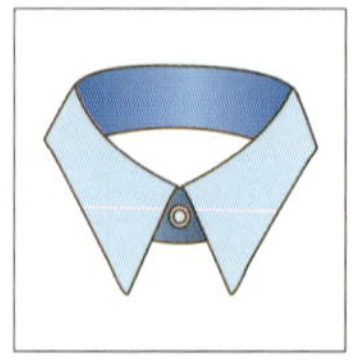

내로 칼라

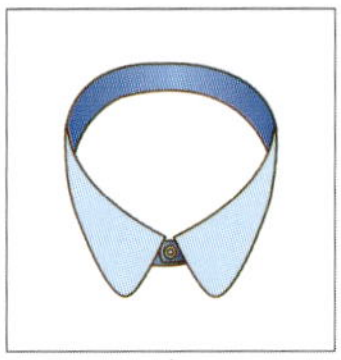

라운드 칼라

윙 칼라

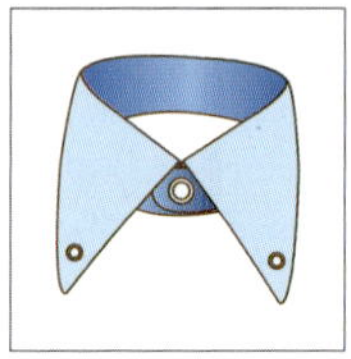

버튼다운 칼라

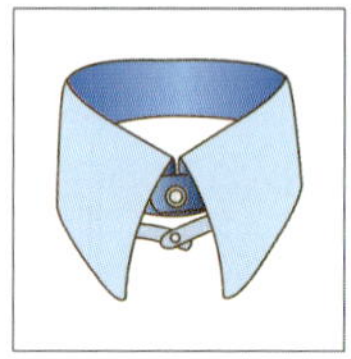

탭 칼라

드레스 셔츠는 정확하게 사이즈를 맞춰 입어야 한다. 새 셔츠를 입었을 때 목둘레 사이로 손가락 한 개가 들어갈 정도의 여유가 있어야 잘 맞는 사이즈이다.

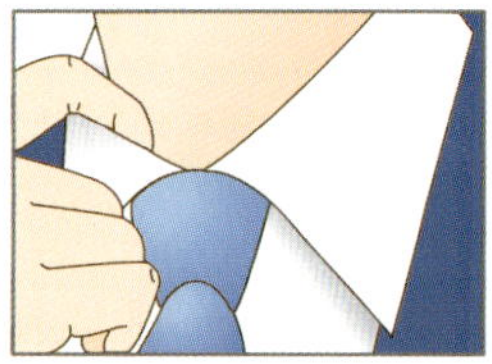

재킷 칼라 밖으로 나온 셔츠 칼라의 높이, 재킷 소매 밖으로 나온 셔츠 소매의 길이는 둘 다 1.5~2cm가 적당하다. 나온 부분이 너무 짧거나 너무 많이 나와 있으면 제대로 입은 것이라고 보기 어렵다.

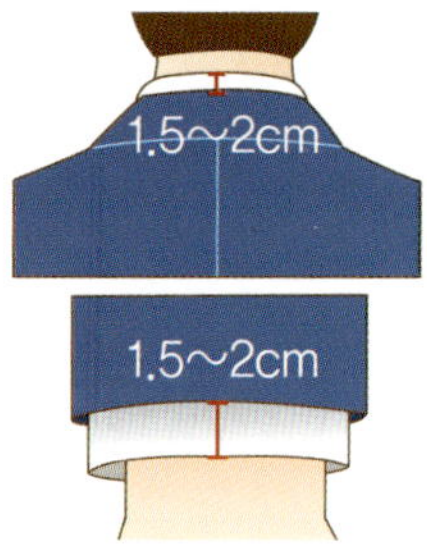

재킷을 벗었을 때 몸의 중심 부분에 위치한 셔츠 플래킷, 벨트 버클, 바지 앞섶이 가지런히 일렬로 정리되어 있어야 옷의 실루엣이 살며 흐트러짐 없이 스타일이 제대로 살아난다.

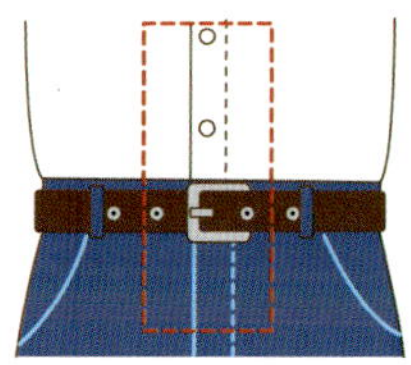

3) 넥타이

남성은 변화를 주기 제일 쉬운 곳이 V존이다. V존의 분위기를 결정짓는 것은 셔츠의 칼라와 넥타이 매는 법이 중요한 포인트가 되며, 유일하고 다양하게 색으로 변화를 줄 수 있는 곳이기도 하다. 소재로는 실크가 기본이고 울이나 코튼, 린넨은 캐주얼에 어울린다.

(1) 타이 컬러에 따른 이미지

타이 컬러		이미지
레드/와인		열정이나 에너지를 느끼게 한다.
핑크	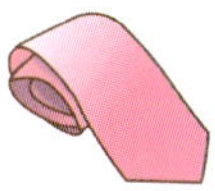	부드럽고 감각 있는 분위기를 연출할 수 있다.
블루	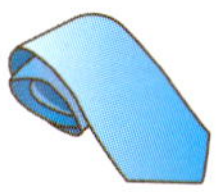	쿨하고 지적인 인상으로 신뢰감을 쌓을 수 있다.
그레이	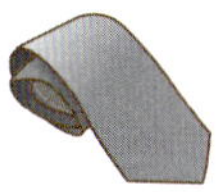	성실하고 진지함을 느낄 수 있고 일에 있어서 안정감을 준다.
그린		젊고 경쾌한 인상을 준다.
옐로	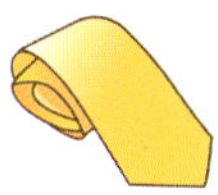	자유롭고 활발하며 즐거운 분위기를 연출한다.

(2) 타이 패턴에 따른 종류

타이 패턴	이미지
솔리드 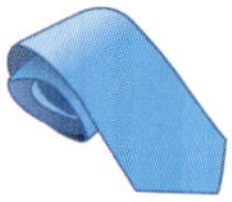	일반적으로 무늬가 없는 타이를 가리키지만, 방직 무늬가 있어도 단색을 사용한 것이면 솔리드에 포함된다. 비즈니스에서 파티까지 사용할 수 있는 만능 아이템이다.
도트 	물방울 무늬. 공식적인 자리에서도 사용할 수 있는 정통 패턴. 그중에서 '핀 도트'라고 부르는 매우 작은 무늬는 가장 포멀도가 높다.
로얄크레스트 	레지멘탈 스트라이프의 사이에 크레스트(문장)를 배치한 것. 영국 전통 스타일로 장식하는 클래식한 무늬이다.
크레스트 	원래는 영국에 전해지는 가문이나 문장을 규칙적으로 배치한 것. 최근에는 그것을 모티브로 한 패턴을 총칭해서 부른다.
페이즐리 	스코틀랜드 페이즐리 시의 이름에서 유래한 타이. 인도의 카슈미르 지방에서 탄생한 구부러진 옥돌풍의 전통 문양. 포멀도는 높다.
스트라이프 	영국의 연대에 붙어 있던 레지멘탈 무늬를 기원으로 하는 사선의 줄무늬. 오른쪽에서 왼쪽으로 흐르는 것은 '클럽 스트라이프'라고 부른다.
체크 	넓은 의미로는 격자무늬 타이 전반을 가리키지만, 타탄 체크나 글렌 체크 등 전통적인 무늬가 많다.
니트 	편물지의 타이. 울이나 실크 소재가 일반적이다. 타이 끝이 수평으로 커트된 타이가 대부분으로, 캐주얼한 인상을 준다.

(3) 넥타이 매듭 방법

셔츠의 깃이 좁으면 작은 매듭을, 넓은 깃에는 큰 매듭을 매고 깃의 벌어진 각도가 작으면 매듭도 가늘게, 각도가 크면 매듭도 크게 맨다.

플레인 노트

가장 일반적인 스타일이다. 플레인 노트를 바르게 매는 방법을 배우는 것은 철칙이다. 작은 폭 위에 큰 폭을 겹치는 것부터 시작해서 그림과 같이 진행하고 마지막에 매듭에 자연스러운 딤플이 생기도록 정돈해서 완성한다.

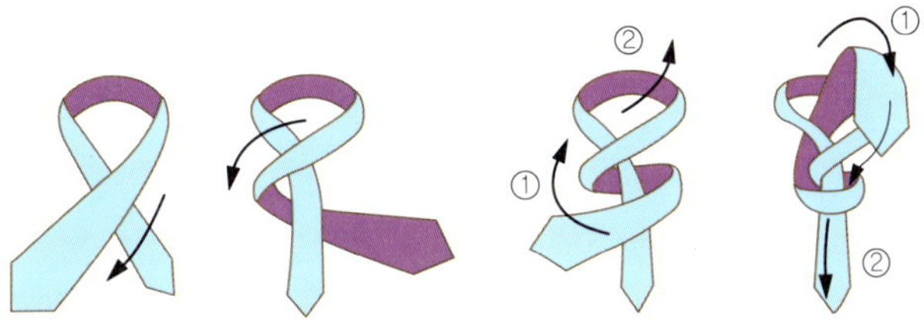

더블 노트

플레인 노트를 두 번 감기게 한 것 같은 스타일이다. 당연히 플레인 노트보다 큰 매듭이 된다. 플레인 노트와 기본적인 순서는 같지만, 포인트는 매듭을 두 겹으로 하는 것이다. 마지막에 폭이 넓은 쪽을 두 겹의 매듭 사이로 통과시켜서 매듭에 자연스러운 딤플을 만들어 완성한다.

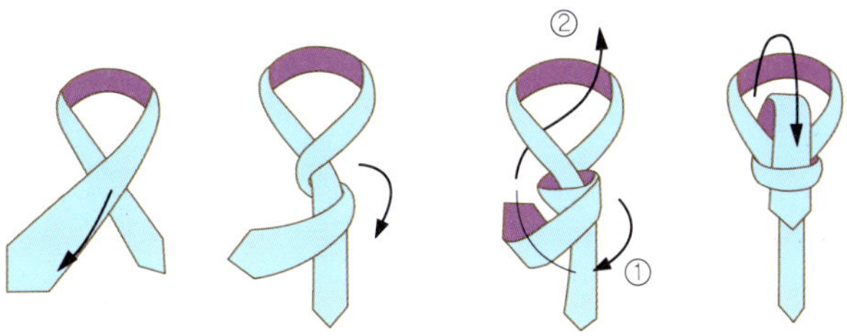

세미 윈저 노트

적당히 좋은 볼륨감이 나온다. 밸런스 좋은 매듭으로 '하프 노트'라고도 부른다. 플레인 노트와의 차이는 매듭을 X자 상태로 하는 것이다. 이것으로 대칭감이 더욱 강해지기 때문에 매듭의 밸런스가 깨끗하게 된다. 다른 방법과 마찬가지로 마지막에 예쁜 딤플을 만들 수 있도록 정돈해서 완성한다.

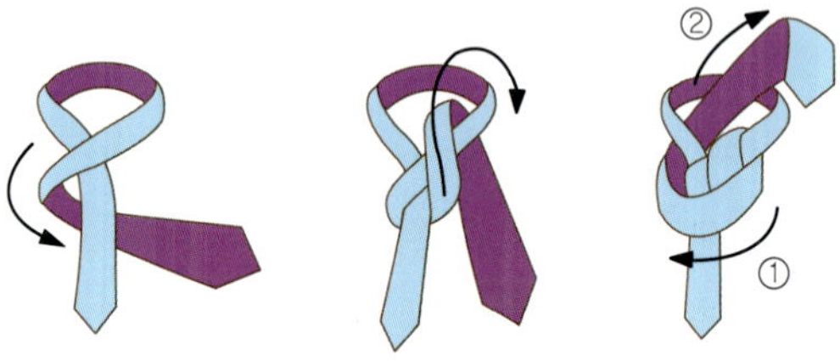

윈저 노트

가로로 넓게 볼륨이 나오는 매듭법이기 때문에 와이드한 형태의 칼라에 적당하다. 클래식한 인상으로, 매는 법은 4가지 중에서 가장 복잡하다. 가로로 볼륨을 내게 되기 때문에 관록이 나오는 점이 포인트다. 다른 것과 마찬가지로 마지막에 매듭에 예쁘게 딤플이 생길 수 있도록 정돈해서 완성한다.

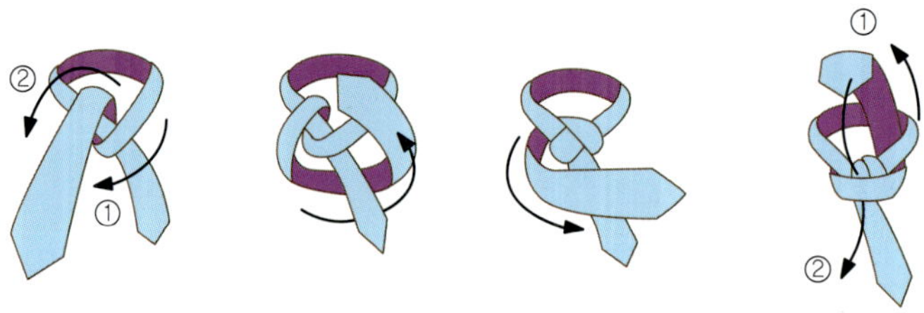

4) 남성 액세서리

(1) 구두

구두는 남성의 옷차림을 완성해 주는 역할을 하며, 착용자의 센스나 사회적 지위를 표현해 준다. 착용하고 있는 의복의 스타일과 색상에 따라 조화를 이루도록 코디네이션하는 것이 세련미와 안정적인 이미지를 전달한다. 정장에는 정장용의 구두를, 캐주얼에는 그에 어울리는 디자인의 구두를 착용하며 기본적으로 천연 가죽 소재를 착용하는 것이 좋다. 특히 가죽 중에 에나멜로 불리는 광택 나는 페이던트 가죽은 연미복 차림에만 신는다.

구두 종류	모양	특징
스트레이트 팁 (Straight Tip)	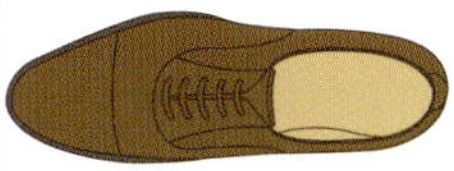	발끝에 '토 캡'이라고 불리는 보강용 가죽을 가로로 一자 형태로 덧씌운 신사 구두의 대표적인 디자인. 특히 검정색은 포멀도가 높고 범용성이 우수하다.
플레인 토 (Plain Toe)	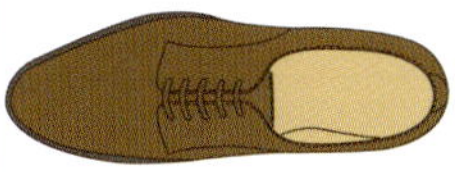	발끝에 아무것도 장식되지 않은, 글자 그대로 플레인한 디자인 구두의 총칭. 깔끔한 인상을 주는 심플한 발 모양은 비즈니스에서 포멀까지 폭넓은 경우에 사용할 수 있다.
윙팁 (Wing-Tip)		구두코 부분에 W 형태의 재봉선을 낸 슈즈로, 구두의 옆면과 앞면의 장식이 마치 날개를 펼친 새의 모양을 닮았다 하여 '윙팁'이라고 부른다. 구두 앞코에 장식된 구멍 장식이 특징이다. 가장 클래식한 스타일로 슈트에 세련미를 더해 준다.
몽크 스트랩 (Monk Strap)	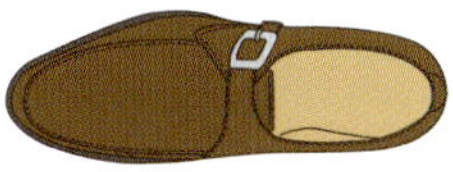	수도승이 신는 스트랩이 붙은 샌들에 착상을 더한 버클이 붙은 구두로 끈 없는 구두 중에서 유일하게 포멀하게 신을 수 있는 모델이다.
태슬 (Tassel)	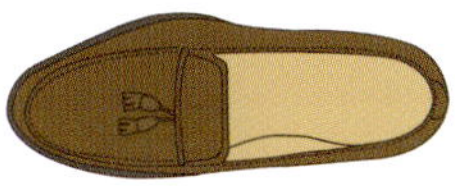	궁전에서 신던 실내용 구두에서 유래한 슈즈이다. 슬립온 스타일에 끈이 없는 대신 태슬 장식이 달린 구두로 슈트와 캐주얼에 모두 잘 어울린다.
U팁 (U-Tip)		영국 컨트리 슈즈를 기원으로 한다. U자의 모카신 봉제가 덧씌워진 것. 단정한 모습이지만, 캐주얼한 스타일에 어울린다.
슬립 온 (Slip-On)	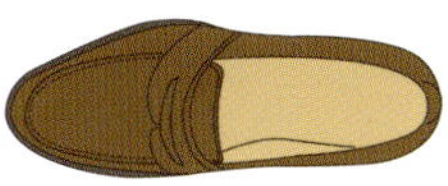	구두에 여밈 끈이나 버튼 등 일체의 장식이 없는 스타일로 대표적인 로퍼는 아이비 룩의 기본이지만, 정통 슈트 스타일로는 어울리지 않는다.

(2) 벨트

벨트는 슈트의 단추를 풀고 앉았을 때 보이게 되는 부분으로 버클이 너무 눈에 띄거나 두꺼운 것은 피하는 것이 좋다. 벨트는 구두나 가방 등과 동일한 계열의 색상을 선택하는 것이 좋으며 정장용과 캐주얼용으로 구분하여 착용한다.

(3) 커프스 링크스 & 타이 홀더

커프스 링크스는 셔츠의 단추 대신 커프스를 여며 주는 장신구로 보석에서 메탈까지 다양한 소재가 있지만, 예장용이 아닌 경우는 무난한 재질의 디자인을 선택하는 것이 좋다.

넥타이 핀이나 클립 등의 타이 홀더는 넥타이와 셔프를 연결해 주는 역할을 하며 커프스 링크스와 같은 재질로 선택하는 것이 무난하다.

(4) 포켓치프

행커치프라고도 하며, 상의의 왼쪽 가슴 부분에 있는 포켓에 장식하는 작은 수건을 말한다. 넥타이와 조화를 이루도록 하여 드레스 셔츠와 같이 흰색이나 어두운 톤의 색을 선택하며 너무 눈에 띄는 것은 피한다. 또한 포켓치프를 넣은 포켓은 볼펜이나 명함 등을 넣는 용도로 사용하지 않는다.

(4) 양말

슈트 차림에는 블랙, 네이비, 그레이 색상의 양말이나 슈트 색상과 유사한 것을 선택하는 것이 무난하다. 지나치게 눈에 띄는 패턴은 삼가는 것이 좋으며 양말이 너무 짧거나 흘러내려 맨살이 보이지 않도록 해야 한다. 또한 흰색 양말은 스포츠 웨어에 착용하도록 하며, 슈트 차림에 착용하는 것은 절대 피하도록 한다.

(5) 가방

남성의 서류 가방은 무난한 스타일에 질이 좋은 가죽 제품을 선택하는 것이 좋다. 무엇보다 기능적 역할로 서류, 필기도구, 명함 등을 넣게 되므로 가방의 크기가 고려되어야 하며, 자신의 체형이나 업무 등을 고려하여 색상과 디자인을 선택하는 것이 바람직하다.

안경

안경은 시력 교정이나 시력 보호를 위한 기능적인 측면에서뿐 아니라 패션 감각을 표현하는 한 방법으로 최근 많이 사용하는 액세서리이다. 따라서 스타일에 맞춰서 안경을 바꿔 쓰는 것도 세련된 자기 연출법 중의 하나이다.

사람을 처음 만날 때는 스마트한 느낌을 주는 안경을 쓰고, 캐주얼한 자리에는 좀 더 창의적인 디자인을 선택하는 등 목적에 따라서 안경을 선택하는 것이 좋다. 안경은 얼굴과 가장 가까이 있는 소품이므로 안경테의 크기와 모양은 반드시 얼굴형과 조화를 이루어야 한다. 계란형 얼굴이라면 어떠한 프레임도 잘 어울리지만 그 외의 얼굴형은 안경테로 자신의 얼굴형을 반복해서는 안 된다.

금테 안경은 금속성 액세서리와 매치시키면 잘 어울리고 중간색이나 브라운 계열의 옷에는 브라운 계열의 뿔테, 모노 톤의 옷에는 검정색 뿔테로 지적인 이미지를 강조해 줄 수 있다.

얼굴형에 따른 안경 선택법

• **사각형 얼굴을 위한 안경**

사각형은 얼굴형 자체로 강한 인상을 주기에 각진 형태의 안경테는 피해야 한다. 부드러운 프레임이 잘 어울리지만 원형의 경우 오히려 각진 얼굴을 도드라지게 하므로 약간 타원형을 선택하는 것이 좋다. 특히 사각 얼굴형은 턱뿐 아니라 광대까지 함께 발달한 경우가 많아 얼굴보다 너비가 좁은 안경은 발달된 광대를 더욱 두드러지게 하기 때문에 얼굴 너비보다 조금 넓은 것을 선택하는 것이 좋다. 유광보다는 무광이 좋고, 무테 안경을 착용하면 각진 얼굴을 부드러워 보이게 하는 효과를 줄 수 있다.

• 긴 얼굴을 위한 안경

긴 얼굴형은 안경을 쓰는 것 자체만으로도 긴 얼굴이 단절되어 보이기 때문에 단점을 효과적으로 커버할 수 있다. 원형이나 사각 스타일, 가로로 넓은 타원형이나 보잉 스타일은 시선을 분산시키는 장점을 갖고 있다. 렌즈가 작은 안경은 더욱 길어 보이게 하므로 피하는 것이 좋고, 라운드 타입의 사각 안경이 긴 얼굴을 작아 보이게 한다.

• 둥그런 얼굴을 위한 안경

둥근형의 얼굴은 가급적 얼굴과 같은 이미지를 줄 수 있는 원형은 피하고 끝이 각진 형태의 안경이 좋다. 차가운 느낌이 드는 스퀘어 프레임의 안경을 선택하는 것이 통통한 얼굴을 날씬하게 보이게 하는 효과가 있다. 또한 사각형에서 렌즈 아랫부분이 각이 지거나 살짝 라운드 처리된 제품도 지적인 분위기를 연출해 준다. 샤프한 이미지를 만들기 위해서는 메탈 프레임 소재를 선택하거나 스퀘어 유형의 뿔테 안경을 선택한다.

• 역삼각형을 위한 안경

뾰족한 턱선을 강조할 수 있는 역삼각형의 보잉형이나 와이드한 디자인의 오버사이즈 스타일이나 차가운 인상을 심어 줄 수 있는 메탈 소재의 안경은 피하는 것이 좋다. 시선을 분산시켜 넓은 이마와 뾰족한 턱을 커버하고 얼굴을 전체적으로 잡아 주는 오벌형의 원형 스타일이 어울린다. 옆으로 긴 타원형이나 사각 프레임이라도 모서리가 둥근 스타일이 좋다.

체형별 코디네이션 – 남성

남성의 체형은 여성에 비해 비교적 단순하여 일반적으로 세 가지 유형으로 분류한다. 상체가 발달한 역삼각(T)형, 슬림한 직선형의 직사각(H)형, 그리고 전체적으로 둥글며 통통한 오벌(O)형이 있다.

① 역삼각형(T형)

정면에서 보았을 때 어깨가 넓고 상체가 발달하여 남성적인 매력과 건강미가 돋보이는 이상적인 체형이다. 가슴과 허리둘레의 차이가 18cm 이상인 경우로서 보통 운동으로 단련된 근육질의 체형이다. 키가 작지 않으면 모든 스타일의 의복을 무난히 소화할 수 있으나 어깨가 넓으므로 체격이 너무 커 보일 수 있는 스타일은 피하는 것이 좋다. 큰 줄무늬의 옷감이나 넥타이는 좋지 않고, 슈트에 있어서는 어떤 것도 다 소화할 수 있으나 살이 쪘다면 더블 브레스티드 재킷 스타일은 피하도록 한다. 어깨 넓이와 비례를 고려한 스타일의 구두를 선택하는 것이 좋다.

Good	Bad
• 적당하게 몸에 붙는 실루엣의 싱글 브레스티드 슈트 • 짙은 색상의 상의와 밝은 색상의 하의 • 부피감이 적은 니트 소재	• 어깨를 강조하는 큰 어깨 패드 • 상체가 커 보이는 더블 브레스티드 재킷 • 눈에 띄는 선명한 줄무늬의 슈트 • 체격이 커 보이는 몸에 피트한 스타일의 슈트

② 직사각(H)형

가장 일반적인 남성 체형으로 날씬한 직선형의 몸매이다. 어깨가 특별히 넓지 않고 가슴 및 허리 둘레와의 차이가 15cm 이하인 경우로, 지적이며 현대적인 인상의 타입이므로 다양한 스타일의 연출이 가능하다. 아주 여윈 경우에는 왜소하거나 날카로워 보일 수 있으므로 진한 색보다는 회색, 브라운 계열의 중간색을 선택하고 너무 얇은 소재보다는 헤링본이나 트위드처럼 부피감이 있는 직물이 적당하다. 전체적으로 어깨 부위를 강조하여 남성미를 살리도록 한다.

Good	Bad
• 상체를 커 보이게 하는 더블 브레스티드 재킷과 코트 • 큰 어깨 패드, 견장, 가슴 주머니가 달린 재킷 • 베스트와 함께 입는 쓰리피스 스타일의 정장 • 키가 큰 경우는 너무 길어 보이지 않도록 상 · 하의가 다른 색상의 캐주얼 스타일 • 마른 직사각형은 밝은 색상과 부피감 있는 소재의 상의	• 어깨가 빈약해 보이는 칼라가 없는 라운드 네크라인 • 체격이 왜소해 보이는 어두운 색상이나 얇은 소재를 사용한 의복

③ 오벌(O)형

전체적으로 둥글며 통통한 체형으로 어깨가 둥글고 가슴과 허리둘레의 차이가 13cm 이하인 경우가 이에 해당한다. 살이 많이 찐 경우에는 허리둘레가 엉덩이보다 더 클 수도 있으며, 목이 짧은 형이 많고 보통 중년 이후의 남성에게 많은 체형이다. 둔한 인상을 줄 수 있으므로 부피감을 강조하거나 체형을 그대로 드러내는 디자인은 피하고, 전체적으로 길고 가는 직선형 실루엣을 나타낼 수 있도록 스타일링한다.

Good	Bad
• V존이 깊고 어깨가 각진 상의 • 체형이 드러나지 않는 길고 약간 여유 있는 재킷과 바지 • 배가 강조되지 않도록 싱글 브레스티드 재킷의 윗단추만 채움 • 시선을 위로 끌어올리도록 넥타이에 포인트를 줌 • 네이비, 블랙 등 진한 색상, 핀 스트라이프 패턴의 정장 • 상 · 하의 동일 색상이나 유사 색상으로 길이 강조	• 더블 브레스티드 재킷 • 부피감이 있는 소재 • 체형을 드러내는 너무 부드럽거나 얇은 소재

| 남성 스타일 체크리스트 |

종류	체크 포인트	
슈트 	주머니가 소품들로 불거져 있지 않은가?	
	어깨에 비듬이 떨어져 있지 않은가?	
	등판이나 소매가 구깃구깃하지 않은가?	
	음식 냄새, 담배 냄새 등이 배어 있지 않은가?	
	몸에 딱 맞는 슈트를 입고 있는가?	
	바지 앞주름이 잘 서 있는가?	
	바지 밑단이 구두굽을 덮고 있지 않은가?	
	벨트는 착용했는가?	
	바지가 너무 타이트해서 엉덩이에 끼이지 않았는가?	
	다리지 않고 입은 것은 아닌가?	
셔츠 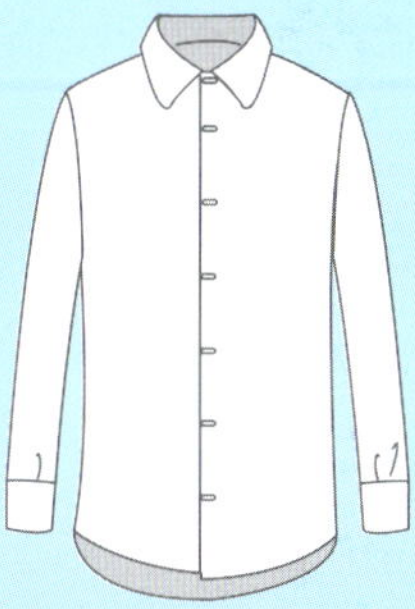	셔츠의 첫 번째 단추는 채워져 있는가?	
	속살이 비칠 정도로 너무 얇은 소재는 아닌가?	
	다림질이 안 된 셔츠를 입고 있지 않은가?	
	목 주위나 소맷부리는 깨끗한가?	
	셔츠가 바지에서 빠져 나와 있지 않은가?	
	소맷부리의 단추는 채워져 있는가?	
	색깔 있는 러닝셔츠를 입고 있지 않은가?	
타이 	음식물 등으로 얼룩진 타이를 매고 있지 않은가?	
	매듭이 느슨하거나 휘어져 있지 않은가?	
	타이의 끝이 벨트 버클의 중앙에 있는가?	
양말 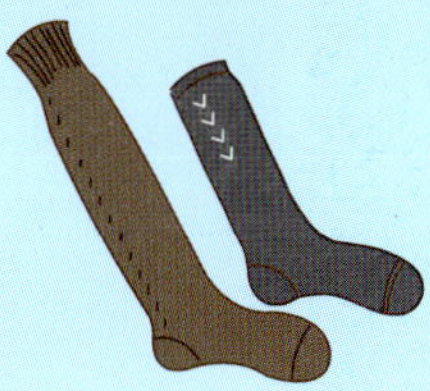	의자에 앉았을 때 다리 털이 보이지 않는가?	
	양말의 고무줄 부분이 느슨해져서 자꾸 흘러내리지 않는가?	
	발목까지 오는 길이의 양말을 신고 있지 않은가?	
	냄새 나는 양말을 신고 있지 않은가?	
	구멍 난 양말을 신고 있지 않은가?	

종류	체크 포인트
구두 	구두의 형태가 변형되어 있지 않은가?
	뒷굽이 닳아 있지 않은가?
	구두는 깨끗하게 관리되고 있는가?
	구두끈은 단단하게 묶여 있는가?
	구두 색과 벨트 색은 통일되어 있는가?

출처: 황정선(2010). 내남자를 튜닝하라.

5) 남성 교사를 위한 스타일링

학생들에게 친근감을 주면서도 학생의 시선을 빼앗지 않는 단정한 스타일에 중점을 둔다.

슈트 이외에도 세미 정장 스타일을 활용할 수 있다. 이 스타일은 재킷과 바지의 색상과 소재가 서로 다른 스타일로 '반 정장' 의 개념이다. 재킷 속에 '스트라이프 셔츠' 를 입으면 젊고 세련된 이미지를 연출할 수 있으며, 부드러운 교육자의 이미지로 니트 카디건을 활용하는 것이 좋으며, 보수적이고 지루한 이미지 탈피를 위해서는 스카프와 같은 패션 소품의 사용도 좋다. 편안하고 온화한 인상을 위해서라면 노타이를 시도하는 것도 좋은 방법이 된다.

KBS 드라마 '2013 학교' 에서
교사로 등장한 최다니엘

남성 교사 스타일링의 예

Tip

- 스타일링에서 가장 중요한 것은 욕심을 버리고 조화로운 실루엣과 안정적인 컬러 톤을 유지하는 것이다. 한두 개의 포인트 컬러와 약간의 디테일이면 충분히 세련된 룩을 연출할 수 있다. 전신 거울에 비춰 보는 습관은 과한 스타일링으로 인한 촌스러움을 방지할 수 있으므로 외출 전에 꼭 전체적인 스타일을 점검하도록 한다.

05 올바른 의복 구입법

① 비싼 옷보다 어울리는 옷을 선택한다.

비싼 옷이라고 해서 모두 좋은 것은 아니다. 디자인, 소재, 색상 등이 자신에게 어울리느냐가 중요하다. 아무리 비싸고 유명 브랜드의 옷도 자신에게 어울리지 않으면 소용이 없다.

② 자신의 몸매를 보완할 수 있는 디자인을 고르자.

여성의 경우 치마 길이가 몇 cm 길고 짧은 것에 따라 다리 모양이 달라 보인다. 남성의 경우도 몸매에 따라서 더블 재킷이 좋은지 싱글 재킷이 좋은지를 결정해야 한다.

③ 자신에게 맞는 치수를 입는다.

소매의 길이가 길면 옷이 거추장스러워 보이며 엉덩이 부분이 꼭 끼는 치마는 품위를 떨어뜨린다. 등에서 꼭 끼이면 옷이 추켜 올라가 등이 굽은 것처럼 보인다. 치수가 맞지 않는 옷을 입으면 이처럼 외적으로도 보기 좋지 않을 뿐만 아니라 심적으로도 불안해 보인다. 옷이 너무 끼거나 크면 행동에 불편을 줄 수 있으므로 자신에게 맞는 치수의 옷을 입도록 한다.

④ 옷을 살 때에는 자신이 보유한 옷과 어울리는 옷을 산다.

자신의 스타일을 찾는 사람은 자신에게 어울리는 색깔과 디자인을 안다. 그러므로 따로따로 산 옷들로 서로 매치시킬 수 있으며 유행만을 좇지 않는다.

⑤ 판매원의 판단을 믿지 않는다.

옷을 사러 갈 때 솔직한 조안을 할 수 있는 친구와 함께 가는 것도 좋다. 판매원들의 "참, 예쁘시네요.", "남들도 다 이렇게 입고 다녀요.", "지금 가장 인기 상품이에요." 등의 말이 기준이 되어서는 안 되며 판매원의 판단에 얽매이지 말고 자신의 주관으로 결정한다. 정말 유용하게 입을 수 있는 옷인지, 보유하고 있는 옷들과 어울리는지 디자인과 색상을 비판적으로 점검한다. 자연 채광이 되는 곳에서 입었을 때 편안한 느낌을 주는 옷을 선택한다.

| 교사로서의 복장 체크 포인트 |

◆ 나의 경우와 비교하면서 생각해 보자.

여성의 복장 체크 포인트	남성의 복장 체크 포인트
• 학교에서 교사로서의 분위기에 맞게 옷을 입는다. • 노출이 많거나 너무 화려한 차림은 피한다. • 치마의 경우 너무 짧은 것은 피한다. • 똑같은 옷을 이틀 이상 입는 것은 피한다. • 구두 굽이 너무 높거나 요란한 장식이 있는 것은 피한다. • 머리는 얼굴을 가리지 않도록 하며, 긴 머리는 단정하게 끈으로 묶는다. • 손톱은 청결하고 길이는 길지 않도록 한다. • 매니큐어는 너무 진하지 않은 것으로 한다. • 액세서리는 너무 화려하지 않은 것으로 한다.	• 양복 상의의 첫 번째 단추는 반드시 잠가 둔다. • 상의나 바지의 호주머니에 많은 물건을 넣지 않는다. • 바지는 배꼽 선까지 올려 입는다. • 넥타이를 너무 길게 혹은 짧게 매지 않는다. • 셔츠나 넥타이에 얼룩이 없는지 확인한다. • 머리를 너무 길게 기르지 않는다. • 버클이 몹시 눈에 띄는 벨트는 매지 않는다. • 양말은 바지 색깔과 비슷한 색 또는 어두운 색으로 신는다. • 구두는 검은색이나 갈색으로 신는다.

제5장

퍼스널 이미지 메이킹 3 – 뷰티 이미지

01 메이크업(Make-up) 이미지

1) 메이크업의 중요성

아름다움이란 인간의 미에 대한 관심이 작용하면서부터 선별되어 온 것으로 그 시대의 사회·문화적 가치관에 따라 변화하는 인간 주관의 보편적인 법칙이라 할 수 있다. 이러한 맥락에서 볼 때 메이크업이란 선천적인 자신의 용모를 그 시대, 그 문화권 내에서 필요에 의해서 선호되고 선택된 미의 개념에 적합하도록 수정·보완해서 꾸미는 일이라 할 수 있다.

일반적으로 메이크업은 원활한 사회적 활동과 임무 수행에 도움을 주어야 하며 개인이 지니고 있는 개성을 TPO(time, place, object)에 적합하도록 연출하여 스스로의 감정적 측면을 만족시키며 타인에게도 좋은 이미지를 형성하는 것을 목적으로 한다.

메이크업이 현대 여성의 기본 에티켓이라는 생각은 이미지가 깔끔하고 정돈되어 보이기 때문이다. 벨러마인 대학의 심리학자 돈 오스번은 화장은 여성이 타인과의 관계를 받아들일 준비가 되어 있다는 유쾌한 메시지를 전달하는 신호 역할을 한다고 밝혔다.

메이크업은 단순한 아름다움을 추구하는 목적뿐만 아니라 심리적인 만족감을 준다. 이를 통해 사회적인 대인 관계와 일에 자신감을 부여하고 적극성을 갖게 해 줌으로써 원만하고 활발한 사회생활에 긍정적인 영향을 미치고 있다.

2) 피부 유형과 기초 화장

(1) 피부 유형의 이해

피부는 인체의 건강, 호르몬의 분비, 심리 상태 등에 따른 내적 요인과 계절,

기후, 환경 등에 따른 여러 가지 외적 요인에 의해 영향을 받는다. 따라서 화장을 시작하기 전에 우선 자신의 피부 유형을 정확히 파악하는 것이 중요하다. 물론, 피부 유형은 계절, 주변 환경, 생리적 상태에 따라 영향을 받으므로 전적으로 신뢰할 수 없지만 기본적인 자신의 피부 유형을 알아 두어야 한다.

피부 유형 체크는 저녁 세안 후 아무것도 바르지 않은 상태에서 15~20분 정도를 기다려서 확인한다. 얼굴이 전체적으로 버석거리고 당김이 느껴지면 건성 피부, 피지의 분비가 많아 얼굴 전체가 번들거리면 지성 피부, 얼굴의 당김이 없으면 중성 피부라 한다.

이와 같이 피부의 피지 분비량의 정도에 따라서 건성, 지성, 중성으로 나누고 지성과 건성이 같이 나타나는 피부를 복합성, 예민한 피부를 민감성이라 한다. 각 피부 유형의 특징을 살펴보면 다음과 같다.

① 건성 피부

건성 피부는 모공이 눈에 띄지 않고 피부의 피지 분비량이 적어서 피부를 보호하는 수분 증발을 막는 효과가 적다. 건성 피부는 피부의 윤기가 없어 푸석한 느낌이 들어 가을이나 겨울에 더욱 건조해진다. 건성 피부는 세안 후 아무것도 바르지 않으면 심하게 당기고 잔주름이 생기기 쉽다. 그러므로 건조한 피부에 유수분을 충분히 공급할 수 있는 화장품을 선택하도록 한다.

② 중성 피부

여러 가지 피부 유형 중 가장 이상적인 유형으로 피부의 분비량이 정상적이다. 하지만 피부는 주변 환경에 따라서 수시로 변할 수 있으며 가을이나 겨울에는 건성으로 바뀔 수 있다. 중성 피부의 상태는 탄력이 있고 혈색이 좋다.

또한 피부의 결이 섬세하고 윤기가 나며 피부 표면이 매끄러워 화장이 피부에 잘 스며들어 잘 지워지지 않는다. 화장품의 선택은 계절을 고려하고 피부 보호막을 형성하여 외부의 자극으로부터 보호하는 제품을 선택한다.

③ 지성 피부

지성 피부는 유분기가 많아 얼굴이 번들거려 보이며 모공이 넓어 뾰루지와 같이 트러블이 생기기 쉬운 피부이다. 청소년기에는 여드름으로 트러블이 나타나지만 청소년기가 지나면 중성으로 변할 수 있다. 청소년기 여드름의 흔적을 남기지 않도록 관리를 잘해 주어야 하는 지성 피부는 세안 후에도 당김이 별로 없고 화장 후에도 기름기가 돌아 화장이 쉽게 지워져서 관리하기 어려운 피부이다. 피지 분비가 많은 이마나 턱 부분에 여드름이 잘 생기고 코 주변에 미세한 검은 점들이 많다. 화장품은 피지를 조절해 주는 효과가 있는 제품을 선택하는 것이 중요하다.

④ 복합성 피부

복합성 피부는 피지 분비의 불균형으로 두 가지 이상의 피부 성질을 함께 가지고 있는 것을 말한다. 이마나 코는 지성으로 번들거리고 뺨은 건성으로 버석거리는 유형이다. 세안 후 T존과 뺨의 유분 차이가 많이 나면 복합성이다. 복합성의 피부 유형은 두 종류의 화장수를 두고 사용하는 것도 바람직한 방법이다.

⑤ 민감성 피부

민감성 피부는 평소 바르던 화장품에 의해서도 가려움증을 일으키기도 하고 온도의 변화에 의해서도 얼굴이 빨갛게 되는 경우가 많다. 민감성 피부는 다른 유형의 피부보다 외부의 영향을 많이 받는다. 화장수는 피부를 자극하는 알코올 성분이 없는 화장수를 사용하는 것이 피부를 덜 자극한다.

(2) 기초 화장(Daily skin-care)

기초 화장은 피부 표면에 쌓인 노폐물 또는 메이크업을 클렌징 제품, 비누, 팩 등을 이용하여 깨끗하게 제거하고, 세안 후 화장수, 마사지 크림 등으로 피부의 보습과 피지의 분비를 피부 본래의 정상적인 상태로 돌아오게 하여 피부를 정돈하는 것이다. 마지막으로 에센스, 로션, 크림 등으로 피부의 유수분을 보호하여 매끈하고 건강한 피부 상태로 유지될 수 있도록 한다. 따라서 세정, 피부 정돈, 피부 보호의 3가지 기초 화장 과정을 거쳐 촉촉하고 윤기가 있는 아름다운 피부를 유지하도록 한다.

기초 화장품의 종류

- **클렌징 크림/로션/젤/오일/워터**: 메이크업 및 노폐물을 제거하는 목적으로 사용한다.
- **폼 클렌징**: 비누 대용으로 사용하는 수성 세안제로 화장의 찌꺼기와 클렌징의 잔여물 등을 제거한다.
- **스킨**: 화장 솜에 덜어 닦아내듯이 바르면 각질 정돈 효과를 얻을 수 있다. 세안 후 수분 공급과 피부의 ph 밸런스를 유지시켜 준다.
- **로션**: 수분과 유분의 밸런스를 유지시켜 준다.
- **에센스**: 미백, 탄력 등 기능에 따른 종류가 있으며 영양 공급 및 피부 기능 활성화를 돕는 농축액이다.
- **아이크림**: 유연 효과를 오랫동안 유지시켜 주는 눈 주위 전용 제품이다.
- **영양크림**: 피부 보호막 형성 및 수분 증발 억제로 영양을 준다.

3) 베이스 메이크업(Base Make-up)

(1) 메이크업 베이스(make-up base)

메이크업 베이스는 피부 톤을 조절하며 파운데이션의 밀착감을 증진시키고 메이크업의 지속력을 높여 준다. 붉은 얼굴은 녹색, 생기 없는 얼굴은 보라색을 선택하고, 건강한 얼굴을 표현할 때는 오렌지색, 화사한 얼굴로 표현할 때는 핑크색을 선택하여 피부색을 조절한다.

(2) 파운데이션(foundation)

유분과 수분, 색소의 양과 질, 제조 과정에 따라 여러 종류로 구분되며 피부의 질감, 피지 분비량 등에 따라 선택하고 이에 따라 표현된 효과도 달라진다. 피부에 맞는 색상과 질감을 주어 피부를 아름답게 보이게 하고, 피부의 결점을 커버하고, 자외선과 외부의 자극으로부터 피부를 보호한다. 균일한 피부 색조로 형성하여 부분 메이크업의 색감과 효과를 높여 준다. 리퀴드, 크림, 스틱, 케이크 등 여러 형태가 있으며 피부 유형에 따라 선택하는 것이 좋다. 파운데이션 색상을 고를 때는 자신의 피부색과 비슷하거나 한 톤 정도만 밝은 것을 선택하여 목의 색과 차이가 많이 나지 않도록 하며, 바른 후 경계선이 두드러지지 않도록 잘 펴 바른다.

(3) 컨실러(concealer)

컨실러는 눈 밑의 다크서클이나 기미, 잡티, 주근깨 등 피부의 결점을 보완할 때 사용하며, 파운데이션 양을 줄여 바를 수 있게 하여 더 깨끗하고 자연스러운 피부 표현이 가능하다. 리퀴드형, 크림형, 스틱형, 펜슬 등이 있다.

(4) 파우더(powder)

파운데이션의 유분기를 흡수하여 번들거림을 방지하며 베이스 메이크업의 지속성을 높여 준다. 블루밍 효과로 화사함과 우아함을 더해 준다. 종류로는 분말형(loose powder)과 압축(pressed powder)형 파우더가 있다.

분말형 파우더는 얇게 발라져 투명한 피부로 표현해 주며, 압축형 파우더는 피지 흡수력이 좋고 휴대하기 간편하여 메이크업 수정 시 용이하다.

(5) 섀딩(shading)과 하이라이터(highlighter)

섀딩과 하이라이터는 명암의 차이를 이용하여 얼굴의 윤곽을 수정할 때 사용하는 제품으로 얼굴형의 결점을 최소화하고 장점을 살려 준다. 섀딩은 베이스 색보다 어두운 색을 사용하며 작아 보이고 싶거나 들어가 보이고 싶은 곳에 발라 주며, 하이라이터는 베이스색보다 밝은 색을 사용하여 부분적으로 포인트를 주거나 돌출되어 보이고 싶은 곳에 발라 주어 입체적이고 화사하게 표현해 준다.

4) 부분 메이크업

(1) 눈썹(eye brow)

눈썹은 얼굴 전체의 이미지에 많은 영향을 미치는 부분으로 눈썹의 모양은 표준형, 각진 형, 아치형, 직선형 등이 있으며 얼굴형이나 이미지에 따라 어울리는 모양을 선택하는 것이 좋다. 펜슬 타입은 사용이 편리하며 섀도 타입은 브러시를 이용해 자연스럽게 표현할 수 있다.

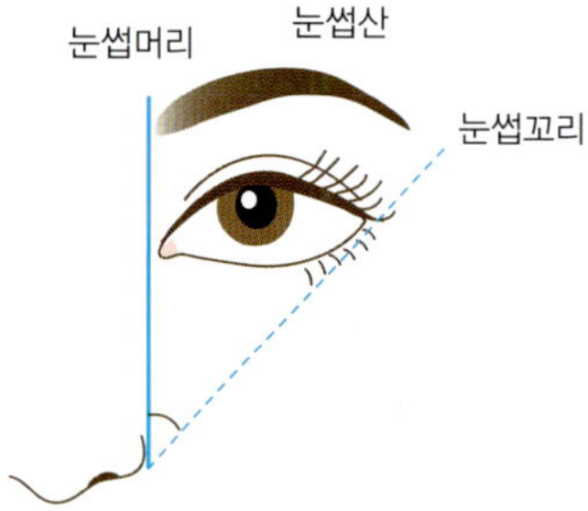

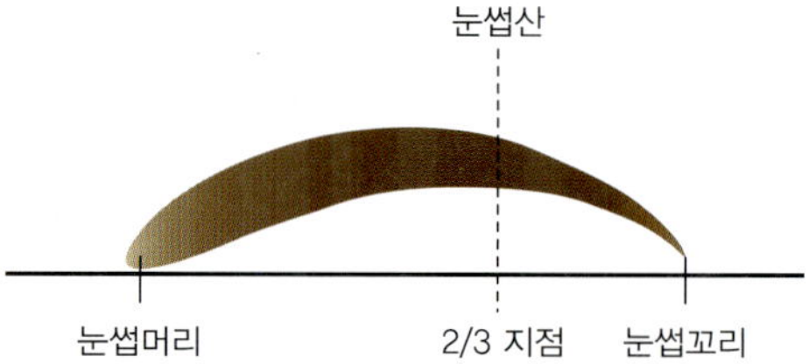

- 눈썹머리: 콧망울을 지나 수직으로 올라가는 곳에서 시작한다.
- 눈썹산: 눈썹머리로부터 눈썹 길이의 2/3 지점에 위치하도록 그려 준다.
- 눈썹꼬리: 콧망울과 눈꼬리를 연결해 연장선에서 만나는 지점에 그려 준다.
- 눈길이보다 짧지 않게 한다.
- 눈썹꼬리는 눈썹머리보다 내려가지 않도록 한다.
- 눈썹 색의 진하기는 눈썹머리는 가장 연하게, 눈썹산은 가장 진하게, 꼬리는 자연스럽게 그려 준다.

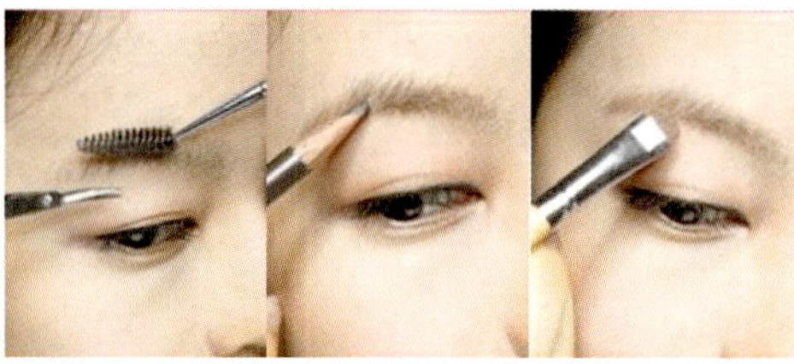

① 스크류 브러시와 눈썹가위로 눈썹 모양 정리
② 펜슬로 빈 곳 채우기
③ 섀도 브러시로 컬러를 입히고 자연스럽게 펴 주기

(2) 아이섀도(eye shadow)

아이섀도는 눈에 색감과 음영을 주어 입체감 있는 눈으로 표현해 주며, 눈매를 수정하고 보완해 주는 역할을 한다. 섀도의 컬러에 따라 여러 가지 이미지와 분위기를 표현할 수 있으며 얼굴색이나 눈의 형태, 의복 색과의 조화도 고려하여 선택하는 것이 좋다.

섀도의 종류로는 색의 혼합이 용이하여 일반적으로 가장 많이 사용하는 케이크 타입, 밀착력이 우수하고 지속력이 좋은 크림 타입, 사용이 간편한 펜슬 타입, 펄감 있는 표현을 할 때 사용하는 펄 파우더 타입 등이 있다.

넓은 브러시를 이용하여 기본 바탕색(베이스)을 눈두덩이 전체에 펴 바른 후 눈매를 또렷이 강조하기 위해 의상과 조화로운 포인트 색으로 눈매를 강조해 준다.

(3) 아이라인(eye line)

아이라인은 눈의 모양이나 크기를 수정하고 눈매를 또렷하고 선명하게 보이게 하는 역할을 한다. 속눈썹 가까이에 붙여서 그리고 사이를 채우는 것이 좋으며, 아이라이너 컬러는 대체로 검정색이나 다크브라운을 사용하며, 종류로는 자연스러운 펜슬 타입과 사용하기 쉬운 펜 타입, 선명한 리퀴드 타입, 브러시를 이용해서 그리는 젤 타입 등이 있다.

(4) 마스카라(mascara)

속눈썹을 진하고 길어 보이도록 하여 눈을 뚜렷하고 선명하게 보이는 효과를 준다. 마스카라를 바를 때는 뭉치지 않게 꼼꼼하게 발라 주어야 하며, 뷰러를 이용하여 속눈썹을 올려 주고 바르면 더욱 선명한 눈매를 연출할 수 있다. 눈 화장의 완성도와 입체감을 높여 준다.

(5) 치크 메이크업(cheek makeup)

치크 메이크업에 사용하는 블러셔(blusher)는 볼에 사용하여 혈색을 부여하여 생기 있게 보이게 하며 볼에 윤곽을 주어 얼굴을 입체감 있게 표현해 준다. 사용하는 색과 형태에 따라 이미지를 다양하게 표현할 수 있으므로 피부색과 연출하고자 하는 이미지를 고려하여 표현하도록 한다. 일반적으로 사용하는 케이크 타입과 크림 타입이 있다.

귀엽고 어려 보이는 이미지를 연출하고자 할 때는 웃을 때 튀어나오는 볼 뼈 중심 윗부분을 동그란 원을 그리듯 브러시해 준다. 사선으로 광대뼈 라인을 따라 터치해 주면 지적이고 세련된 분위기를 연출할 수 있다.

귀여운 이미지

세련되고 지적인 이미지

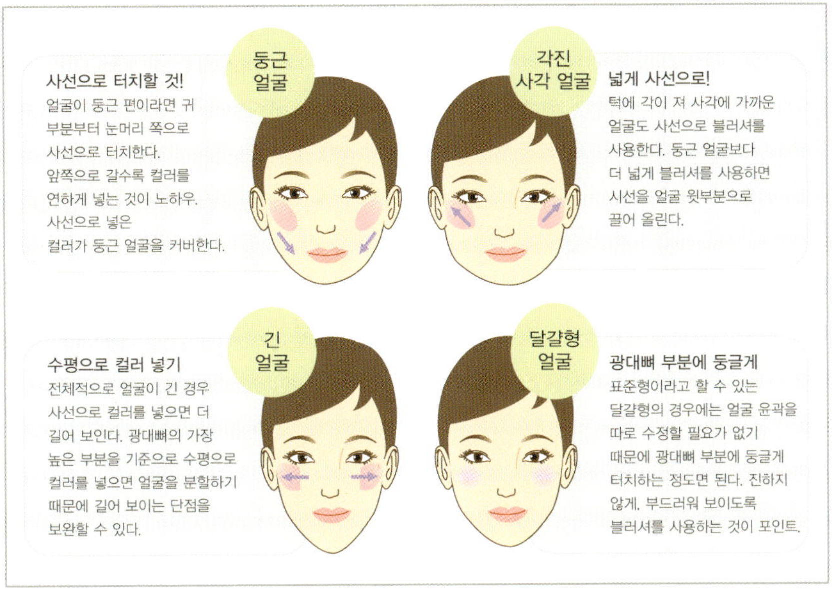

(6) 립 메이크업(lip makeup)

눈 화장과 조화되는 색조 화장의 완성 단계로서 색상을 선택할 때에는 입술의 형태, 피부색, 의상색 등을 고려하고 아이섀도 · 블러셔 색상과 조화를 이루도록 한다. 립 메이크업 제품의 종류로는 립스틱(lipstick), 립라이너(lip liner), 립글로스(lip gloss), 립틴트(lip tint) 등이 있다. 립스틱은 가장 일반적으로 사용하며 색상과 질감이 다양하고, 립라이너는 입술의 윤곽선을 그릴 때 사용하는 것으로 입술선의 번짐을 완화해 주며, 립글로스는 입술을 윤기 있게 표현해 주며 건조해지는 것을 방지해 준다. 최근에는 컬러의 지속력이 높은 립틴트의 사용이 늘고 있다.

5) 얼굴형에 따른 메이크업

(1) 계란형

- 적당하게 균형을 이루는 이상적인 얼굴형
- 모든 얼굴 윤곽의 수정 시 기준이 되는 형
- 특별한 수정 메이크업이 필요치 않음
- 얼굴의 돌출된 부위를 강조하여 입체감 표현
- 메이크업의 분위기에 따라 블러셔의 위치를 변화시킨다.

(2) 역삼각형

얼굴 폭 자체는 넓은 편이지만 빰에서 턱에 걸친 선이 홀쭉하고 가냘픈 얼굴형으로 다소 신경질적으로 보일 수 있다. 이마를 좁히고 빰에서 턱에 이르는 부분이 통통하게 보이도록 하는 것이 포인트이다.

머리선과 이마 양 끝에 음영을 주어 이마를 좁히고 홀쭉한 빰 부위에 밝은 파운데이션을 발라 빰이 통통해 보이도록 한다. 눈썹은 약간 길게 그려 주고 눈썹의 2/3 지점에서 바깥쪽을 향해 꺾어서 완만한 곡선으로 그려 준다.

블러셔는 눈 아래쪽에 가로로 길게 그려 귀여운 인상을 만든다. 광대뼈 밑에 사선으로 선명하게 음영을 주면 현대적인 느낌의 얼굴 윤곽이 강조될 수 있다.

턱 부분이 가냘퍼 보이므로 입술 윤곽은 곡선으로 부드럽게 그려 준다.

특징

- 이마가 넓고 턱이 뾰족한 형, 세련되고 날카로운 이미지
  - 섀딩: 헤어라인(이마 양쪽 끝), 턱 끝 가로 방향
  - 하이라이트: 양 볼에 넓게
  - 아이브로우: 아치형으로 부드럽게
  - 블러셔: 광대뼈 바깥 부분부터 볼 중간 부위까지

(3) 긴형

얼굴이 긴 사람은 침착하고 성숙해 보이지만 나이가 들어 보이는 느낌을 줄 수 있다. 기본 베이스보다 한 단계 어두운 파운데이션을 이용하여 긴 이마와 턱 끝에 가로로 섀딩을 주고 양 볼에는 음영을 넣지 않도록 한다. 메이크업으로 얼굴을 넓어 보이게 하는 것이 포인트다. 눈썹은 기본선보다 중심 쪽으로 옮겨 그리거나 일자형의 정지선으로 그리면 얼굴이 짧아 보인다.

얼굴 위쪽과 턱밑으로 블러셔를 가로 방향으로 발라 준다. 눈 밑에도 둥글리듯 발라 주면 얼굴이 짧아 보여 귀여운 인상으로 변한다. 입술 윤곽은 옆으로 자연스럽게 늘려서 그리고 얼굴 라인을 둥글게 해 주도록 한다.

특징

- 얼굴 폭이 좁고 길이가 긴 얼굴형
- 성숙한 이미지
  - 섀딩: 헤어라인, 코끝, 턱 끝을 가로 방향으로
  - 하이라이트: 이마, 눈 밑 가로 방향으로
  - 아이브로우: 눈썹산이 완만한 직선형
  - 블러셔: 가로 방향으로 넓게

(4) 마름모형

얼굴에 살이 별로 없으며 광대뼈와 턱이 발달한 얼굴형으로 총명한 인상을 주기도 하지만 자칫 나이 들어 보이고 날카로워 보일 수 있는 얼굴이다.

광대뼈가 발달한 마름모꼴 얼굴은 뾰족한 광대뼈에 가로로 섀딩하고 이마 양쪽 끝과 뺨에는 하이라이트를 주어 전체적으로 둥글게 보일 수 있도록 해 준다. 반대로 뺨 외곽 쪽으로만 섀딩을 주어도 마름모꼴 얼굴이 샤프한 인상을 강조해 세련되게 표현할 수 있다. 인상이 차가워 보일 수 있으므로 메이크업은 따스한 포인트 컬러를 이용하여 차가운 인상을 커버해 준다.

광대뼈 주위에 블러셔를 둥글게 감싸듯 발라 준다. 입술 윤곽은 둥글게 그려 주어 부드러운 이미지를 주도록 한다.

특징

- 이마가 좁고 턱이 뾰족하며 광대뼈가 강조된 얼굴형으로 입체적이며 강한 인상
  - 섀딩: 양쪽 귀를 중심으로 광대뼈 부분, 턱 끝
  - 하이라이트: 이마, 콧등, 관자놀이 뺨 아래, 턱
  - 아이브로우: 부드러운 곡선형
  - 블러셔: 광대뼈 바깥 부분에서 볼 중간까지 자연스럽고 짧게

(5) 둥근형

나이에 비해 어려 보이는 편이나 뺨의 면적이 넓기 때문에 이목구비가 예뻐도 둔해 보일 수 있다. 얼굴을 좀 더 길어 보이게 연출하는 것이 포인트로 밝은 색 컨실러를 이용하여 T존 부위와 눈 밑에 하이라이트를 주면 콧날이 높게 보이면서 입체감이 생겨 볼이 수축되어 보인다. 우아한 아치형의 눈썹보다는 일자형이나 약간 상승형으로 그려 주고 아이섀도는 사선적인 느낌으로 색감을 주며 눈꼬리쪽으로 시선이 가도록 한다.

블러셔를 사선으로 발라 얼굴이 갸름해 보이도록 한다. 얼굴 외곽 쪽에 세로로 길게 섀딩을 주면 더욱 효과적이다. 윗입술은 가로로 넓게 그리지 말고 각지게 그려 오똑한 느낌을 강조해 주면 얼굴이 길어 보인다.

특징

- 전체의 길이가 짧고 헤어라인이 둥글며 코가 짧은 경우가 많음. 평면적 귀여운 이미지
  - 섀딩: 얼굴 외곽 , 양 볼 가장자리에서 턱선
  - 하이라이트: 이마, 콧등, 턱 끝, 눈 밑은 긴 삼각형
  - 아이브로우: 눈썹산은 약간 높게, 각진 형태 상승형
  - 블러셔: 사선형으로 입꼬리 쪽을 향하도록

(6) 사각형

얼굴 폭과 길이가 비슷하며 하관이 튀어나와 있어 생동감이 있고 강한 인상을 주지만 여자답고 부드러운 느낌이 다소 부족해 보인다. 전체적으로 부드럽게 보일 수 있도록 각을 없애는 것이 포인트이다.

튀어나온 양쪽 턱 부위와 이마 양 끝에 음영을 주어 전체적으로 부드러운 느낌을 더해 준다. 눈썹산은 바깥쪽을 기본 위치보다 약간 높게 그려 주고 전체 눈썹 길이는 길게 그린다. 아이섀도는 눈꼬리 쪽을 강조하지 말고 부드럽게 음영을 주면서 자연스럽게 그라데이션을 해 준다.

광대뼈에서 턱 끝을 향해 길게 블러셔를 그려 주면 턱이 둥글게 보인다. 입술은 넓은 턱선과 대비하여 각지게 그려 주고 아랫입술을 중앙이 도톰한 삼각형 형태로 만들어 그려 준다.

특징

- 턱이 각진 형으로 강한 인상, 가로 폭이 넓어 평면적임, 얼굴 전체 길이가 짧고 넓음
  → 부드러워 보이도록 연출
  - 섀딩: 이마와 턱의 각진 부분과 얼굴의 양쪽 측면
  - 하이라이트: 이마, 콧등, 턱 끝, 눈 밑은 긴 삼각형으로
  - 아이브로우: 약간 두꺼운 듯한 곡선형으로
  - 블러셔: 턱 끝을 향해 길게 둥근 느낌으로

6) 메이크업 상황별 대처법

(1) 아침에 화장이 받지 않을 때

① 원인

바쁜 아침 출근 시간에 피부가 건조하거나 각질이 일어나 화장이 잘 받지 않는 경우가 있다. 이런 현상은 각질층에 수분이 부족하여 피부가 건조하기 때문인데 각질이 일어나면 피부 표면이 고르지 못해 화장이 들뜨게 된다.

② 손질법

스킨을 화장 솜에 듬뿍 묻혀 발라 준 후 에센스를 각질이 심한 부위나 건조한 부위에 집중적으로 발라 준다. 메이크업 베이스나 파운데이션을 바를 때도 에센스를 1방울 정도 섞어 발라 주면 밀착력 있게 발라지고 피부도 매우 촉촉하며 화장이 오래 지속된다.

(2) 얼굴색이 칙칙하고 얼룩진 듯 그림자가 보일 때

① 원인

혈액순환이 원활하지 않으면 피부의 신진대사를 방해하므로 피부색이 맑고 투명해 보이지 않게 된다.

② 손질법

마사지를 통한 손동작으로 피부의 혈액순환과 신진대사를 촉진시킬 수 있다. 환절기에 피부가 건조할 때는 마사지 크림을 사용하는 것보다 나이트크림(영양크림)과 에센스를 충분히 섞어 얼굴 전체에 펴 바른 뒤에 랩을 덮어 15~20분가량 씌워 둔다. 화장 타월은 깨끗한 물로 헹구어 짠 후 전자레인지에 넣고 2~3분간 작동시켰다가 1~2분 정도 얼굴 위에 올려 준다. 그 뒤에 랩을 떼어 낸 후 피부를 가볍게 두드려 준다(온타월과 냉타월을 번갈아 사용하면 피부 탄력에 매우 효과적).

(3) 입술이 건조하고 각질이 생길 때

① 원인

입술은 피지선과 땀샘이 없기 때문에 피부 중에서 가장 잘 관리해야 할 부분이다. 즉, 천연 피지막이 없기 때문에 조금만 손질이 소홀해도 금방 건조해지고 각질이 생기게 된다.

② 손질법

입술에도 잊지 말고 로션이나 에센스를 발라 주어야 하며 1주일에 1~2회 정도는 영양크림이나 에센스를 듬뿍 바르고 랩을 붙여 두었다가 5~10분 정도 후에 떼어내 주면 입술이 매우 촉촉해진다. 또한 외출 시에는 반드시 립글로스나 립스틱을 발라 주어 외부로부터 입술을 보호하는 것이 좋다.

(4) 피부가 번들거릴 때

① 원인

피부 번들거림 현상은 피지 과다 분비와 호르몬 불균형의 결과이다. 이런 이유로 피부결의 거칠음, 모공 확장, 여드름, 염증 반응까지 나타난다. 피지 과다는 불균형한 식사, 흡연, 과로, 스트레스 등과 같은 내적 자극에 의해서도 점차적으로 증가한다.

② 손질법

인스턴트식품보다는 야채와 과일 등 자연식품을 섭취한다. 지나친 스트레스와 과로 또한 피지 분비에 이상을 일으키므로 충분한 스트레스 해소법과 휴식으로 심신의 피로를 푼다. 또한 녹차를 이용해서 피부를 가꿔 준다. 녹차에는 기름기를 분해하는 효소가 있고 수렴작용, 황산화작용, 염증제거작용이 뛰어나 녹차를 우려낸 물로 세안을 하거나 먹고 남은 녹차 티백을 냉장고에 넣어 두었다가 차가운 티백을 얼굴에 대고 15~20분 뒤 제거하면 좀 더 큰 효과를 볼 수 있다.

남성 메이크업

남성의 경우 깨끗하게 면도한 얼굴에 건강하고 깨끗한 피부가 가장 호감을 줄 수 있다. 남성의 피부는 피지 분비량이 많고, 수분 함량이 적으므로 충분한 수분의 공급과 피지 분비의 조절이 필요하며, 잦은 면도로 인한 자극에 주의해야 한다.

세안 후 피부 유형에 맞는 적절한 남성용 기초 화장품을 사용해 피부를 건강하게 관리해야 한다. 말을 많이 하는 교사의 경우 입술이 트면 깔끔하지 못한 인상을 줄 수 있으므로 입술이 갈라지거나 건조해지지 않도록 립밤을 바르는 것이 좋다. 최근에는 깔끔한 이미지를 주기 위해 눈썹을 정리하고 비비크림을 사용하는 남성들이 늘고 있는데, 메이크업을 한 티가 나지 않도록 자연스럽게 연출하는 것이 중요하다.

02 향수 이미지

향기는 그 사람의 분위기와 품격을 말해 준다.

이미지를 표현하는 방법에는 의상, 메이크업, 헤어스타일 등의 시각적 표현 방법과 향수처럼 후각적 표현 방법이 있는데, 현대 생활에서 향수의 역할은 사용자의 기분을 좋게 하고 주변 사람들에게도 즐거움을 줄 수 있는 것으로 패션 감각이 세련됨에 따라 제3의 효과를 발휘할 수 있다. 자신에게 어울리는 향을 찾아 자신만의 향을 갖는 것은 자신의 이미지를 표현하는 좋은 방법이다. 향수는 빛깔이나 형태가 없어 신비롭고 상대방에게 인상을 짙게 하는 호소력을 지니고 있어 최고의 액세서리라 할 수 있다.

1) 향수의 계열

흔히들 향수 얘기를 할 때 오리엔탈 계열, 시프레 계열 등을 말하곤 한다. 여기서 계열이란 바로 향수의 향기가 가진 특성을 말해 주는 것이다. 향수의 계열을 아는 것은 향수 선택에 있어 매우 중요한데, 왜냐하면 계열만 알아도 금세 그 향수가 어떤 향을 지녔는지, 어떤 이미지인지 알 수 있기 때문이다.

(1) 그린 계열

이름에서처럼 풀이 연상되는 향수, 시원하고 상쾌한 느낌을 주는 향으로 바이올렛 에센스나 피스타치오, 렌티스루스, 갈바늄 등이 포함된다. 오드 뚜알렛 종류의 가벼운 향을 즐기는 사람에게 어울린다.

(2) 플로럴 계열

모든 향수가 플로럴 계열 향수라고 말해도 과언이 아닐 만큼 향수의 원료 가운데는 꽃향이 주를 이룬다. 단 한 가지 꽃이 아니고 여러 종류의 꽃이 어우러져 만들어 내는 꽃향기를 의미한다. 장미나 재스민, 백합, 라일락, 히아신스 등 여러 가지가 사용된다. 향이 진하지 않고 거부감이 없으면서 달콤한 것이 특징이며 처음 사용하는 사람이 부담없이 사용할 수 있다.

(3) 시프레 계열

지중해의 사이프러스 섬에서 느낀 향의 이미지를 따라 이름 붙인 코티사의 '시프레' 향수에서 유래된 이름이다. 시프레란 젖은 듯하면서 그을린 나뭇잎의 이미지로 떡갈나무에서 서식하는 모크모스와 베르가못의 향이 사용되면 시프레 계열이라고 말할 수 있는데, 건강미 넘치고 개성적인 향이기 때문에 남성 향수나 여름용 여성 향수에 많이 사용된다.

(4) 오리엔탈 계열

식물의 수지와 동물성 향료를 주조로 만들어 무겁고 어두운 느낌을 주는 반면, 여성의 신비함과 우아함을 표현해 주는 향수로 알려져 있다. 짙은 향으로 밤에 잘 어울린다.

(5) 스파이스 계열

시나몬, 정향나무, 너트맥, 후추 등을 연상시키는 향수이며, 톡 쏘는 느낌이 강한데 플로럴이나 우디 계열의 향에 깊이를 더해 줄 때 주로 사용된다.

(6) 시트러스 계열

오렌지, 베르가못, 레몬, 자몽 등 감귤류의 향기로 상큼한 이미지를 준다. 가벼운 향이 특징이며 휘발성이 크다.

(7) 우디 계열

나무껍질, 향목 등 나무를 연상시키는 은은한 향이 특징이다. 오래 지속되는 성격으로 베이스 노트에 많이 사용된다. 백단향, 샌들우드, 파출리, 삼목, 목단 등을 원료로 한다.

2) 향수의 종류

향수의 종류는 향료의 농도, 알코올의 함유량, 향기의 지속 시간에 따라 나눈다.

(1) 퍼퓸

퍼퓸(perfume)은 알코올의 함유가 적고 원액이 15~20% 정도, 향수 중에 가장 진한 것으로 향의 지속 시간이 약 5~7시간이다. 손목이나 목 뒤 등 맥박이 뛰는 곳에 적당량을 뿌린다.

(2) 오드 퍼퓸

오드 퍼퓸(eau de perfume)은 원액이 10~15% 정도, 낮 시간에 사용하는 향수를 말하며 향의 지속 시간은 약 5시간 정도이다.

(3) 오드 뚜알렛

오드 뚜알렛(eau de toilette)은 원액이 5~10% 정도, 향의 지속 시간이 3~4시간으로 가벼운 향이다.

(4) 오드 코롱

오드 코롱(eau de cologne)은 원액이 5%로 가장 순한 종류의 향수로 향의 지속 시간이 1~2시간이다. 목욕 후나 운동 후에 기분 전환을 할 때 사용한다.

3) 향수의 사용법

- 향수는 계절, 장소, 기호에 따라서 선택한다.
- 많은 양을 사용하는 것보다 적은 양을 광범위하게 뿌리는 것이 효과적이다.

- 향수는 뿌렸을 때의 향기가 지속되지 않으므로 농도에 따른 변화를 알아 둘 필요가 있다.
- 하루에 향수를 바꾸어 뿌리고 싶을 때는 가벼운 향수에서 진한 향수로, 같은 향의 비누에서 향수로 바꾸어 뿌린다.

노트(Note)

하나의 향에 대한 후각적 인상(시간에 따라 달라지는 향)

- **탑 노트(처음 느낌)**
  - 뿌린 직후 10분 전후의 첫 향
  - 시트러스, 그린, 플로럴, 프루티 등 가볍고 휘발성 강한 계열
- **미들 노트(중간 느낌)**
  - 뿌린 후 30~60분 사이의 향
  - 알코올이 날아간 후 지속되는 안정적인 향으로 플로럴, 시프레, 스파이스, 오리엔탈 계열에 사용
- **베이스 노트(남는 느낌)**
  - 뿌린 후 2~3시간 후 마지막 향
  - 자기 몸에서 나는 체취와 어울려서 나는 따뜻한 향으로 바닐라, 머스크 등 부드러운 향조 사용

(1) 올바른 향수 사용법

① 한 가지 향수만 매일 사용하지 말 것

자신도 모르는 사이에 그 향에 익숙해져서 향수 사용량이 조절되지 않는다. 그렇게 되면 점점 많은 양을 사용하게 되고 그러다 보면 주위 사람들에게 위화감 내지는 불쾌감을 줄 수 있다. 따라서 일주일에 한두 번은 다른 향수를 사용해 냄새에 대한 감각을 잃지 않는 것이 좋다.

② 향수는 하반신에 뿌리는 것이 효과적

향은 아래에서 위로 발산되므로 하반신에 뿌리는 것이 효과적인 방법이나 만

약 상반신에 뿌리게 될 경우라도 맥박이 뛰는 곳이나 체온이 높은 곳에 뿌리는 것이 좋다.

③ 옷 위에 뿌릴 때 주의점

옷 위에 뿌릴 때는 얼룩이 질 수 있다. 특히 흰 옷이나 실크 옷은 옷 자체를 망가뜨릴 수도 있다. 그러므로 옷 위에 뿌릴 때에는 칼라, 옷단, 주머니 등의 안쪽에 뿌리는 것이 좋다.

④ 향수를 아까워하지 말 것

향수는 일단 개봉하고 나면 공기와 접촉해 산화작용이 발생하게 된다. 따라서 사용 중인 것은 가급적 1년 이내에 사용하는 것이 오히려 더 경제적이다.

⑤ 한 번에 두 가지 이상의 향수를 섞어 사용하지 말 것

향수는 한 제품을 구성하는 데 여러 가지 향기가 혼합된다. 여러 향이 적절한 조화를 이루어 만들어진 것이므로 두 가지 이상의 향수가 혼합된다면 조화를 넘어선 불쾌함이 느껴질 것이다. 따라서 두 가지 이상의 향수를 섞어 쓰는 것은 바람직하지 않다.

⑥ 상처 난 부위나 손상된 부위에는 직접 사용하지 않는다.

피부에 부작용이 생겨 그 부위가 더 악화될 수도 있으므로 상처 부위에 향수의 액이 닿지 않도록 주의한다.

⑦ 땀이 많이 나는 부분이나 겨드랑이에는 향수를 사용하지 않는다.

땀 냄새와 향수가 섞여서 고유의 향취는 물론이고 불쾌한 냄새를 유발하기 쉬우므로 유의한다.

⑧ 보석류는 향수와 닿을 경우, 광택을 잃거나 변색되기 쉬우므로 각별히 조심한다.

(2) 향수의 보관법

향수의 수명은 대개 3~5년 사이라고 말하곤 하지만 그 보존 상태에 따라 짧아질 수도 있고 길어질 수도 있다. 향수는 13~15℃ 정도에서 보관하는 것이 좋다. 온도가 너무 낮으면 원액이 결정이 되고, 높으면 향의 원액이 산화되거나 분해된다. 그러므로 햇볕이 드는 곳은 피하고 온도가 일정한 곳에서 보관하도록 한다.

03 헤어스타일(hair style) 이미지

헤어스타일의 이미지는 얼굴형과 분위기가 조화를 이루어야 한다. 그러기 위해서는 아름다운 부분을 강조하고 결점은 드러나지 않는 디자인을 선택해야 한다. 개인의 헤어스타일을 아름답게 디자인하기 위해서는 기본적으로 얼굴형, 얼굴 측면의 윤곽, 목의 형태, 신장, 두발의 질 등을 고려하여야 한다. 또한 모임에서는 의상, 메이크업에 맞는 헤어 연출로 모임의 분위기에 적절히 어울리는 이미지로의 연출도 필요하다.

1) 얼굴형에 따른 헤어스타일 - 여성

(1) 계란형

계란형은 가장 무난한 얼굴형으로 다양한 헤어스타일을 소화할 수 있다. 체형과 이미지에 어울리는 스타일을 우선으로 고려하여 얼굴의 윤곽을 살려 주는 디자인을 하면 효과적이다.

(2) 둥근형

둥근 얼굴이 다소 길어 보일 수 있게 하는 것이 중요하다. 둥근형은 옆머리는 부풀지 않도록 하고 정수리에 볼륨감을 주어 얼굴형이 갸름하게 보이는 디자인을 한다.

Good	Bad
• 이마를 드러낸 롱 헤어 • 세로선을 강조한 볼륨이 살짝 들어간 긴 웨이브 (턱선 아래부터 넣거나 끝부분에만 살짝 웨이브, 약간의 층을 준다.) • 옆 가르마의 끝부분에 살짝 웨이브를 준 단발 • 비대칭 보그 커트 • 보이시 커트	• 무거운 뱅 헤어 • 모발을 귀 뒤로 넘겨 얼굴형이 완전히 드러나는 스타일

(3) 긴형

긴형은 얼굴의 길이에 비해서 얼굴 폭이 좁다. 긴형의 헤어디자인은 가로의 라인을 강조하는 옆머리에 볼륨을 주는 스타일을 연출해 주어야 한다. 앞머리를 내려 주어 이마를 가리되 앞머리의 양이 너무 많으면 답답해 보이므로 적당히 내려 연출한다.

Good	Bad
• 머리 윗부분의 볼륨을 다운 • 볼 쪽에 웨이브를 준 단발 또는 미디엄 헤어 • 미디엄 길이의 볼륨매직	• 앞머리가 없는 긴 생머리 • 반듯한 앞가르마

(4) 사각형

사각형은 헤어라인의 일직선상으로 똑바르고 턱선이 각진 얼굴형이다. 사각형의 헤어디자인은 되도록 딱딱한 느낌을 피하고 곡선적인 느낌을 내는 동시에 옆폭이 좁아 보이는 디자인을 한다. 각진 얼굴형이 강조되지 않도록 굵은 웨이브로 부드러움을 주는 것이 좋다.

Good	Bad
• 여성스럽고 부드러운 느낌의 스타일 • 윗머리를 풍성하게 연출(옆머리는 귀 윗부분을 턱선보다 넓게 연출) • 굵은 컬의 긴 머리 • 앞머리와 옆머리에 웨이브를 준 레이어드 커트 • 안쪽 말음의 펌 • 광대뼈나 턱선 아래에서 시작하는 레이어드 커트 • 비대칭 스타일	• 턱선이 드러나는 일자 단발 • 앞가르마 • 사이드뱅의 일자형 앞머리 • 짧은 생머리 • 목덜미나 머리 전체에 볼륨이 있는 스타일

(5) 역삼각형

역삼각형은 양쪽 이마 폭이 넓고 양 턱선이 좁다. 역삼각형의 헤어디자인은 넓은 이마 양쪽을 가볍게 덮어 주어 이마가 좁아 보이는 디자인을 하는 동시에 턱선에 볼륨을 주어 턱의 뾰족함을 보완하는 디자인을 한다. 머리 위쪽에 볼륨이 있는 쇼트 커트 스타일은 얼굴을 커 보이게 하므로 피하는 것이 좋다. 턱선이 좁아지므로 단발머리의 밑 부분은 굵은 웨이브를 주는 것이 효과적이다.

Good	Bad
• 옆머리는 양 볼 윗부분에 가능한 한 붙이고 아랫부분에 볼륨감을 주어 좁은 턱선을 보완 • 이마를 덮는 앞머리 • 바깥말음 스타일 • 단발 볼륨매직 • 미디엄 길이의 굵은 웨이브 • 앞머리를 관자놀이로 연결되게 길게 커트	• 앞머리가 없는 긴 생머리 • 머리를 바짝 올려 묶은 스타일 • 이마가 넓어 보이는 올백 • 머리 윗부분을 부풀린 헤어스타일

(6) 마름모형

마름모형은 다이아몬드형으로 불리고(광대뼈 발달, 이마와 턱이 좁은 형) 양 볼의 뼈가 많이 튀어나오고 상하 폭이 좁다. 마름모형의 헤어 디자인은 좁은 아래턱과 이마 부분에 볼륨을 주는 것이 좋으며, 앞머리를 길게 늘어뜨려 양쪽 볼의 각을 가려 주는 스타일을 한다.

Good	Bad
• 볼륨 있는 단발 • 앞머리는 양옆으로 갈수록 길게 잘라서 관자놀이를 덮는 스타일 • 비대칭 가르마 • 레이어드 커트 • 턱 아랫부분에서 부드럽게 바깥말음	• 얼굴형이 완전히 드러나는 쇼트 커트 • 이마를 모두 덮는 스타일(일자 앞머리)

2) 얼굴형에 따른 헤어스타일 – 남성

남성의 헤어스타일은 여성과는 다르게 정장 차림과 캐주얼 차림이 크게 차이 나지 않아도 된다. 다만 정장 차림에는 가능한 한 심플하고 단정하게 해야 하므로 머리카락이 이마를 가리거나 부스스해 보이지 않도록 헤어스타일링 제품으로 깔끔하게 정리하는 것이 좋다.

- 얼굴이 둥근형은 앞머리 부분부터 정수리 부분까지 볼륨을 주고 옆머리는 헤어 제품을 사용하여 귀 뒤로 붙여 얼굴이 길어 보일 수 있도록 스타일링 하는 것이 좋다.
- 긴형은 머리 윗부분을 낮게 하고, 얼굴 길이가 길어 보이지 않도록 이마를 내려 자연스럽게 옆으로 빗어 주며 옆머리는 볼륨을 준다. 얼굴형을 보완해 줄 수 있도록 어느 정도의 길이는 유지하는 것이 좋다.
- 각진 형은 위쪽 옆머리에 살짝 볼륨을 주고, 턱에 시선이 가지 않도록 앞머리를 드러내어 시선을 위쪽으로 올려 줌으로써 부드러운 이미지가 될 수 있도록 하는 것이 좋다.
- 역삼각형은 이마를 살짝 가려 주어 턱선이 강조되지 않도록 한다. 이마를 드러내거나 윗머리를 풍성하게 하는 스타일은 머리가 강조되므로 피한다.

숱이 적고 모발에 힘이 없다면?

- 모발에 힘이 없고 가라앉는다면 볼륨파마 등으로 컬을 넣어서 모발에 힘을 준다.
- 드라이를 할 때 머리 숱이 적은 부분을 손으로 감싸듯이 잡아 주면서 말리면 볼륨이 살아난다.

옆머리가 뜬다면?

- 옆머리를 깔끔하게 정리하거나 다운파마로 눌러 주자.

> - **볼륨파마:** 힘이 없고 가라앉는 모발에 자연스러운 볼륨을 주는 파마
> - **다운파마:** 모류 교정 파마로 모발이 자연스럽게 가라앉고 손질이 용이해짐

3) 건강한 모발을 위한 관리법

건강한 모발 유지를 위해서는 올바른 머리 감는 방법을 알아야 하는데, 먼저 모발도 피부처럼 사람의 성질에 따라 다르다는 것을 이해하는 것이 중요하다. 따라서 자신의 머릿결에 따라 적절한 샴푸를 선택하야 한다. 상품 표기란에 보면 '지성 모발용', '건성 모발용', '손상 모발용' 등으로 머리카락의 성질에 따라 골라 쓸 수 있도록 표시가 되어 있으므로 잘 보고 구입하도록 한다.

어떤 경우든 머리를 감기 전에 1~2분 정도 충분히 빗질을 해 주면 비듬이나 두피의 먼지 등이 떨어져 나가고 혈액순환을 돕는다. 일반적으로 머리는 일주일에 3~4회 감는 것이 좋다고 알고 있지만 요즈음은 환경오염, 공해, 스타일링 제품의 잦은 사용 등으로 매일 저녁 감는 것이 좋다. 삼푸로 머리를 감은 후에는 린스를 사용하여 pH밸런스를 맞춰 주고 큐티클 층을 보호하도록 한다.

린스제를 사용할 때에는 두피에 닿지 않도록 모발의 끝부분부터 발라 올라가 충분히 헹궈 주며 일주일에 1~2회 정도 트리트먼트를 하며 손상된 모발에 영양

공급과 보호를 해 준다. 머리를 감은 후에는 100% 건조가 된 상태에서 잠자리를 들어야 세균의 번식을 막을 수 있다.

(1) 모발의 특성별 헤어 케어법

① 손상 모발의 경우

손상 모발의 원인은 여러 가지이지만 파마와 염색 등 화학적인 자극에 의해서도 손상되며 드라이의 열에 의해서도 모발 끝이 부스러지고 갈라진다.

● 손질 포인트

- 먼저 손상된 모발 끝을 가볍게 커트해 준다. 손상 모발의 경우 모발이 회복될 때까지 린스 대신 트리트먼트를 자주 해 주는 손질법이 필수라 할 수 있다(샴푸 3회에 1회).
- 드라이어 사용이나 파마, 염색은 삼가는 것이 좋으며, 모발을 말릴 때에도 자연건조시키는 것이 좋다.
- 헤어 에센스를 사용해 윤기 있는 머릿결을 유지하는 것도 좋은 손질법이다.

② 지성 모발의 경우

지성 모발은 두피가 기름져 있고 땀과 먼지 등으로 두발 전체가 더러워져 윤기와 광택을 잃게 되며 눅눅함을 느끼게 된다.

● 손질 포인트

- 청결 유지가 기본이다. 빗질로 모발을 정돈하고 산뜻한 사용감의 샴푸로 더러움을 제거한다.
- 지성 모발이므로 트리트먼트를 자주 해줄 필요가 없지만 일주일에 1회 정도 해 줌으로써 모발 끝의 손상을 막아 주도록 한다.
- 지성 모발의 경우 축 처지고 눅눅해지기 쉬우므로 무스, 스프레이 등의 정발 제품을 이용해 더욱 탄력 있는 스타일로 가꾸는 것도 좋은 손질법이다.

③ 건성 모발의 경우

정전기가 잘 일어나고 윤기가 없는 모발로 여름철에는 특히 강한 자외선에 의해 수분이 날아가 버리므로 모발이 더욱 건조하고 푸석한 느낌을 준다.

● 손질 포인트

- 헤어오일이나 헤어에센스를 이용한 트리트먼트가 적당하다.

④ 비듬이 있는 모발의 경우

비듬은 두피가 지나치게 건성이거나 지성인 경우에 생기기 쉽다. 스트레스나 피로 등도 두피의 세포 성장과 유분 생성을 촉진시켜 비듬이 생기게 한다.

● 손질 포인트

- 두피를 청결히 하기 위해 머리를 자주 감는다.
- 혈행을 좋게 하는 브러싱을 잊지 말아야 한다.
- 헤어 토닉으로 두피 마사지를 한다.
- 비듬이 있는 모발의 경우는 단정한 머리 손질이 필요하다.
- 긴 머리는 날리며 비듬이 눈에 쉽게 띄므로 간단하게 묶는 스타일로 단정하게 연출한다.

(2) 빗질

① 빗질의 역할

- 두피의 혈액순환을 촉진시켜 피지 분비를 원활하게 해 준다.
- 모발이 엉킨 것을 풀어 주어 샴푸 시 모발의 마찰에 의한 손상을 막아 준다.
- 두피의 먼지나 비듬을 털어 내며 노화된 머리카락을 제거한다.
- 모낭에 적절한 자극을 주어 분비된 피지를 모발 끝까지 골고루 가게 한다.

② 빗질 방법

- 모발 전체를 한 손으로 올려 잡고 목덜미 머리카락이 난 부분에서 모발을 조

금씩 내리면서 빗 솔이 두피에 닿게 하여 빗는다. 머릿결의 반대 방향으로도 한다.

- 젖은 모발을 빗질할 때는 빗살 간격이 넓은 빗을 사용하여 한 번에 조금씩 엉키지 않게 머리 끝에서부터 시작한다.
- 정전기 발생을 막기 위해 헤어로션이나 에센스를 바르고 하면 좋다.
- 빗질 횟수는 보통 아침, 저녁으로 50번씩 빗어 준다.

③ 주의할 점

머리카락이 젖어 있을 때는 빗질을 하지 않는 것이 좋다. 젖은 머리카락은 길이가 늘어지는 성질이 있으므로 빗질을 하면 머리카락이 절단되거나 엉키기 쉽기 때문이다.

(3) 두피 마사지

① 두피 마사지의 목적

두피에 산재해 있는 혈관은 산소를 운반하고 노폐물을 나르며 모근에 영양을 공급해 준다. 마사지는 두피의 혈액순환을 원활하게 하고 피지 분비를 정상화시켜 모발의 성장을 촉진시킨다.

② 두피 마사지 방법

- 엄지를 두정부에 가볍게 얹은 후 남은 네 손가락으로 조그만 원을 그리듯이 가볍게 손놀림을 해 두정부를 향해 미끄러지듯이 내린다.
- 양쪽 엄지도 목줄기에서 두정부까지 반원을 그린다.
- 양손가락 안쪽으로 작은 원을 그리듯이 눌러서 가볍게 집어 올린다.
- 한 손은 이마의 모발 언저리에, 다른 한 손은 목줄기에 얹어 가볍게 두들기면서 미끄러지듯이 내려간다.
- 한 손은 이마에 가볍게 얹어 두부를 안정시키고 다른 한 손의 엄지와 중지로 목줄기를 가볍게 비벼 올린 다음 가볍게 눌러 주고 손을 뗀다.

- 목줄기의 중심을 엄지손가락으로 눌러 주면서 다른 한 손은 이마에 얹고 머리를 가볍게 뒤로 젖힌다.

◆ 남성은 아래의 그루밍 체크리스트를 통해 자신의 모습에서 타인에게 불쾌감을 주는 요소가 없는지 확인해 보는 습관을 기르도록 하자.

그루밍 체크리스트
☐ 머리카락은 청결하고 스타일링은 잘 되었는가?
☐ 머리가 눌린 상태로 되어 있는 부분은 없는가?
☐ 비듬이나 머리카락이 떨어지지 않았는가?
☐ 머리에서 냄새가 나지 않는가?
☐ 세안 후 스킨, 로션 등 충분한 영양을 공급했는가?
☐ 얼굴에 피지가 흐르고 있지는 않은가?
☐ 눈곱이 끼어 있지 않은가?
☐ 눈썹은 깔끔하고 단정한 이미지를 주고 있는가?
☐ 안경 렌즈는 깨끗한가?
☐ 면도는 깔끔하게 되어 있는가?
☐ 코털이 삐져 나오지 않았는가?
☐ 입가와 턱 부분에 각질이 일어나지 않았는가?
☐ 입술이 트고 갈라져 있지 않은가?
☐ 치아에 이물질이 끼어 있지는 않은가?
☐ 치아가 변색되어 있지 않은가?
☐ 입 냄새는 나지 않는가?
☐ 손이 트고 거칠지 않는가?
☐ 손톱 끝에 때가 끼어 있지 않은가?
☐ 팔꿈치, 발뒤꿈치에 각질이 심하게 일어나지 않았는가?
☐ 땀 냄새와 발 냄새가 나지 않는가?
☐ 담배 냄새나 음식 냄새가 나지 않는가?
☐ 향수 냄새가 진하지 않은가?

제6장

퍼스널 이미지 메이킹 4
– 커뮤니케이션 이미지

따뜻하고 부드러운 목소리, 친근감이 묻어나는 말투는 학생들의 마음을 열 수 있다. 교사에게 있어 커뮤니케이션 능력은 매우 중요하다. 의사 전달이 원활하지 않으면 학생들의 학습 효과와 이해도는 떨어지게 마련이다.

미국 UCLA의 심리학과 교수인 앨버트 메라비언은 '언어나 비언어적인 요소들이 의사소통에 미치는 영향'이란 연구에서 의사소통에는 외모와 제스처는 55%, 목소리는 38%, 말의 내용은 단 7%의 영향을 미친다고 하였다. 이는 커뮤니케이션에 있어 비언어적 요소(표정, 제스처, 자세, 태도 등)인 시각적인 이미지가 언어적 요소(목소리, 언어)보다 의사 전달력이 더 높다는 것을 말해 준다. 그러므로 커뮤니케이션에서 교사는 비언어적 요소를 고려하여 자신의 의사 전달 능력을 체크하고 개선하려는 노력이 필요하다.

01 커뮤니케이션의 이해

1) 커뮤니케이션의 의미

커뮤니케이션(communication, 의사소통)이란 개인의 의견, 정보, 지식, 가치관, 기호, 감정 등이 음성, 문자, 몸짓 등의 다양한 방법으로 전달되고 교환하는 쌍방 교류가 일어나면서 송신자와 수신자 사이에 공감대를 형성하는 과정이다.

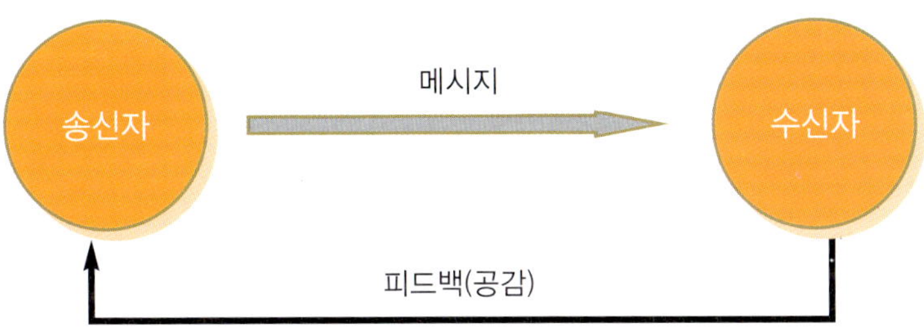

[그림 6-1] **커뮤니케이션 과정**

최근 상호 간의 의사소통이 가지는 의의는 더욱 증대되고 있다. 커뮤니케이션을 통한 정보의 제공과 교환은 상대에게 필요한 지시나 방침을 주지시켜 주므로 활동을 원활하게 할 수 있게 하고 의욕이나 사기를 높여 주는 것은 물론 성공적인 인간관계를 만드는 열쇠가 된다.

성공한 사람들은 자신에 대한 이해와 타인에 대한 관심 그리고 자신을 이해시키는 능력인 커뮤니케이션이 탁월한 사람들이었다. 개인이나 집단 내에서 인간관계의 제1차적이고 가장 기본적인 수단은 의사소통이기 때문에 인간관계 연구에서 의사소통에 관한 연구는 가장 중요한 위치를 차지하고 있다. 리더십, 횡적인 협조 관계, 학부모와의 만남, 개인적인 만남 등 모든 인간관계는 효과적인 의사소통에 의존하는 것이다.

- 우리는 커뮤니케이션을 하지 **않을 수** 없다.
- 메시지의 진의는 마음으로 전해지는 것이 아니라 **말에 의해서** 전해진다.
- 효과적인 커뮤니케이션은 말에 직면하는 것이 아니라 **상대의 생각과 감정에 직면**하는 것이다.
- 커뮤니케이션은 **기술인 동시에 태도이며 성격의 이해**이다.

2) 커뮤니케이션의 목적

커뮤니케이션의 목적은 크게 두 가지가 있다.

첫째는, 감정 표현이다. 지금 처해 있는 감정의 상태를 상대방에게 알리기 위한 수단인 것이다. 감정을 속이는 커뮤니케이션은 진정한 대화를 할 수가 없으며, 커뮤니케이션이 유지되기가 어렵다.

둘째는, 정보 교환이다. 상대방에게 내가 알고 있는 지식과 정보, 또한 알고 싶어 하는 지식과 정보를 교환하기 위함이다. 특히 교육을 담당해야 하는 교사는 학생들과 정확한 커뮤니케이션이 되도록 대화를 잘 이끌어 나가야 한다.

3) 커뮤니케이션의 중요성

누구나 자신을 이해시키고 주위의 이해를 얻는 일에 있어 난관에 부딪쳐 본 경험이 있을 것이다. 타인에게 늘 배려와 관심을 베풀어야 하지만 한편으로는 내가 하는 일, 능력, 인격, 가치를 알리는 일과 관심을 받아내는 일도 매우 중요하다. 바로 이 모든 활동이 커뮤니케이션으로 가능한 것이다.

즉, 어떤 방법과 수단을 통해서 어떤 기법으로 사람들에게 자신을 효과적으로 이해시키는가의 능력 여하에 따라 개인이나 조직 발전의 성패가 달려 있다 해도 과언이 아니다. 타인의 이해와 협조를 얻기 위해서는 송신자가 의도하는 내용에 대하여 수신자가 주목(attention)하게 하고 관심과 흥미(interest)를 갖게 해서, 그 내용대로 기억(memory)하여 행동(action)하게 하여야 하는 것이다(AIDMA의 법칙).

4) 커뮤니케이션의 유형

(1) 공식 커뮤니케이션

① 언어(mouth language)

언어(mouth language)란 '언어적 의사소통'이라 말하며 가장 중요시되고 많이 쓰이는 의사소통 수단이다. 서로 마주 보고 하는 대면적(face to face)인 대화, 통신을 이용한 비대면적인 대화, 토의를 통한 회의 등을 포함한다. 언어적인 것은 문서적인 것에 비해 쉽고 즉각적이어서 의사소통에 가장 많이 선호되고 있다.

또한 언어적인 것의 최대 장점은 사회작용, 즉 접촉에 대한 욕구를 만족시키는 상호 간의 쌍방적 의사소통(two-way communication)이다. 그러나 녹음되지 않는 이상 영구적인 보존이 불가능하며 문서로 의사소통할 때보다 어휘 선택이 신중하지 못하거나 사전 계획이 어려운 한계성이 있다.

말하는 기술, 즉 화술이란 단순히 말하기와 듣기만을 의미하지는 않는다. 화술은 일상생활에서 더욱 바람직한 인간관계를 유지하게 하는 역할도 함께 수행하는 것이다.

나는 말을 잘할까? 내가 한 말을 그런 뜻이 아닌데 상대가 오해하여 일을 그르친 적은 없는가? "인생의 가장 큰 즐거움 중의 하나는 대화"라는 말이 있다. 그러나 인간의 가장 큰 축복이자 보물인 말도 잘못 사용하였을 때는 인간관계를 파괴하는 암적인 존재가 된다. "세 치 혀가 사람을 죽인다"는 표현 역시 그런 의미이다.

누구나 살아가면서 대화 중 오해로 인해 어려움을 느낄 때가 있다. 이런 이유로 대화 자체를 꺼리거나 즐기지 않고 소극적이며 내성적인 성향을 지니게 되기도 한다. 그러나 서투른 대화로 대인 관계에서 어려움에 처했을 때는 자신감을 잃고 회피하기보다는 좀 더 적극적인 마음가짐으로 오해를 풀고 극복하려는 용기가 필요하다.

자신의 뜻이나 의사를 상대방에게 전달할 때 아무런 오해 없이 그대로 전달하고 받아들이게 함으로써 더욱 좋은 인간관계를 유지하는 것에 화술의 목적이 있다.

화술은 자기가 생각한 바를 상대방에게 알리고 그 말을 상대방이 이해하고 납득하여 자신이 원하는 바대로 움직이게 하는 기술이다.

② 문자, 문서(figure language)

인간 상호 간의 공식 커뮤니케이션으로서 언어 다음으로는 문자, 문서 등이 있으며 이는 상호작용의 기록을 유지하고자 하거나 언어적 수단으로 어려운 전문적·기술적 보고서 등에 활용된다. 이는 언어적인 의사소통의 한계를 극복하기 위하여 사용되기 때문에 정확성을 요하며 명확성을 보장한다는 점이 최대 장점이기는 하지만 일방적인 의사소통(one-way communication)이라는 결정적 단점을 갖고 있다.

무엇보다도 책임 소재를 분명히 해야 하는 경우, 복잡한 세부 항목의 나열이나 숫자를 수반하는 경우, 상사의 명령을 수행하는 경우에 사용된다. 조직체에서 하향식, 상향식, 횡적 정보 전달의 목적을 촉진시킬 수 있는 사내보 등도 많은 사람들에게 기사와 정보를 제공하는 공식 커뮤니케이션이라 할 수 있다.

(2) 비공식 커뮤니케이션

공식 커뮤니케이션의 수단인 언어와 문자, 문서만으로는 인간의 복잡하고 다양한 내면의 의도를 전달하기 어렵기 때문에 의사소통의 보조적인 수단으로 사용되는 신체언어, 접촉언어, 물리적·상징적 언어 등을 말한다. 이러한 비공식 커뮤니케이션은 때에 따라서 공식 커뮤니케이션인 언어, 문자, 문서보다 더 강력한 작용과 효과를 보여 줄 수도 있으므로 공식 커뮤니케이션의 보조적인 역할을 넘어 중요한 의사소통 수단으로 인식해야 할 것이다.

> **접촉언어(skin ship)**
> 사람들은 관심, 신뢰, 애정, 흥미, 호의 등의 감정을 접촉을 통해서 표현하기도 한다. 악수를 하거나 머리를 쓰다듬는 것 또는 가벼운 포옹 등은 모두 접촉언어에 해당된다. 접촉언어는 상대와 상황에 따라 수많은 말보다도 더 강력한 의사소통의 요소가 되기도 한다.

5) 좋은 대화를 위한 기본 습관

(1) 잘 듣는 습관

좋은 대화를 위한 기본은 말을 잘 듣는 습관이다. 즉, 좋은 대화를 이어 나가면서 그것이 좋은 인간관계로 발전하게 만들기 위해서는 열린 마음을 가지고 끈기 있게 다른 사람의 말에 귀 기울여 진지하게 들어 주는 것이다. 그리고 그들이 생각을 충분히 말할 수 있도록 격려도 해 주어야 한다. 즉, 좋은 대화를 위한 기본적인 습관의 하나는 적극적인 경청의 습관이라고 볼 수 있다.

(2) 상대방의 욕구에 공감하려는 습관

좋은 대화를 위한 기본 습관의 하나는 상대방의 욕구에 공감하려는 습관이다. 처음에는 쌀쌀맞게 대하던 사람도 공감대를 형성하면 놀랄 만큼 부드러워지고, 자연히 대화가 원활해지며 인간관계가 돈독해지면서 수업과 학교 생활의 업무와 관련해서도 큰 도움이 된다. 즉, 다른 사람과 친해지려고 할 때나 설득을 해야 할 특정한 목적이 있을 때조차 용건을 말하기 전에 사전에 공감대를 형성하고 편한 관계를 만들어야 한다.

(3) 말하기와 듣기

① 말하기

말할 때는 상대의 눈을 주시하면서 정확한 발음과 맑은 목소리, 적당한 소리로 한다. 또 바른 자세도 중요하다. 성의가 없고 비틀어진 자세는 상대에게 불쾌감을 주기 때문에 원만한 대화 진행에 지장을 초래한다.

우선 대화 상대가 알아듣기 쉽도록 말하는 것이 중요하며 같은 말이라도 고운 말을 쓰도록 한다. 또한 혼자 너무 아는 척하거나 지나치게 자신과 주변을 칭찬하는 것도 상대방에게 좋은 인상을 주기는 어렵다. 외래어나 전문용어의 사용을 피하는 것이 좋으며, 대화할 때 적당한 유머를 사용하는 것은 상대의 관심을 집중시킬 수 있는 방법으로 분위기를 부드럽게 해 준다.

목소리의 톤(tone)

목소리 톤	느낌	상황
도	• 차분하고 다정한 느낌(+) • 침체된 분위기(–)	동료 간의 대화나 사적인 전화 통화 시
미	• 자신감 있는 정중한 느낌(+) • 권위적이고 잘난 체하는 느낌(–)	Man to man 상담, 상사와 업무상 이야기를 할 때, 보고할 때
솔	• 밝고 명랑하며 자신감(+) • 흥분되고 상대를 압도하려는 느낌(–)	앞에서 분위기를 이끌 때

② 듣기

남의 말을 들을 때에는 상대방의 말을 우선 끝까지 경청하는 것이 중요하다. 말이 끝나기도 전에 화제를 바꾸거나 말을 가로채는 것은 좋지 않다. 상대의 말에 적당히 반응을 보임으로써 대화에 참여하고 있음을 느끼게 하는 것이 좋다. 자신의 말에만 심취하지 않고, 상대방으로 하여금 말을 하게 하고 자신은 잘 듣고 있다는 자세를 취함으로써 상대방이 자신을 더 많이 드러내게 한다. 이것은 상대방을 설득시키는 좋은 방법이 될 수 있다. 상대방이 말할 수 있도록 하기 위해서는 말을 듣는 기술을 익혀야 한다.

구분	느낌
눈	• 듣는 사람을 정면으로 보면서 말한다. • 상대의 눈을 부드럽게 주시하고 자주 마주친다.
몸	• 정면을 향해 조금 앞으로 내밀듯이 앉는다. • 표정: 밝게 눈과 표정으로 말한다. • 자세: 등을 펴고 똑바른 자세를 보이고, 손이나 다리를 꼬지 않는다. • 동작: 끄덕끄덕하거나 메모하는 적극적 경청 태도와 제스처를 사용한다.
입	• 맞장구를 친다. • 질문을 섞어 가면서 모르면 물어본다. • 어조: 입은 똑바로, 발음은 정확하게, 자연스럽게, 그리고 상냥하게 말한다. • 말씨: 알기 쉽게 친절한 말씨와 경어를 사용한다. • 목소리: 한 톤 올려서 적당한 속도, 맑은 목소리, 적당한 크기로 상대를 대한다.
마음	• 성의와 신뢰 및 흥미를 가진다. • 말하고자 하는 의도가 느껴질 때까지 집중한다.

경청 에피소드

어느 대학의 심리학 교수가 그 학교에서 재미없게 강의하기로 정평이 난 한 인류학 교수의 수업 시간을 대상으로 '적극적 듣기의 효과'에 관한 실험을 하기로 결심했다. 그 심리학 교수는 인류학 교수에게는 이 사실을 철저히 비밀로 하고, 그 강의를 수강하는 학생들에게만 사전에 다음과 같은 몇 가지 주의 사항을 전달했다. 첫째, 교수의 말 한마디 한마디에 주의를 집중하면서 열심히 들을 것. 둘째, 얼굴에 미소를 약간 띠면서 눈을 반짝이며 고개를 끄덕이기도 하고 간간이 질문도 하면서 매우 재미있다는 반응을 겉으로 드러나게 나타낼 것.

한 학기 동안 계속된 이 실험의 결과는 매우 흥미로운 것이었다. 우선 그 재미없던 인류학 교수는 줄줄 읽어 나가던 강의 노트에서 눈을 떼고 드디어 학생들과 시선을 맞추기 시작했고, 가끔씩은 한두 마디 유머 섞인 농담을 던지기도 하더니, 그 학기가 끝나갈 즈음엔 가장 열의 있게 강의하는 교수로 바뀌게 되었다. 더욱더 놀라운 것은 학생들의 변화였다. 처음에는 단순히 실험 차원에서 재미 삼아 강의를 열심히 듣는 척하던 학생들은 정말로 이 강의를 흥미롭게 듣게 되었고, 일부 학생은 아예 전공을 인류학으로 바꾸기로 결심하였다.

참고: 이창덕(2007). 삶과 화법.

(4) 호칭 예절

직장 및 사회생활에서의 호칭은 상급자의 경우, 직급이 같은 경우, 하급자의 경우 등 상대에 따라 적용되는 범주가 다르므로 특히 유의해야 한다.

언어예절 속에서의 호칭은 상대방과 상황에 따라 적절하게 사용하는 것이 가장 중요하다. 우리 사회에서는 호칭이 매우 복잡하고 다양하다. 호칭은 상대방을 직접 부르는 데 사용하는 명칭을 말한다. 따라서 상대방의 인격을 존중한다는 자세로 사용하는 것이 바람직하다.

6) 대화의 거리

사람들은 대부분의 경우 본능적으로 적당한 거리를 유지한다. 그럼에도 불구하고 의식적으로든 무의식적으로든 이런 거리가 파기되는 경향이 있다. 하지만 알맞은 거리를 유지하는 것도 예절의 한 부분임을 기억해야 한다.

미국의 문화 인류학자 에드워드 홀(Edward T. Hall)은 개인과 개인 사이의 공간 거리를 4가지로 분류하였다.

(1) 친밀한 거리: 0~50cm

상대방의 숨결이 느껴질 정도의 거리이다. 주로 연인이나 배우자나 가족 등 아주 가까운 사이로 제한된다. 이 거리는 자신의 소유물처럼 보호하는 가장 중요한 공간이므로, 오로지 정서적으로 가까운 사람만이 그 안으로 들어가는 것이 허락된다.

(2) 개인적 거리: 50~120cm

개인적 거리는 상대와 접촉할 수 있는 거리로서 어느 한쪽이 손을 뻗으면 닿는 거리에서부터 양쪽이 서로 손을 뻗으면 닿는 거리까지를 말한다. 친구 사이나 각종 사교 모임 혹은 직장에서 다른 사람과 떨어져 있는 거리이다. 다른 사람과 편안하게 이야기하고 접촉할 수 있는 거리이며, 대부분의 대화가 이 거리에서 이루어진다.

(3) 사회적 거리: 120cm~3.6m

사회적 거리는 보통 목소리로 말할 때 들을 수 있는 거리이다. 일반적인 사회적 교류로 주로 대인 업무를 수행할 때 이 거리를 유지한다. 낯선 사람이나 잘 모르는 사람들과 유지하는 거리이지만, 직업의 특성상 거리를 침범해야만 업무를 수행할 수 있는 경우도 있다.

(4) 공적인 거리: 3.6m 이상

공적인 거리는 3.6m 이상의 모든 거리를 포괄하는 거리로서 목소리를 높여서 이야기를 해야 하는 거리이다. 이 거리는 사람들 앞에서 연설이나 강의를 할 때 편안하게 느끼는 거리이다.

심리적 거리

심리적 거리는 공간적인 거리와 비례해서 나타나는 경우가 많다.
수업 시간에 어떤 학생은 항상 맨 앞자리에 앉는가 하면, 어떤 학생은 맨 뒷자리에 앉는다. 이러한 경향은 학생들이 선생님에 대해 느끼는 심리적 거리가 실제적 공간적 거리로 나타난 것이라고 볼 수 있다. 심리적 저항감과 실제적 거리는 상호 작용을 하므로 심리적 저항감이 멀리 떨어져 앉게 하는 원인이 됨과 동시에 멀리 떨어져 앉는 습관은 결과적으로 수업에 대한 적극성을 저해하고 선생님에 대한 감정적 거리감을 느끼게 하는 원인이 될 수 있다. 이와 반대로 의식적으로 가까운 곳에 앉는 것으로 적극적이고 의욕적인 태도로 변하여 그 과목을 좋아할 수도 있고 선생님에게 친밀한 감정을 느끼게 될 수 있다.

7) 신체언어(Body Language)의 이해

신체언어에서 자세와 동작은 말하고 있는 언어의 의미를 더해 주는 보조적인 역할을 한다. 대화의 내용에 따라 적절한 자세를 취하는 것은 상대에 대한 예의로 받아들여지기도 한다. 마주 앉은 상태에서 상체를 상대에게 기울인다면 조금 더 경청하는 느낌을 줄 수도 있으며 한 손을 뺨에 괸다면 지루하다는 표현이 될 수도 있다. 상체를 너무 뒤로 젖히는 것 역시 '당신의 말에 관심이 없다거나 부정적인 태도를 가지고 있다' 는 표현이 될 수 있다.

(1) 신체언어의 종류

① 얼굴(face)

얼굴은 그 사람을 대변하는 최고의 비공식 의사소통 수단으로 자신이 살아온 인생, 신념, 인격을 담고 있다. 물론 용모는 선천적으로 타고나지만, 타고난 용모가 좋지 않다고 비관할 일은 아니다. 용모는 인상이나 표정의 중요성으로 대체되기 때문이다.

인상은 대인적인 만남에서 매우 절대적인 효과를 갖는다. 특히 사람들은 첫인상으로 그 사람의 전부를 판단하는 경향이 있기 때문에 인상이 용모에 반영되기 위해서는 꾸준한 자기 계발과 자기 보완을 위한 노력이 필요하다.

개인이 용모나 신체적 특징, 사고방식과 태도 그리고 행동이 모두 다른 것처럼 표정 역시 개인마다 다르게 형성된다. 가장 아름다운 표정은 미소로서 반복적인 훈련에 의해 누구나 만들 수 있는 덕목이다. 개인 특유의 표정은 각기 성격적 바탕을 배경으로 대화나 행동 등에 나타날 수 있다.

② 목소리

목소리 또는 음성도 그 사람의 인격과 관련된 비공식적 커뮤니케이션 수단이다. 여기서는 말의 내용이 아니라 억양(intonation), 음조(tune), 음질(tone quality) 등으로 우리 귀에 들리는 소리감각을 말한다. 우리가 알지 못하는 상대로부터 전화를 받았을 때 목소리만으로도 그 사람의 많은 것을 짐작할 수 있는 것이다. 때론 목소리에 따라 선입견이 생겨 응대 화법이 달라지기도 한다. 목소리에는 감정이 담겨 있으며 이로 인해 또 다른 훌륭한 의사소통의 수단이 된다.

③ 체격(frame), 체형(form)

스트레스나 잘못된 습관 때문에 체격이나 체형이 변형된 현대인들을 많이 볼 수 있다. 무의식중의 동작이나 나쁜 습관으로 체형의 왜곡이 생기는 것이다. 어떤 일에 실망했을 때는 자기도 모르게 허리의 힘이 빠지고 등이 굽고 턱이 앞으로 나오게 된다. 반대로 의욕이 넘칠 때는 가슴이 펴지고 턱이 끌어당겨지며 허리에 힘이 들어가게 된다. 이와 같이 체형과 마음과는 깊은 관련이 있으며 축 처진 어깨는 상대가 나와의 관계에 의욕이 없다는 느낌을 주게 된다. 지나치게 마르거나 뚱뚱한 체형 또한 상대에게는 본래의 성격과는 다른 부정적인 선입견을 가지게 할 수 있으므로 항상 자신감을 가질 수 있는 바르고 적절한 체격(frame)과 체형(form)을 유지하도록 노력한다.

④ 태도(attitude), 자세(posture)

'태도'는 마음가짐에서 나오는 자세를 말하고, '자세'는 마음가짐에서 나오는 '몸가짐'을 말한다. 이런 태도와 자세를 모두 갖춘 얼굴 표정과 몸 전체에서 풍기는 개인의 고유한 스타일(style)이 외적으로 표현된다. 즉, 바른 마음과 몸가짐을 지닐 수 있도록 바른 태도와 올바른 자세를 갖추도록 노력해야 한다.

⑤ 제스처(gesture)

제스처는 언어의 보조, 보강의 수단으로서 눈짓(winking), 손짓, 발짓, 몸짓 등을 의미한다. 똑바로 서서 무표정하게 말하는 사람보다는 풍부한 감성을 제스처에 실어 말하는 사람이 더 많은 호응을 얻을 수 있다. 어떤 것을 강조하거나, 긍정·부정하는 제스처, 박수나 손가락으로 가리키는 제스처 등을 생각할 수 있다. 제스처(gesture) 또한 중요한 의사소통 수단의 하나가 될 수 있다.

⑥ 의상(clothing), 머리 모양(hair style), 화장(make-up)

조직 안에서나 일상생활에서 적절하지 않은 의상은 다른 사람과의 상호 작용에서 오해를 불러일으킬 수 있다. 머리 모양 역시 그 사람의 얼굴 생김새나 모양의 이미지를 확연히 해 줌으로써 그 사람의 특이성을 나타내 주는 요인이 될 수 있다. 화장은 많은 정성과 시간이 들어가는 일이지만 잘 보완된 화장은 그 사람이 부지런하며 자신을 가꿀 줄 아는 사람이라는 이미지를 갖게 한다. 또한 아름답고 깔끔하게 정리된 모습은 본인은 물론 함께 일하는 사람들의 마음까지 즐겁게 만들어 줄 수 있다.

(2) 신체언어의 적용

어떤 사람에 대해 '직관력이 뛰어나다', '눈치가 빠르다', '직감이 뛰어나다'라고 말하는 것은 그런 말을 하는 우리 자신은 의식하지 못하지만 사실은 그 사람이 타인의 보디랭귀지를 읽을 줄 알고 보디랭귀지와 언어 신호 사이의 차이를 구별해 내는 능력이 뛰어나다는 것을 뜻한다.

다시 말하자면 상대가 거짓말을 하는 '느낌'이 든다거나 '육감'이 든다고 말할 때 그것은 상대의 말과 보디랭귀지가 서로 조화를 이루지 못한다는 것을 의미한다.

신체언어는 절대 거짓말을 할 수 없다. 거짓말을 하면 제스처와 말 사이에 일치가 되지 않는다. 예를 들면, 손바닥을 열어 보이며 자신의 정직을 표현한다. 그런데 거짓말을 하면서 그것이 진실임을 밝히기 위해서 의도적으로 손을 열어 보이게 되면 또 다른 제스처가 그 사람의 생각을 드러낸다. 입가를 찡그리거나 시선을 한순간 피하거나 하여 말과는 어긋나는 제스처가 무의식중에 나타나게 되며, 그 결과 듣는 사람은 자신이 듣고 있는 바를 믿지 않게 된다.

거짓말을 하면 잠재의식은 말과 그 말의 의도와는 상관없이 의심스러움이 생기는 것을 상반되는 신호를 보내기 때문에 상대방이 진실을 말하고 있지 않은 것 같다는 인상을 받게 되는 것이다. 가짜 신체언어는 지속될 수 없다. 다른 사람과의 관계를 위해서 긍정적인 신호를 배우고 익히며 부정적 신호는 버릴 수 있어야 한다. 이는 사람과의 관계를 용이하게 하고 당신을 편안한 사람, 신뢰성 있는 사람으로 만들어 주며 좋은 이미지를 심어 줄 것이다.

호감을 주는 의사 표현법

- **자주 웃는다(Smile)**

  웃는 얼굴을 외면하긴 힘들다. 맘에 든 상대를 만났다면 그저 웃는 얼굴을 보이는 게 첫 단계이다. 좋아한다는, 관심 있다는 의사 표현은 말뿐 아니라 행동, 특히 방긋 웃는 모습이 효과적이다. 의도적인 방긋 웃음은 일단 상대방의 관심을 유도하게 된다.

- **개방적인 태도를 유지하라(Open gesture)**

  팔로 턱을 고인다거나 팔짱을 끼는 것, 말할 때 입을 가리는 등의 행동은 심리학에서는 방어적인 태도로 본다. 상대방을 경계한다는 표현이다.

- **관심을 기울여라(Forward lean: 상대방 쪽으로 몸을 약간 숙이기)**

  미팅에서 마주 앉아 뒤로 기대앉는 것은 '관심 없다', '지루하다'는 표현이다. 앞으로 몸을 조금 숙인 자세는 관심이 있음을 뜻하고 대화에 몰입할 수 있도록 해 준다.

- **눈빛을 맞춘다(Eye contact: 시선 마주치기)**

  흘깃흘깃 훔쳐보지 말고 정식으로 마주 보고 눈을 맞추는 게 좋다. 상대방과 마음이 통하면 그쪽에서도 시선을 피하지 않는다. 사람들은 상대의 눈을 바라봄으로써 자신이 관심의 대상이 되고 있음을 보다 쉽게 느끼게 된다.

- **동조해 준다(Nod: 고개 끄덕이기)**

  손뼉치며 호들갑 떠는 맞장구가 아니라도 그저 고개를 끄덕인다든가 입가에 미소만 지어도 된다. 고개를 끄덕임으로써 상대방의 말이 맞다는 긍정과 이해의 정도를 표시할 수 있다. '당신의 이야기에 귀를 기울인다'는 의미에서 '맞장구'는 아주 중요하다. 사람은 대화를 할 때 상대방이 자신에게 집중하고 있는 데에 안도하고 호감이 간다.

한 사람의 심리적인 상태가 상대방에게 전염되는 것을 '거울효과'라고 한다. 한 사람이 하품을 하면 곧 여러 사람이 하품을 하게 되는 것과 마찬가지이다. 관심을 끊임없이 표현하면 역으로 그의 반응이 곧 올 것이다.

02 스피치 이미지

말은 지위나 권력을 얻는 데만 필요한 것이 아니라 사교 생활이나 개인적, 사회적으로 많은 영향력을 끼친다. 따라서 마찰을 피하고 효과적인 커뮤니케이션을 하는 데 있어서 음성, 발음, 보디랭귀지, 말하는 스타일 등의 요소는 매우 중요하다. 물론, 경청하는 것도 매우 중요하다.

호감을 주는 매력 있는 목소리는 단지 꾸며서 나오는 것이 아니다. 깊고 풍부한 목소리가 나오도록 평소에 발음 연습과 복식호흡을 연습해야 한다.

스피치 이미지 지수 체크리스트

- ☐ 말이 밋밋하지 않고 리듬이 있는 편이다.
- ☐ 표준말을 사용한다.
- ☐ 다른 사람에게 말하는 것이 두렵지 않다.
- ☐ 다른 사람들로부터 목소리(음성)가 좋다는 말을 종종 듣는다.
- ☐ 정확한 발음으로 말소리를 낸다.
- ☐ 말의 속도가 너무 빠르지도 느리지도 않다.
- ☐ 목소리의 크기가 너무 크지도 작지도 않게 적당하다.
- ☐ 목소리의 높이가 너무 가라앉지도 높지도 않은 중저음이다.

1) 좋은 음성을 위한 스피치 훈련법

나이가 들어도 목소리는 40대까지는 꾸준히 노력하면 호감을 주는 목소리로 바꿀 수 있다고 한다. 자신의 음성이 호감을 주는 음성이 아니라 해도 연습을 통해 교정할 수 있다. 구강구조나 턱의 구조, 치아 구조로 인해 교정이 어려운 상황이면 전문가의 도움을 얻거나 의료적 치료를 받아야 하겠지만 그렇지 않은 경우 충분한 연습만으로도 매력적인 음성을 만들어 갈 수 있다. 호감을 주는 목소리를 만들기 위한 훈련 방법은 다음과 같다.

① 복식호흡하기

누운 자세에서 무릎을 세우고 가장 편한 자세를 취한다. 눈을 감고 마음을 비운 상태로 자연스럽게 호흡한다. 편한 마음자세를 가지는 것이 중요하며, 냄새를 맡을 때처럼 인위적으로 숨쉬지 않도록 한다.

② 자세를 바로 하라

바른 자세로 말한다. 바른 자세의 기본은 가슴을 올리고 배를 당기고 척추를 세워 서는 것이며, 서 있는 자세에서는 양쪽 다리에 체중을 균형 있게 배분하는 것이 중요하다.

③ 다양한 음성을 사용하라

말의 톤이나 고조 등을 다양하게 사용할 수 있도록 노력한다. 같은 말이라 해도 그 톤이나 높낮이에 따라 뜻이 천양지차로 달라질 수 있다. 내용과 상황에 따라 음성을 다양하게 사용할 수 있도록 평소에도 꾸준히 연습한다.

④ 생동감 있게 말하라

목소리가 생동감 있는 사람은 나이도 젊게 느껴질 뿐 아니라 피곤한 상태라 해도 항상 활력이 넘쳐 보인다. 피곤하고 지친 음성으로 말하면 나이 들어 보이거나 힘없이 들릴 수 있으니 가능한 한 활기 있고 생기 있게 말하는 습관을 들이도록 한다.

⑤ 음성을 낮춰라

상대에게 신뢰를 주려면 목소리를 약간 낮게 내는 것이 좋다. 특히 전화나 마이크를 사용하는 경우 낮은 목소리로 안정감과 신뢰감을 주도록 한다.

바람직한 음성의 특징	개선해야 할 음성의 특징
• 미소가 느껴지는 음성 • 친절이 느껴지는 음성 • 중음을 기저로 한 음성 • 정확한 발음 • 힘 있는 단전의 음성 • 부드러운 음성	• 콧소리의 울림이 있는 음성 • 쉰 음성 • 금속성의 날카로운 음성 • 무기력한 음성 • 울림이 큰 음성 • 입 안에서 웅얼거리는 음성 • 끝음이 올라가는 음성

2) 발음 교정을 위한 훈련

교사는 학생들과의 의사소통을 위해 정확한 발음으로 말을 하도록 노력해야 한다. 복식호흡을 하며 아래 표를 활용하여 또박또박한 발음을 낼 수 있도록 충분히 연습하는 것이 도움이 된다.

	ㅏ	ㅑ	ㅓ	ㅕ	ㅗ	ㅛ	ㅜ	ㅠ	ㅡ	ㅣ
ㄱ	가	갸	거	겨	고	교	구	규	그	기
ㄴ	나	냐	너	녀	노	뇨	누	뉴	느	니
ㄷ	다	댜	더	뎌	도	됴	두	듀	드	디
ㄹ	라	랴	러	려	로	료	루	류	르	리
ㅁ	마	먀	머	며	모	묘	무	뮤	므	미
ㅂ	바	뱌	버	벼	보	뵤	부	뷰	브	비
ㅅ	사	샤	서	셔	소	쇼	수	슈	스	시
ㅇ	아	야	어	여	오	요	우	유	으	이
ㅈ	자	쟈	저	져	조	죠	주	쥬	즈	지
ㅊ	차	챠	처	쳐	초	쵸	추	츄	츠	치
ㅋ	카	캬	커	켜	코	쿄	쿠	큐	크	키
ㅌ	타	탸	터	텨	토	툐	투	튜	트	티
ㅍ	파	퍄	퍼	펴	포	표	푸	퓨	프	피
ㅎ	하	햐	허	혀	호	효	후	휴	흐	히

발음 연습용 문장

천천히 따라 해 보기, 빠르게 따라 해 보기

- 가고 가고 기어 가고 걸어 가고 뛰어 가고 지고 가고 이고 가고 놓고 가고 들고 가고 쥐고 가고 잡고 가고 자꾸 가고
- 뻗은 가지 굽은 가지 구부러진 가지 가지가지의 가지 올라가지 늦가지 찐 가지 달린 가지 조롱조롱 맺힌 가지 열린 가지 달린 가지 도롱도롱 달린 가지 젊은 가지 늙은 가지 나물할 가지 냉국 탈 가지 가지각색 가려 놓아도 나 못 먹긴 마찬가지
- 작년에 온 솥장수는 새 솥장수이고, 금년에 온 솥장수는 헌 솥장수이다.
- 뜰에 콩깍지 깐 콩깍지인가, 안 깐 콩깍지인가?
- 신진 샹숑 가수의 신춘 샹숑쇼우
- 백양 양화점 옆에 백영 양화점, 백영 양화점 옆에 백양 양화점
- 옆집 팥죽은 붉은 풋 팥죽이고 앞집 팥죽은 파란 풋 팥죽이다.
- 저기 있는 저 분이 박 법학 박사이고 여기 있는 이 분이 백 법학 박사이다.
- 대한관광공사 곽진관 관광과장
- 조달청 청사 창살도 쇠창살, 항만청 청사 창살도 쇠창살
- 강창성 해운항만청장과 진봉준 강릉전매지청장
- 저 말 맨 말뚝 말 맬 만한 말뚝인가 말 못 맬 만한 말뚝인가?
- 안병휘 대통령과 특별보좌관
- 사다트 이집트 대통령과 아사드 시리아 대통령

→ 명확하게 발음할 수 있도록 몇 번이고 소리 내어 읽어 보자.

프로 교사의 효과적인 말하기

- 서두를 힘 있게 시작한다.
- 일화, 실례, 증거를 많이 사용한다.
- 시각적으로 묘사한다.
- 기쁘고 편안하게 말한다.
- 긍정적으로 얘기한다.
- 활기차게 말한다.
- 진지하고 자신 있게 말한다.
- 학생들에게 골고루 시선을 준다.
- 정확하게 발음한다.
- 적절하게 끊어 읽는다.
- 토씨가 아닌 단어를 강조한다.

03 신뢰를 향상시키는 대화 습관

1) 교사로서의 의사소통을 강화하는 방법

학생들에게 교사의 감정을 전달할 때, 커뮤니케이션에 장애가 되는 걸림돌에 대해 잘 파악해서 표현할 수 있도록 해야 한다. 교사로서 의사소통 능력을 강화할 수 있는 방법들에 대해 살펴보고자 한다.

(1) 효과적인 칭찬

칭찬은 긍정적으로 평가하는 행위이지만 평가란 긍정적이든 부정적이든 교사가 일정한 가치 기준을 두고 거기에 맞는지를 결정하는 것이다. 칭찬과 벌은 학생의 행동을 모두 외부에서 조정하려는 수단이며, 상벌은 아이의 성장을 촉진하기 위해 자주 사용되곤 한다. 이 점에 있어서 토마스 고든은 '칭찬' 의 폐해를 다음과 같이 역설하면서, 특히 칭찬의 폐해뿐만 아니라 상의 폐해 또한 크다고 말한다.

- 서로의 관계에 우열을 가리게 되어 판단하는 사람과 당하는 사람의 형태가 결정된다. 항상 불평등하고 불안정한 관계로서 이는 오래 지속되지 않는다.
- 조작하려는, 즉 통제하려는 의도가 담겨 있을 경우, 특히 그 의도가 상대방에게 간파될 경우 '조종하려고 한다' , '솔직하지 않다' 라고 받아들인다.
- 평가가 일치하지 않을 때 부모나 교사가 자신을 정말로 이해하지 못하고 있다고 느끼게 하여 그들을 믿을 수 없게 한다.
- 칭찬받지 못했거나 인정받지 못하면 거부당한 듯한 기분을 갖게 한다.
- 칭찬에 의존하게 되면 의사 결정하는 능력이 배양되지 않고 의욕을 상실할 수 있다.

토마스 고든이 말한 것처럼 교사로서 칭찬은 의사소통이나 표현 능력을 강화하는 하나의 방법으로 사용될 수 있으나, 효과적인 칭찬은 무조건적인 칭찬을 하는 것이 아니라 상황에 따라 적절하게 사용되어야 한다.

(2) 긍정적인 메시지를 전달

긍정적인 메시지를 전달하는 방법도 교사로서의 의사소통이나 표현 능력을 강화할 수 있는 하나의 방법이 될 수 있다.

교사는 학생의 성장을 돕고 스스로 가능성을 펼치기를 바라는 마음에 학생이 자신의 장점에 대해 인식하기를 원하지만 그로 인한 칭찬이 앞에서 본 것과 같은 폐해가 있다면 어떻게 하는 것이 좋을까? 이러한 폐해를 없애기 위해서는 학생의 말과 행동에 따라 교사의 감정, 즉 기쁨, 안도감, 감사, 놀라움, 즐거움, 애정 등을 정확하게 표현하는 분명한 메시지(긍정적 나-메시지)를 보내는 것이 적절하다. 긍정적 나-메시지는 학생을 평가하는 것이 아니라 "나는 기쁘다.", "이제 안심이다.", "고맙다."와 같은 표현을 써서 교사 자신의 감정을 전달하는 것이다.

사소한 일에 감사하고 기쁨을 전달하는 것만으로도 교사와 학생이 긴밀한 관계를 만들 수 있다. 교사의 긍정적 나-메시지는 학생으로 하여금 자신이 교사에게 소중한 존재로 받아들여지고 있다는 것을 느끼게 한다. 교사가 자신에 대해서 긍정적인 마음을 가지고 있다는 것을 알게 된 학생은 모든 일에 자신감과 열의를 갖게 되는 것은 물론 교사의 다른 이야기에도 귀를 기울여 협조하고 배려하려는 모습을 보이게 될 것이다.

(3) 안내자로서의 역할

교사는 학생에 대해 교사로서의 입장보다는 인생의 선배 혹은 동료의 입장에서서 대할 때 학생에게 많은 영향을 줄 수 있다. 또 힘으로 억누르는 것이 아니라, 교사에게 감화되어 학생 스스로 배우고 싶어 하는 마음을 갖도록 하는 그런 교사이어야 한다.

학생에게 나-메시지를 보내는 교사는 항상 자신을 뒤돌아보면서 성장하고 노력하는 교사이다. 교사의 역할은 학생을 배우게 하는 데 집중하게 하고, 스스로는 가르치는 일에 전념하는 것이다.

'너-메시지' 에 비해 '나-메시지' 가 학생에게 주는 긍정적인 영향

- **반발심을 불러일으키지 않게 한다.**
  '너-메시지' 는 학생이 비난받았다는 느낌을 갖게 하기 쉽다. '나-메시지' 는 교사 자신이 느끼고 있는 감정에 대한 언급이기 때문에 반발심을 유발하기 어렵게 만든다.
- **문제의 원인이 무엇인지를 알게 한다.**
  문제의 원인에 대한 이유를 설명한다.
- **협조적인 마음을 갖게 할 수 있다.**
  교사의 가치관을 이해할 수 있고, 교사로부터 어떤 특정한 행동을 요구받고 있는 것이 아니기 때문에 학생 스스로 교사에게 협조적인 행동을 하게 된다.

예 '너-메시지' : 너는 그렇게밖에 못하니? 그렇게 공부해서 어떻게 하겠니?
'나-메시지' : 선생님은 수업 시간에 집중하지 못하는 네가 많이 걱정되는구나. 집중할 수 있는 방법을 찾아보도록 하자. (감정 표현)

04 커뮤니케이션의 개선

1) 커뮤니케이션의 장애 요인

의사소통이 본래의 뜻대로 전달되지 못하게 하는 요인을 장애 요인(barrier)이라고 한다. 전달자(sender), 수신자(receiver), 전달매체(channel), 정보 그 자체에 문제가 있을 경우에 발생할 수 있으나 보다 중요한 장애 요인은 수신자의 커뮤니케이션 행동에 있는 경우가 많다.

(1) 지각상의 장애

실제 사물에 대한 관점(view)을 의미하는 지각작용은 개인에 따라 해석하는 내용이 다르기 때문에 있는 그대로를 보지 못하는 데서 문제가 발생한다. 같은 현상을 보고도 그 해석이 다른 것은 누구나 자신에게 유리한 방향으로 메시지를 선택하고 해석하려는 경향이 있기 때문이다. 따라서 전달자가 보내는 메시지의 의도와 수신자가 받아들이는 해석에는 차이가 발생할 수 있는데 이것이 바로 지각상의 장애가 된다.

또한 전달자에 대한 선입견은 수신자가 받아들이는 태도에 영향을 미친다. 예를 들어, 혈연과 지연관계 또는 명문대 출신이라는 선입견이나 고정관념으로 인해 지각 대상에 대한 어느 한 특성만을 중시하여 그 대상 전체를 일괄적으로 평가하는 현혹 효과(halo effect)도 지각장애가 된다. 예를 들어, 학생의 사는 지역 또는 부모님의 직업, 집안 배경만으로 이미 그 학생의 수준이나 성향을 섣불리 판단하여 학습 수준 등을 정해 버리고 스스로 판단하는 결과를 낳는 경우가 있다. 이와 같이 한 가지 특징만으로 그 외의 전체를 해석해 버리는 현혹 효과는 실제로 많이 일어나는 일이며 의사소통 장애의 주요 원인이 되므로 각별히 주의해야 한다.

(2) 어의(semantic)상의 장애

언어상 또는 어의상의 장애는 빈번하게 발생하는데, 개인에 따라 정확한 뜻이 모두 다를 수 있으므로 커뮤니케이션에 오해와 문제를 초래한다. 이는 사회, 문화, 가정적 환경의 차이에 따라 개인마다 어휘에 해석이 조금씩 다를 수 있기 때문이며, 각 학교에서도 그들만의 용어가 있어서 그 문화를 이해하지 못하면 의사소통의 오해가 발생되는 것이다.

준거의 틀

각기 다른 준거 체계를 가진 사람들은 같은 상황을 놓고도 저마다 다른 해석을 할 수 있다. 이는 사회적 지위, 신분, 직업 등에 의해 형성된 준거집단의 사람들은 서로 비슷하거나 동일하게 상호 이해를 할 가능성이 높다. 반대로 준거집단의 특성이 상이할수록 공감대가 형성되기 어려울 것이다. 어의상의 장애도 준거의 틀이 상이할 때 더욱 많이 발생하게 된다.

(3) 비공식 커뮤니케이션의 장애

현대사회에서 의사소통은 공식 커뮤니케이션과 비공식 커뮤니케이션을 모두 동원하여 단순히 말하는 그 자체보다는 그것을 어떻게 표현하는가가 중요한 요소가 되고 있다. 사과의 말을 전할 때 상대가 '미안하다'는 말의 내용과 전혀 다른 표정을 짓는다면 우리는 그 말을 사과의 의미로 해석하지 않을 것이다. 말에는 그 내용에 어울리는 표정과 음성, 자세 등이 함께 해야만 하는 것이다.

(4) 보호적 여과작용

한 조직 내에서 의견이나 불만 사항이 위로 전달되기까지는 여러 단계를 거치는 경우가 대부분이다. 불만 사항이 전달되는 과정에서 윗사람의 감정을 해칠 우려가 있거나 자신에게 불리한 의견은 여과되는 경우가 있는데, 결과적으로 의사의 극소수 부분만 전달되므로 이런 보호적 여과작용으로 인해 의사소통 경로는 그 기능을 다하지 못하게 된다.

(5) 신뢰성의 부족

전달자가 지닌 행동적 특성, 성격, 신용, 전문지식 등은 전달자의 신뢰성에 영향을 미친다. 동화 '양치기 소년과 늑대'는 바로 신뢰 부족에 의한 의사소통의 장애를 보여 주고 있다.

학생에 대한 학적부의 기록이나 과거 경험에 의해 형성된 선입관(신뢰성 부족)으로 현재의 내용에 대한 평가를 내리게 되는 경우가 많다. 그런 상황에서 전달자의 메시지는 수신자의 내용에 앞서 성급한 판단을 내릴 수 있다.

상대의 마음을 닫게 하는 대화 비결 10계명

1. 처음부터 끝까지 내 이야기만 늘어놓는다.
2. 상대방이 말을 끝내기 전에 도중에 끼어든다.
3. 상대가 거부감을 느끼는 주제를 찾아 화제로 삼는다.

4. 맞장구 대신 엇장구를 쳐서 대화에 김을 뺀다.
5. 딴 생각을 하고 있다가 이미 했던 얘기를 되묻는다.
6. 무슨 말이든 무관심하고 시큰둥한 태도를 보인다.
7. 쳐다보거나 고개를 끄덕이지 않고 웃지도 않는다.
8. 딴전을 피우고 다리를 떨거나 하품을 한다.
9. 말하는 사람 대신 다른 사람에게 관심을 보인다.
10. 내 말은 옳고 상대가 틀렸음을 기를 쓰고 증명한다.

2) 커뮤니케이션 개선 방법

(1) 역지사지(易地思之)하는 태도

커뮤니케이션의 발신자와 수신자가 자신을 서로 상대방의 태도, 신념, 성격 등에 위치시키는 노력을 해야 한다. 예를 들어, 선생님의 입장에서 공부를 잘하지 못하는 학생들의 심적 부담감이나 열등감을 이해하지 못한 채 쉽게 얘기하는 경우가 많다. 날이 갈수록 증가하는 부모의 이혼이나 경제적 어려움 등의 가정 문제로 학생들은 작은 일에도 상처를 받게 된다. 이러한 학생들의 마음을 이해하려 애쓰고 학생의 입장에서 신중하게 단어를 선택하고 대화를 꾀하려는 노력이 필요하다.

(2) 경청하는 태도

수신자는 때로 자신도 모르는 사이에 경청에 장애를 초래하는 경우가 많다. 경청은 지각상의 오류와 정보의 왜곡을 줄이는 중요한 수단이므로 수신자는 자신의 커뮤니케이션 행동에서 경청의 태도를 기르도록 각별한 노력을 기울여야 한다. 잘못된 점의 시정 등을 요구하는 상대가 학부모일 경우 변명에 급급하여 학부모의 말을 끊기보다는 상대 학부모의 의사를 충분히 경청한 후 정중한 태도로 다음 조치를 취해야 할 것이다.

(3) 상황에 맞는 커뮤니케이션 매체의 선정

학교 내에서 커뮤니케이션 매체를 선정할 때 크게 언어적 매체와 문서적 매체로 나눌 수 있다. 학교 조직의 공지 사항이나 정책에 관련된 것을 전달할 때는 서면을 통한 문서적인 매체를 사용하는 것이 좋지만, 그 외에 즉각적인 행동을 요하는 일이나 대인 관계의 해결, 즉 학교에서 업무의 불충분, 구성원들 간의 갈등 조율 등에 대한 문제들은 언어적인 매체를 통해 처리하는 것이 바람직하다.

(4) 바른 대화법

① 경청하기

- 끝까지 경청한다.
- 적극적인 응대어를 구사한다.
- 재진술한다.

경청의 7가지 방법

1. 화자의 얼굴을 바라본다.
   - 하는 말에 집중
2. 하는 말에 깊은 관심을 보인다.
   - 고개를 끄덕이거나 웃는 등 적절한 반응을 한다.
3. 화자에게 약간 몸을 기울인다.
4. 질문을 한다.
   - 계속 잘 듣고 있다는 것을 알리는 것
5. 말을 완전히 마칠 때까지 끼어들지 않는다. 더 이야기해 달라고 말한다.
   - 예 그 문제에 대한 이야기를 조금 더 들어 보고 싶네요.
6. 상대방이 말하는 주제에 고정하라.
   - 이야기를 끝마칠 때까지 주제를 바꾸지 말라.
7. 말하는 사람이 즐겨 사용하는 단어를 사용해라.
   - 예 당신이 지적했듯이, 말씀하신 것처럼

② 말하기

- 말하기 전에 내용을 미리 마음속으로 정리한다.
- 정확한 발음, 맑은 목소리, 적당한 속도로 조리 있게 말한다.
- 내용의 요점을 강조하여 반복한다.
- 밝은 표정으로 상대방을 보면서 말한다.
- 상황에 맞는 올바른 호칭과 경어를 사용한다.
- 상대방의 입장을 고려한다.

③ 효율적인 대화의 기술

- 존대어와 겸양어를 상황에 맞춰서 바르게 사용한다.
- 정중함을 표현하기 위해서는 완전한 문장으로 말한다.
- 존중의 표현을 한다.
- 대화 주제에 대하여 정확한 정보, 지식을 제공해야 한다.
- 상대방의 마음을 헤아려 주고 배려하는 표현이 있어야 한다.
- 긍정문으로 표현한다.
- 의뢰형, 권유형으로 표현한다.
- 적절한 제스처를 사용한다.
- 육하원칙을 염두에 두고 대화한다.
- '사실' 과 '의견' 을 구별한다.
- 상대방의 이야기를 잘 이해했는지 확인한다.

올바른 대화를 위한 온라인 네티켓

- 마주 보고 이야기하는 마음가짐으로 임한다.
- 시작하고 헤어질 때에는 서로 인사를 한다.
- 대화 중간에 들어갈 때는 그동안 진행된 내용과 분위기를 파악한 후에 들어가도록 한다.
- 동시에 몇 사람과 이야기할 때에는 상대방을 혼동하지 않도록 조심한다.
- 지극히 개인적인 논조와 바르지 않은 한글 표현, 비속어 등은 피한다.
- 상호 비방의 내용이나 타인의 명예를 훼손시킬 우려가 있는 내용은 피한다.

성공적인 화술을 위한 조건

① '나는 할 수 있다'는 적극적인 마음

불안해 견딜 수 없는 상황에서도 두려움을 내색하지 않고 스스로 두렵지 않다고 되뇌이면 실제로 두려움이 감소된다는 원리가 있다. 자신감의 상실이야말로 스피치는 물론 화술의 가치나 위력을 발휘하지 못하게 한다. 내가 자신 없게 내뱉은 말에 타인이 동감하기란 힘들기 때문이다.

② 진실한 마음

진심 어린 마음이 담겨 있지 않은 말은 생명력이 없으며 상대방을 움직이지 못한다. 자기를 필요 이상으로 잘 보이려는 태도 역시 금물이며 있는 그대로를 솔직하게 인정하는 것이 올바른 화술이라 할 수 있다.

③ 노력

말하기에 두려움이 있다면 반복적인 연습을 통해 두려움을 극복하라. 말재주는 사람의 성향이나 환경적 배경에 따라 차이가 있다. 그러나 어느 정도는 노력에 의해 변화될 수 있으며 가장 좋은 노력은 반복에 의한 훈련이다.

세련된 화술은 의사 표현력과 사고력을 증진시킨다. 또한 집단 활동에 도움이 되며 타인에 대한 영향력을 증대시킨다. 이는 인간관계와 사회생활을 성공적으로 이끄는 중요한 열쇠가 되는 것이다.

| 커뮤니케이션 개선을 위한 Action |

◆ 커뮤니케이션에 개선이 필요한 나의 모습들에 대해서 써 보자.

◆ 개선을 위해 지금 당장 실행에 옮길 수 있는 방법 다섯 가지를 적어 보자.

→ 일주일 후에 확인한다.

1.

2.

3.

4.

5.

제7장

교사를 위한 인성 이미지 메이킹

사람은 자신이 갖춘 외적인 능력을 통해 존경을 받으며, 내적인 성품을 통해 신뢰를 얻는다. 그러므로 우리는 자신의 분야에서 최신의 지식과 함께 자신에 대한 좋은 평판을 쌓아야 한다. 특히 사람을 다루는 능력인 사회성은 그중에서도 가장 중요한 역량일 것이다.

인간관계는 살아가는 데 가장 중요한 것 중 하나이며, 한 사람의 이미지를 바꾸고 인생을 바꾸는 것은 '성품'이다. 그러한 성품을 가르쳐야 하는 교사가 갖추어야 할 필수적인 덕목이 바로 좋은 인성이다.

01 교사를 위한 인성

준비된 교사는 늘 자신의 인성을 바르게 하고 학생들에게나 사회적으로나 모범적인 모습을 보일 수 있도록 노력해야 한다.

교사는 인성을 쌓기 위해서 긍정적인 마음가짐을 가지도록 하고, 자기발전을 위해 노력하는 모습을 보이며, 인생의 뚜렷한 목표를 가지고 살아가야 할 것이다. 아래 내용들과 같이 자신의 삶에 대해서 다시 한 번 생각해 보고, 다짐해 보면서 교사로서의 바른 인성을 가질 수 있도록 하자.

인생 공식 5단계

첫째, 생각을 조심하라. 그것이 너의 말이 된다.

둘째, 말을 조심하라. 그것이 너의 행동이 된다.

셋째, 행동을 조심하라. 그것이 너의 습관이 된다.

넷째, 습관을 조심하라. 그것이 너의 인격이 된다.

다섯째, 인격을 조심하라. 그것이 너의 운명이 된다.

유쾌한 기분을 불러오는 방법

■ 비교하지 말라.

내 차, 내 집, 내 외모, 내 연봉… 비교하다 보면 끝이 없다. 욕심은 적당한 선에서 조절할 수 있어야 한다. 먼저 당신이 가진 것과 스스로 달성한 것에 감사하라.

■ 몸을 움직여라.

몸이 바쁘면 머릿속으로 딴 생각을 할 틈이 없다. 가령, 엘리베이터보다는 계단을 오르내리면서 자신의 육체를 느껴 보라. 자신의 육체를 위해 노력하는 사람에게는 기분을 좋게 하는 엔도르핀이 나온다.

■ 아름다운 시간을 기억하라.

사람들은 부정적이고 고통스러운 순간을 더 잘 기억하고, 아름다운 시간은 기억에서 빨리 몰아낸다. 그래서 아주 사소한 실수 하나만으로 하루 전체를 망가뜨린다. 반대로 행동하라. 지금 이 순간을 만끽하라. 과거는 더 이상 바꿀 수 없다.

■ 친구를 찾아라.

긍정적인 시각을 가지고 있고, 자신의 일에 열광하는 이들과 함께라면 당연히 일할 맛이 난다. 반대로 비관주의자나 염세주의자들과 함께하면 듣는 이들도 그들과 똑같이 된다. 또, 다른 사람들과 즐겁게 이야기를 나누는 것, 나를 이해해 주는 친구와 이야기하는 것 자체가 영혼을 가볍게 해 주고, 기분도 지속적으로 호전시켜 준다.

■ 햇볕을 쬐라.

일조량이 적은 계절에는 기분이 가라앉기 쉽다. 바로 비타민 D의 부족 때문이다. 인간의 육체는 이 프로비타민을 스스로 생성할 수 있으나 이를 위해서는 먼저 피부에 UV 광선을 충분히 쐬어 주어야 한다. 따라서 점심식사 뒤에는 산책을 나가고, 사무실에 햇볕과 유사한 램프를 켜 주는 것이 좋다. 참고로 햇볕을 충분히 쬐면 단것을 먹고 싶은 욕구도 줄어든다.

■ 좋은 글을 읽어라.

당신의 하루는 어떻게 시작되는가? 화가 나고 우울한 뉴스로 하루를 시작하는 것은 아닌가? 그보다는 긍정적으로 용기를 북돋우는 글귀를 읽는 편이 낫다.

■ 더 잘 먹어라.

일주일간 감자튀김과 피자, 햄버거, 탄산음료, 초콜릿만 먹고 지낸다고 상상해 보자. 영양학 연구에 따르면 좋은 음식을 먹어야 기분도 좋아진다. 좋은 음식은 스트레스를 풀어 주고, 순환계에 부담을 덜어 주며, 몸 안의 독성을 중화시켜 준다.

자기 발전을 위한 10가지 충고

1. 목표를 이루려는 욕망을 가져라.
2. 오늘의 자신에 만족하지 말라.
3. 자신이 원하는 일을 확실하게 알라.
4. 그 일을 위한 계획을 구체적으로 세우라.
5. 일을 못하는 핑계나 변명을 늘어놓지 말라.
6. 게으른 자신과 타협하지 말라.
7. 한두 번의 실패로 포기하지 말라.
8. 그 일의 전문 지식을 습득하라.
9. 자신의 실수나 잘못을 남에게 돌리지 말라.
10. 노력 없이 지름길을 찾지 말라.

◇ 지금까지 내가 이루어 놓은 것은 무엇인가?

◇ 앞으로 내가 이루고 준비해야 할 것은 무엇인가?

자기 계발의 중요성

두 사람의 나무꾼이 장작 패는 일을 하루 종일 하고 있었다. A라는 사람은 하루 종일 도끼질을 하며 조금도 쉬지 않고 열심히 일을 했다. 저녁때가 되었을 때 그가 해낸 장작더미는 수북이 쌓여 있었다. 반면에 B는 일하는 도중에 가끔씩 쉬면서 무언가 다른 일을 했다. 날이 저물어 갈 무렵 그는 A보다 훨씬 많은 장작더미 쌓았다.

"아니 이게 어떻게 된 일인가? 나는 쉬지도 않고 일했는데…."

A는 놀라며 B에게 물었다. 그때 B는 이렇게 대답했다.

"그건 그럴 수밖에…. 나는 쉬고 있을 때 도끼날을 갈았다네!"

누구에게나 시간은 똑같이 24시간이다. 이 시간을 어떻게 사용하느냐에 따라서 그 결과는 엄청난 차이를 가져다 준다.

성공하고 싶다면 이런 핑계는 하지 마라

이래서 저래서 안 된다는 네거티브 스토리와 내 인생의 발목을 잡는 핑계 습관을 버려야 한다. 이런 핑계를 대지 않으면 당신은 성공의 지름길로 갈 수 있다.

■ 핑계 1: 일이 적성에 안 맞아서

한 경영학 교수의 연구에 따르면 미국 우량기업 CEO의 단 30%만이 자신의 적성에 맞추어 직업을 택했다고 한다. 나머지 70%는 적성에 맞춰 직업을 택한 것이 아니라 선택한 직업에 자신의 태도와 자세를 맞춰 나간 것이다. 자신에게 주어진 일에 맞는 자세와 태도를 취해 자신의 가치를 높이는 인생이 성공을 위해 실현 가능성이 높은 삶일 것이다. 깊이 있게 생각해 보고, 일이 적성에 안 맞아서라는 핑계를 대지 않도록 하자.

■ 핑계 2: 나는 운이 없어서

전 가난한 집에서 태어나 정상적인 학교 교육을 받지 못했습니다. 사업을 하다 2번 망했고, 선거에서는 8번 낙선했습니다. 사랑하는 여인을 잃고 정신병원 신세를 지기도 했으며, 결혼을 해서 낳은 4명의 자식 중 셋은 어려서 세상을 떠났습니다. 제가 운 나쁜 인간이라고요? 글쎄요. 저는 제 인생이 썩 운 좋은 것은 아니지만 참 가치 있는 것이었다고 생각합니다. 인생의 막바지에 대통령이 된 제 이름은 아브라함 링컨입니다.

■ 핑계 3: 부모를 잘못 만나서

새미 소사는 나이 일곱에 아버지를 잃었다. 그에게 남겨진 것은 지독한 가난과 7남매의 가장이라는 책임뿐이었지만, 각고의 노력 끝에 통산 588개의 홈런을 때린 야구 영웅이 되었다. 당신이 살아서 숨쉬고 있다면 당신은 이미 부모로부터 너무나 엄청난 것들을 물려받은 것이다. 당신의 부모가 훌륭하지 못했다는 것, 당신의 부모가 아무것도 남겨 주지 못했다는 것, 그것은 써 먹기에는 달콤하지만 비겁한 핑계일 뿐이다.

■ 핑계 4: 도움을 주는 사람이 없어서

'도움'은 버릇이다. 도움을 주는 것도 버릇이고 도움을 받는 것도 버릇이다. 매번 도움을 받으며 더 큰 도움을 바라고 불평불만만 하는 그런 버릇을 들이겠는가? 아니면, 다른 사람에게 도움을 주고 나와 도움을 받는 사람 모두가 놀라운 긍정적 에너지를 만들어 내는 버릇을 들이겠는가?

도와주는 이가 없다는 핑계는 더 이상 대지 말자. 당신이 세상에 태어난 것 자체가 이미 수많은 사람들의 도움 덕분이었다. 당신의 존재는 도움의 증거이다.

■ 핑계 5: 좋은 기회가 오지 않아서

포커 패에서 최상의 조합, 최고의 패가 나올 확률은 260만분의 1이라고 한다. 그러나 우리가 포커를 할 때 승리를 하고 돈을 따가는 패는 260만분의 1 확률로 나오는 최상의 패가 아니라, 함께 게임을 하는 경쟁자보다 단 한 단계라도 더 높은 패이다. 혹시 260만분의 1 확률로 나오는 행운만을 바라보다가 차근차근 삶에서 승리할 기회를 가져다주는 작은 행운들은 떠나보내고 있지는 않은가? 다시 한 번 생각해 보자.

■ 핑계 6: 마음을 기댈 곳이 없어서

너무 심한 중압감과 책임감에 힘겨울 때 제일 먼저 생각나는 사람에게 달려가 "나 참 힘들다"고 진심으로 말해 보아라. 어쩌면 이제껏 당신을 짓누른 것은 다른 사람이 아니라 '혼자 이겨내겠다' 고 버텨 온 바로 당신 자신이었다는 것을 알게 될 것이다.

■ 핑계 7: 아무도 나를 알아주지 않아서

남들이 알아주는 성공의 순간은 매우 짧다. 남들이 몰라주는 성공의 준비 기간은 길고 희미해서 잘 보이지 않고, 성공의 순간은 짧지만 강렬해서 눈에 쉽게 띈다. 한번 생각해 보자. 그 짧은 순간을 위해 그가 얼마나 오랫동안 남들이 알아주지 않는 준비를 했을지를. 지금 당신도 성공의 강렬한 순간만을 보려 하는 것은 아닌가? 핑계를 갖다 붙일수록 성공과는 멀어진다. 지금부터라도 성공의 순간을 위해 차근차근 준비해야 한다.

02 바람직한 인간관계

인간은 사회적 동물이다. 그래서 항상 다른 사람들과 관계를 맺고 살아간다. 인간은 태어나면서부터 여러 공동체에 소속되고 그 공동체의 양육 방식과 교육 체계를 통해 타인과의 상호 의존적 관계를 중요한 가치관으로 습득한다. 인간이 사회적 존재라는 점에서 자신이 속해 있는 사회로부터의 배척되고 축출되는 것을 무서워하고, 자신이 속한 집단에 대한 안정된 소속감과 타인의 애정을 추구한다.

효율적이고 성숙한 인간관계를 위해서는, 자기 조절이 필요한데 여기에 선행되는 것이 바로 자기이해이다. '나'와 '너' 우리 사이에 대한 깊은 이해가 성숙한 인간관계의 필수 조건이다. 우리는 우리 자신을 잘 알고 있다고 생각하지만, 관계 속에서 자기도 모르는 부분이 드러나기도 하고, 가까운 상대에 대해서도 잘 알고 있다고 생각했다가 전혀 새로운 경험을 하고 지각이 변화되기도 한다. 이런 점에서 주요한 타인, 나아가 인간에 대해 깊은 이해가 필요한 것이다. 바람직한 인간관계는 저절로 이뤄지지 않으므로 인간에 대한 이해와 함께 실천적 노력과 훈련이 필요하다.

1) 좋은 인간관계를 위한 마음가짐

우리 인간은 어떠한 일을 하든 혼자서는 살아가기 힘들다. 주변 사람들과 인간관계를 맺으면서 살아간다. 인간은 태어나면서부터 죽을 때까지 '사회 속의 인간(Man in Society)'으로 살아가야 할 존재이며, 한 인간의 삶의 여정은 사회에서 시작해서 사회에서 끝난다고 해도 과언은 아니다.

보스톤 대학에서 7세 어린이 400명을 대상으로 40년 동안 추적 조사를 한 결과, 성공과 출세에 가장 중요하게 영향을 끼친 요소는 다른 사람과 잘 어울리는 능력인 것으로 밝혀졌다. 사회생활에서 가장 어렵고 중요한 것이 인간관계라고 한다. 그렇다면 당신은 대인 관계를 잘 유지하고 있는가? 폭넓고 원만한 대인 관계 유지를 위해 현재의 나를 체크해 보고 앞으로 어떤 부분을 어떻게 노력해야 할지 알아보자.

다양한 사람들이 어우러지는 사회에서 기본을 갖추면 인간관계도 좋아지는데 그 기본 자세가 상대에 대한 인정과 공동체 의식을 갖는 것이다. 상대방의 가치를 인정해 주고, 상대방의 입장에서 생각해 보고, 자기중심적인 태도를 버리고, 밝고 솔직하게 생활하며 적극적으로 행동하는 것이 인간관계를 좋게 하는 방법이 될 수 있다.

또한, 좋은 인간관계를 위해서는 뒤에서 남의 흉을 보지 않는 기본 매너가 있어야 한다. 다른 사람을 비판하거나 험담하지 않는 것, 자기자랑을 지나치게 하지 않는 것, 거짓말을 하지 않는 것, 항상 감사한 마음을 갖는 것, 행복을 위한 미소를 짓는 것, 나에게 있어서 가장 큰 적인 내 마음을 이기는 것 등이 인간관계를 좋게 하는 하나의 방법이 될 수 있다.

사람의 가치는 그 사람의 인격이므로 믿음을 주는 인격의 매력이야말로 사람이 지닐 수 있는 진정한 가치일 것이다. 또한 겸손한 마음과 자기 주장의 균형을 잃지 않도록 하고, 시간과 약속은 꼭 지키는 매너가 필요하며, 다른 사람을 이용하지 않는 자세도 필요하다.

모임이나 회의를 할 때에도 상대의 의견에 반론을 제기하는 것은 좋으나 너무 신랄하게 공격하면 인간관계가 불편해질 수 있다. 개인적인 감정을 상하게 만든다거나 필요 이상으로 강한 어조로 반론이나 비판하는 일은 삼가야 한다. 오히려 부드러운 말로 상대방을 인정하면서 자기 의견을 말하는 것이 사회생활에서 지켜야 할 법칙이며 좋은 인간관계를 맺을 수 있는 방법이다.

인간관계의 기본은 "사람들을 긍정적으로 대하라"는 것이다. 부정적인 생각을 가진 사람보다는 긍정적인 사고를 가진 사람들이 인간관계에서 좋은 이미지를 갖는다.

좋은 인간관계를 위해서는 이런 마음가짐이 필요하다.

- "예"라고 대답하는 긍정적인 마음
- "미안합니다"라고 말하는 겸손한 마음
- "고맙습니다"라고 말하는 감사의 마음
- "그렇게 하겠습니다"라고 말하는 봉사의 마음

호감 가는 사람의 특징

- 타인의 이야기를 잘 들어주는 사람
- 의사소통을 잘하는 사람
- 유머감각이 있는 사람
- 결단력이 있는 사람
- (자신감이 있지만) 겸손한 사람
- 격려해 주는 사람
- 솔선수범하는 사람
- 공감하는 능력을 지닌 사람
- 일에 책임을 지는 사람

2) 신뢰감 쌓기 – 시간 지키기

"시간은 금이다."라는 말이 있다. 시간이 얼마나 귀중한 가치가 있는 것이었으면 가장 귀하고 변치 않는다는 금에 비유했을까 한번 생각해 볼 필요가 있다.

프랑스 속담에는 "사람은 자기를 기다리게 하는 자의 결점을 계산한다."는 말도 있다. 이 두 가지를 모두 생각해 보면 시간 약속은 자신의 결점을 보이게도 하고 돈으로 환산할 수 없을 만큼의 값어치를 가지고 있음을 알 수 있다.

우리는 많은 사람과 신뢰를 쌓아 가며 일을 하게 된다. 이러한 신뢰의 기본은 바로 시간 약속에서 출발한다. 약속 시간을 제대로 지키지 않는 사람은 불신을 쌓게 되어 그의 말에는 설득력이 없어지고, 업무처리도 제대로 못할 것 같은 느낌을 주는 등 다른 사람에게 부정적인 이미지를 심어 주게 되는 것이다. 실제로 약속 시간에 늦으면 시간에 쫓기고 불안한 심리가 생겨 자신감도 없어지고 일에 실수도 많아진다. 그래서 자신이 실제 발휘할 수 있는 능력이 위축되어 성공적인 일처리에 큰 타격을 입기도 한다. 또한 시간 약속을 지키지 않는 것은 자기 스스로의 습관 형성에도 영향을 주는데, 한두 번 약속 시간을 제대로 지키지 않게 되면 시간 지키지 감각이 무디어져서 약속 시간을 어기는 것이 습관화되고 그로 인해 신뢰는 무너지며 일에 있어서나 대인 관계에 있어서나 성공을 기대하기 어렵게 된다.

한번 무너진 신뢰를 회복하는 데는 많은 시간과 노력과 비용을 투자해야 할 만큼 어려움이 따른다. 그러나 불가피한 경우에는 몇 배의 노력을 해서라도 신뢰를 회복할 수 있도록 해야 한다.

시간을 관리하고, 신뢰를 쌓으며, 매너 있는 사람으로 평가받기를 원한다면, 우선 다음과 같은 점에 유의해야 한다.

- 자신과의 약속부터 실천하고 애써라.
- 약속도 습관이므로 시간을 어기는 것이 습관화되지 않도록 주의하라.
- 약속을 했으면 메모해 놓는 습관을 들여라.
- 일주일 전에는 다음 주에 할 일을 확인해 보고, 하루 전에는 다음 날 할 일을 반드시 확인한다.
- 오래전에 정한 약속이라면 하루 전에 다시 한 번 전화를 걸어 약속을 확인하는 것이 좋다.
- 예상치 못한 상황이 생길 수 있으므로 약속 시간보다 항상 일찍 출발하여 여유 시간을 갖도록 한다.
- 약속을 정할 때 얼마만큼의 시간적 여유가 있는지 상대에게 미리 알려 주는 것이 매너이다.
- 부득이하게 약속을 지키지 못할 경우에는 양해를 구하되 가능한 한 일찍 알려서 상대로 하여금 다른 스케줄을 잡을 수 있도록 한다.
- 약속 시간에 맞추어 도착하지 못할 때에는 상대가 자투리 시간을 활용할 수 있도록 정해진 시간보다 20~30분 전에는 미리 알린다.
- 정해진 시간이 지난 후 늦을 것 같다는 사과 전화를 하거나, 상대가 기다리다가 지쳐서 전화를 걸게 하는 것은 대단한 실례이다.
- 사무실이나 집에 방문할 경우 약속 시간보다 너무 일찍 도착하면 맞이하는 사람들에게 불편함을 줄 수 있으므로 약속 시간보다 5~10분 정도 일찍 도착하는 것이 좋다.

- 특별한 회의나 브리핑 등으로 서류나 자료를 준비해야 할 경우에는 적어도 30분 전쯤에는 도착하여 기자재나 조명, 마이크 등의 작동 상태를 체크하는 것이 좋다.

조직 생활에서 좋은 평판을 듣는 6가지 방법

1. 누구에게나 항상 예의 바르게 행동하라

예의는 동서고금을 막론하고 인간관계의 기본이다. 아무리 정보화 시대라 해도 인간의 감정은 옛날이나 다름없다. 많은 사람들이 편의주의에 젖어 예의범절을 다소 가볍게 여기는 경향이 있는데, 이는 윗사람은 물론 아랫사람으로부터도 좋은 평판을 얻는 데 결정적인 결격 사항이 된다.

2. 열정적으로 업무에 임하라

한 대기업 마케팅팀에 근무 중인 L대리는 소위 말하는 '최고의 스펙'과 뛰어난 어학 실력을 자랑하는 재원이었다. 그럼에도 불구하고 과장 진급에서 탈락되었다. 그 이유는 근무 태도 평점이 안 좋아 결과적으로 전체 인사 평가 점수가 낮았던 것이다. L대리는 그 일을 계기로 능력이라는 것을 새롭게 정의 내리게 되었다.

능력이라는 말에는 두 가지 A가 포함되어 있다. 우선 'Ability' 뜻 그대로 능력이다. 영어 실력이나 마케팅 지식 등이 이에 포함된다. 그러나 이 Ability 못지않게 중요한 A가 있다. 바로 'Attitude' 이다.

3. 자율적으로 일을 알아서 하라

능력 못지않게 중요한 것이 업무를 진행하는 스타일이다. 관리자들을 대상으로 조사한 결과, '가장 키워 주고 싶은 직원'의 업무 스타일은 '자율적으로 일을 알아서 하는 스타일'이었다. 주변 사람, 특히 상사들에게 지나치게 의존하지 않고 주도적으로 일을 처리하는 사람이 크게 인정받고, 또 그들에게 지속적으로 중요한 업무가 맡겨지게 되는 것이다.

4. 떠나는 날까지는 충성하라

조직에 불만이 없는 사람은 많지 않다. 그러나 그 불만을 일일이 표현하는 사람이 있는가 하면, 꾹 참고 주어진 일에 매진하는 사람도 있다. 조직을 운영하는 입장에서 전자와 같은 직원을 반길 리 없다. 아무리 개인 역량이 뛰어나다 하더라도 그러하다.

실제로 일반 기업의 경영자들과 인터뷰한 결과, 가장 중요시 여기는 인재의 조건은 능력도 학벌도 아닌, '조직에 대한 또는 자신(경영자)에 대한 충성심'이었다. 아무리 불만을 토로해 봐야 개선되지 않는 현실, 바뀌지 않을 인물에 대해서는 굳이 입을 열 필요가 없다. 이러한 절제는 '조직 융화력 평판'에 큰 플러스 요인이 될 것이다.

5. 상대를 주인공으로 모셔라

인간은 누구나 주변인보다는 스포트라이트를 받는 주인공이 되고 싶어 한다. 그러므로 당신이 만나는 사람이 누가 되었든 그를 주인공으로 생각하고 극진히 모셔야 한다. 이것은 업무상의 대화, 회의, 프레젠테이션은 물론 일상 대화에서도 반드시 지켜야 할 커뮤니케이션의 대원칙이다.

반드시 달변가가 되거나 프레젠테이션의 달인이 되어야 커뮤니케이션을 잘하는 사람이 되는 것은 아니다. 상대의 의견을 경청하며 존중해 주는 가운데 의견 개진이 이루어지도록 분위기를 이끌어 가는 사람이 오히려 커뮤니케이션을 제대로 이해하고 소통하는 능력이 뛰어난 사람이다. 혹시 내가 말하는 도중 남의 말을 자르고 끼어드는 습관이 있는지 확인해 보라. 커뮤니케이션 시 가장 조심해야 할 태도이다. '상대를 주인공으로 모시는 것'은 최근에 가장 주목받는 평판 요소 중 하나인 '커뮤니케이션 평판'을 좋게 하는 가장 효과적인 방법이다.

6. 높여 주는 리더십을 발휘하라

좋은 리더는 사람을 잘 이끄는 리더이고, 훌륭한 리더는 사람을 훌륭하게 키워 내는 리더이다. 즉, 후자의 리더는 학생들로 하여금 더 높은 목표에 도전하게 만들고 또 그것을 달성할 수 있도록 최선을 다해 후원해 준다. '어떻게 이끌까'라는 관리 차원의 고민에서 '어떻게 키워 줄까'라는 교육적 차원의 고민으로 승화시켜야만, 좋은 '리더십 평판'을 얻을 수 있는 것이다. 즉, 오늘의 생각이 내일을 결정한다. 생각은 행동이 되고, 행동은 곧 습관을 만든다.

Tip 조직 내 올바른 관계 형성을 위한 조건

- 구성원 모두가 공동의 목표를 잘 이해한다.
- 구성원 모두가 자기의 역할을 정확히 인식한다.
- 다른 사람의 역할에 대해서도 생각한다.
- 구성원끼리 연락 · 조정을 잘한다.
- 구성원 서로가 협력하고 격려한다.
- 한 사람 한 사람의 개성이나 능력을 살려 나간다.
- 리더를 중심으로 즐거운 분위기를 만들어 간다.

인간이 극복해야 할 6가지 결점

1. 자기의 이익을 위해서라면 남을 희생시켜도 된다고 생각하는 것
2. 변화를 알면서도 변하지 못하고 걱정만 하고 있는 것
3. 무슨 일을 할 때면 도저히 성취할 수 없다고 생각하고 움직이지 않는 것
4. 나쁜 버릇이나 습관을 알면서도 고치치 않는 것
5. 자기 계발을 게을리하며 독서와 연구 습관을 갖지 못하는 것
6. 자기의 사고방식이나 행동 양식을 남들에게 강요하는 것

– 로마의 철학자이자 정치가 '키케로'

03 학교 내에서의 인간관계

1) 교장 · 교감과의 관계

(1) 교장 · 교감과의 관계를 중히 여긴다

교장 · 교감과 좋은 관계를 위해서는 다음의 사항들을 기억해서 행동하는 것이 좋다.

교장 · 교감이 좋아하는 교사들

- 지시 · 명령을 내리면 잘 듣고 충실히 이행하는 교사
- 보고 · 연락 · 상담을 잘하는 교사
- 언제나 교장 · 교감에게 존경의 자세를 갖추고 있는 교사
- 뒤에서 교장 · 교감의 험담을 하지 않는 교사
- 항상 앞을 내다보고 긍정적으로 일하는 교사

(2) 지시를 충실하게 따른다

지시를 받을 때의 포인트

- 교장 · 교감이 부르면 "네!" 하고 큰 소리로 대답한 다음 메모지를 가지고 교장 · 교감 앞으로 간다.
- 교장 · 교감이 말하는 것을 잘 듣고 5W 1H(When, Where, Who, What, Why, How)를 중심으로 메모를 해 나간다.
- 도중에 질문하고 싶더라도 교장 · 교감의 말을 막으면 안 되므로 참았다가 나중에 한꺼번에 질문한다.
- 잘 모르는 점이 있으면 상세히 질문한다. 공연히 아는 척해 놓고 일을 시작하면 나중에 예기치 못한 트러블이 생길 수 있다.
- 교장 · 교감의 말이 끝나면 "그러면 말씀하신 내용을 다시 확인해 보겠습니다."라고 말하고 지시받은 사항을 확인한다.
- 신속히 일에 착수한다. 빨리 착수할수록 교장 · 교감으로부터 신뢰를 받는다.

(3) 독단적으로 행동하지 않는다

처음엔 교사 경험이 없기 때문에 교장 · 교감이 설명하는 것을 잘 모르는 경우가 많을 것이므로 서슴지 말고 질문해야 한다. 두세 번 질문하는 것은 전혀 나쁜 일이 아니다. 의문이 남아 있는 상태에서 독단적으로 일을 진행하면 엉뚱한 결과가 나올 수 있다.

(4) 보고 · 연락 · 상담을 충실하게 한다

보고를 잘하려면 다음과 같이 보고한다.

- 결론 → 이유 → 상황의 순서로 보고한다.
- 5W 1H(When, Where, Who, What, Why, How)를 확실히 정리해 놓고 보고한다.
- 필요한 자료를 첨부하여 보고한다.

- 객관적인 사실과 자신의 주관을 명확히 구분하여 전달한다.
- 교장 · 교감이 질문할 것을 미리 예측하여 그에 대한 답변도 준비해 둔다.

(5) 교장 · 교감을 잘 보필한다

교장 · 교감과 함께 면담을 할 때 다음의 사항에 주의해야 한다.

- 사전에 교육지원청이나 학부형에게 이야기할 내용에 대해서 미리 알려 드린다.
- 교육지원청 담당자나 학부형과 명함을 교환할 때에는 교장 · 교감이 먼저 한 다음에 한다.
- 상담이 시작되면 내 쪽에서 나서지 말고, 교장 · 교감이 주역이 되어 이야기하도록 한다.
- 진행자 역할 이상의 언행을 하지 않는다.
- 주요한 상담이 끝나고 대화를 할 때에도 너무 나서서 말하지 않는다.
- 상담이 끝나고 밖으로 나오면 교장 · 교감의 반응을 확인한 다음 맞장구를 쳐 주는 정도로만 감정을 표현한다.

(6) 마음에 들지 않는 교장 · 교감 – 마음으로 받아들인다

학교에 부임을 하고 발령을 받았을 때에는 마음에 들지 않는 교장 · 교감 밑에서 일할 수밖에 없는 경우가 있다. 그렇다고 비관할 필요는 없으며 어떻게 생각하고 행동하느냐에 따라 교장 · 교감과의 관계를 좋게 만들 수 있다.

- 교장 · 교감의 장점만 보도록 노력하자.
- 교장 · 교감을 위해 적극적으로 행동하고, 보고하고, 보필한다.
- 교장 · 교감을 직간접적으로 진심으로 칭찬한다.
- 교장 · 교감에 대해 선입견을 갖지 않도록 한다.

2) 선배교사와의 관계

(1) 선배교사를 각별히 배려해 준다

학교 생활에서 나에게 교사의 업무와 교육 방법을 자세하게 가르쳐 줄 수 있는 사람은 선배교사이므로 선배교사를 가까이 잘 따르고 선배교사에 대해 최소한의 호의를 가지고 접근해야 한다.

선배교사의 자존심을 살려 주기 위해선 여러 사람 앞에서 선배교사의 공로를 인정해 주는 것이 필요하다. 또한 선배교사와 함께 교육지원청이나 다른 학교를 방문했을 때 선배교사를 제쳐놓고 나서지 않으며, 교무회의나 교직원 회의석상에서 선배교사의 의견에 귀를 기울이고 배려해 주면 좋은 인간관계를 맺을 수 있을 것이다.

(2) 싫은 선배교사도 가까이 한다

학교 생활에서 대하기 힘들고 어려운 선배교사가 한두 명 생겨날 수 있다. 일단 그런 선배교사가 생기면 자연히 스트레스가 되므로 현명한 사람이라면 처음부터 싫은 선배교사를 만들지 않으려고 노력해야 한다. 그러기 위해선 선배교사를 비판적인 사고로 보지 말고 장점을 발견하여 좋은 사람으로 이해하도록 노력해야 한다.

(3) 선배교사에게서 무엇이든지 배운다

선배교사는 좋거나 싫거나 나에게 큰 영향을 미치는 존재이고 어떠한 선배교사와 친해지느냐에 따라 학교 생활이 크게 달라질 수 있다.

그러면 어떠한 선배교사에게 배워야 하는가? 교육 지도를 잘하고, 계획을 세우는 것, 효율적인 시간 활용을 잘하는 선배교사에게 배울 것이 많으므로 그 노하우를 배워야 한다. 또한 학교의 교육 방침이나 교육 전략, 학생과 학부형의 사정을 잘 가르쳐 주는 선배교사, 좋은 전문서적 등도 소개해 주는 선배교사에게 많은 것을 배우고 도움을 받도록 한다.

유연한 발상을 하는 선배교사가 화제도 풍부하기 때문에 함께 이야기하는 것만으로도 즐거워진다. 학교 내의 여러 사람들과 인간관계가 좋은 선배교사, 교육지원청이나 학생 · 학부형들로부터 신뢰를 받고 있는 선배교사, 자기 시간을 유용하게 활용하여 자격증 취득을 위한 공부를 하거나 대학원을 다니거나, 통신강좌를 수강하는 선배교사에게는 자기 계발을 해 나가는 방법 등을 배우도록 한다.

(4) 이런 선배교사와는 거리를 둔다

학교 생활에서 일할 때 의욕이 없는 선배교사나 학교 생활에 대해 불평불만을 내비치면서 비판을 하고 부정적인 선배교사는 감정적으로도 좋지 않은 영향을 줄 수 있으므로 거리를 두고 대할 필요가 있다.

(5) 배우는 자세로 대한다

선배교사의 마음의 문을 두드리는 한 가지 방법으로 가르침을 청하는 것도 좋은 효과가 있다. 세상에는 배우려는 사람보다는 가르쳐 주려는 사람이 더 많기 때문에 이 방법은 상대방의 호감을 유도하는 좋은 기술이 될 수 있다.

3) 후배교사와의 관계

(1) 평가 기준을 만든다

사람을 올바르게 본다는 것은 아주 어려운 일이므로 사람을 평가할 때는 기준을 만들고 그것에 근거하여 판단한다면 좋을 것이다. 후배 교사를 평가하는 방법은 일의 종류에 따라 달라지겠지만 다음과 같은 평가 기준을 통해 알아볼 수 있다. 교육에 대한 의욕을 가지고 있는가, 자기 계발에 힘쓰는가, 교육을 정확히 하고 있는가, 교육을 능률적으로 하고 있는가, 문제가 생겼을 때 신속히 처리할 수 있는가 등을 평가 기준으로 삼는다면 감정적으로 보지 않고 공정한 평가를 내릴 수 있을 것이다.

(2) 일을 맡길 수 없는 후배교사를 판별해 낸다

후배교사들 가운데서도 초임교사가 아닌데도 불안하고 염려스러워서 안심하고 일을 맡길 수 없는 사람이 있다. 어떤 후배교사가 안심하고 일을 맡길 수 없는 교사인지 판별해 보자. 무기력한 교사, 지기 싫어하는 교사, 겉치레를 좋아하는 교사, 우유부단한 교사, 지레짐작하여 실수하는 교사, 경솔하게 일을 떠맡는 교사, 독단적이고 월권을 하는 교사는 잘 판별해서 일을 맡기고 부족한 부분은 진심 어린 충고를 해 주는 것이 좋다.

(3) 주의는 간접적으로 준다

상대방의 자존심을 살려 주면서 잘못을 지적해 주기란 여간 어려운 일이 아니므로 후배교사의 잘못을 지적할 때는 보는 사람이 없을 때 다정한 말을 써 가면서 살짝 지적해 주는 요령이 필요하다.

(4) 격려해 준다

후배교사에게 비난을 하기보다는 칭찬과 격려를 해 주는 것이 더 효과적이며 그래야만 후배교사의 마음도 더 잘 움직일 수 있다.

(5) 칭찬을 해 준다

칭찬은 상대방의 마음을 여는 좋은 방법이고 칭찬에도 기술이 필요하다. 즉, 칭찬을 할 때는 제3자를 내세워 객관적으로 신뢰성을 줄 수 있는 기술도 필요하다. 우연성과 의외성이 칭찬에 대한 신뢰성을 높여 몇 배의 효력을 발휘할 수 있으므로 필요하다.

(6) 한마디의 유머로 분위기를 압도한다

사람들에게 호감을 주면서 내 이야기에 귀 기울이게 하는 가장 확실하고도 빠른 방법은 상대방을 즐겁게 해 주는 것이다. 실제로 유머나 농담은 사람의 마음이나 분위기를 부드럽게 해 주는 가장 빠르고 효과적인 특효약이라 할 수 있다.

(7) 귀를 열어 둔다

후배교사가 하고 싶은 말을 빠짐없이 할 수 있도록 진지하게 들어 주는 자세야말로 호감을 이끌어 내는 것은 물론 후배교사를 내 편으로까지 끌어들일 수 있는 좋은 방법이다.

(8) 스스로 움직이게 한다

자신이 하고 있는 일에 대해 인정받고 존재 가치를 느끼게 되면 더욱 인정받기 위해 이전보다 더 열심히 스스로 일하게 된다. 즉, 후배 교사들에게 자신이 다른 사람에게 기대를 받고 있는 아주 중요한 존재라고 느끼게끔 만들어 주는 것이 중요하다.

(9) 기대감을 심어 준다

후배교사를 대하는 일에 있어서도 기대심리에 호소해야 후배교사의 마음을 움직일 수 있을 것이다.

(10) 표정으로 후배교사의 심리 상태를 파악한다

사람의 눈은 대단히 중요한 의사소통 역할을 한다. 상대방의 표정을 살펴보면 그 심리 상태를 파악할 수 있다. 그러므로 겉으로 드러나는 후배교사의 반응을 살피면서 이야기를 하면 그의 심리 상태를 알 수 있어 내 쪽에서 기선을 잡는 데 훨씬 유리한 입장에 설 수 있게 된다.

(11) 경쟁의식을 자극한다

일에 있어 경쟁심은 중요하므로 남들보다 뛰어나겠다는 경쟁심을 이용하는 것, 최고가 되고 싶다는 욕구와 경쟁의식을 이용하는 것도 하나의 방법이다.

(12) 신뢰를 바탕으로 리더십을 발휘한다

후배교사들에게 일하는 것뿐만 아니라 정신적인 면까지 세심하게 배려해서 힘이 되어 주면 후배교사들에게 신뢰를 얻을 수 있다. 이런 신뢰를 얻은 교사는 신뢰를 바탕으로 최고의 리더십을 발휘해야 할 것이다.

4) 동료교사와의 관계

(1) 라이벌 의식을 버린다

동료교사 하면 학교 생활을 함께 하는 처지가 비슷한 동지 또는 라이벌이라는 생각이 머리에 떠오른다.

동료교사는 적이 아닌 중요한 친구이며, 인연이 있어서 같은 학교라는 직장에서 함께 일하는 협조자이며, 서로 어려울 때 도와주는 소중한 존재로 인식해야 하며, 상대방의 성공을 진심으로 기뻐해야 하므로 라이벌 의식을 버려야 한다.

(2) 어려운 동료교사를 도와준다

어려운 처지에 있는 사람을 도와주면 나중에 내가 어려운 처지에 있을 때 누군가 도와주는 사람이 반드시 나타나므로 동료가 어려운 일을 당했을 때 도와주면 진정한 친구를 얻을 수 있다.

(3) 이런 동료교사를 가까이 한다

항상 정력적으로 일하고 활기가 넘치며 나름의 목표를 세워 놓고 그것을 추진해 나가는 동료교사, 책임감이 있는 동료교사, 학생들을 진심으로 사랑하고 열정적으로 지도하는 동료교사, 시간을 쪼개어 자기 계발에 노력하는 동료교사, 취미생활 및 운동을 하는 동료교사, 상냥하고 친절한 동료교사, 변명하지 않는 동료교사, 자기 자랑을 하지 않는 동료교사, 뚜렷한 신념을 가지고 있는 동료교사, 입이 무겁고 약속을 잘 지키는 동료교사, 남을 원망하거나 원한을 갖지 않는 동료교사. 이런 동료들은 가까이 하면 좋을 것이다.

(4) 성격이 맞지 않는 동료교사 – 이렇게 대한다

같은 시기에 입사한 동료교사라 하더라도 성격적으로 맞지 않는 사람들이 있다. 그러한 동료교사는 당분간 업무적으로 대하고 지내는 것이 상책이다. 즉, 상대방의 좋은 점을 확대해서 보면 싫었던 동료교사가 점점 좋아지게 되며, 장점을 확대해서 보고 단점은 축소해서 보는 것이 성격이 맞지 않는 동료교사와 잘 지내는 비결이다.

(5) 동료교사와는 금전 거래를 하지 않는다

돈 때문에 고민하다 보면 교육적인 업무를 효율적이고 계획적으로 추진하기 위한 자기 계발 따위는 생각할 여유가 없게 된다. 만약 돈 문제로 고민하는 동료교사가 있다면, 개인적으로 돈을 빌려 주는 것은 가장 나쁜 대응 방법이다. 금전 관계로 돈과 친구를 함께 잃어버리는 예는 아주 많다.

(6) 공통점을 찾는다

동료교사와 나의 공통점을 찾아내서 서로를 동지로 느끼게 된다면 대인 관계에서는 프로라고 할 수 있다. 우선 동료교사와 나의 공통점을 찾아보는 것이 중요하다.

(7) 동료교사의 특별한 날을 기억한다

사람이란 자신에게 관심을 가져 주는 사람을 좋아하기 마련이고 그에게 있어 특별한 날을 기억해 준다면 감동하고 고마워할 것이다. 그러므로 동료교사의 생일, 결혼기념일 등 특별한 날을 기억해 주는 것은 뜻 깊은 일이며 축하의 자리에 참석하여 진심으로 축하해 주면 그 이상이 나에게 되돌아올 것이다.

(8) 마음을 어루만져 준다

동료교사가 나에게 상담을 요청할 경우, 속상한 마음을 어루만져 주는 것은 좋은 방법이다.

(9) 잘 맞는 동료교사를 찾는다

학교 생활에는 교사들이 비슷한 목적을 갖고 나름대로의 특성을 가지고 있으므로 교육이나 인간관계를 매끄럽게 엮어 가려면 되도록 함께 근무하는 사람의 성격을 잘 파악해 둘 필요가 있다. 자기와 잘 맞는 동료교사를 찾는 것 또한 성공적인 인간관계를 위한 좋은 방법이다.

(10) 동료교사에 관해 파악한다

동료교사에 대한 다양한 정보를 가지고 있다면 무슨 일을 하고 싶거나 곤란한 일이 생겼을 때, 나를 도와줄 동료교사를 쉽게 찾을 수 있고 나에게 없는 능력을 동료교사에게 보완 받을 수 있다. 즉, 남을 움직이려면 동료교사의 장점에 주목하고, 그에 대한 정보를 알고 있는 것이 좋다.

사람을 끌어들이는 트리플(+++) A 공식

1. 수용(Acceptance)
   모든 사람은 나와 같을 수 없음을 인식하고, 나와 다른 부분을 열린 시각으로 받아들이는 태도가 필요하다.
2. 인정(Approval)
   다른 사람의 개성과 장점을 인정해 주는 태도가 필요하다.
3. 중시(Appreciation)
   상대방을 스스로 중요한 사람으로 느끼게끔 배려해 주는 태도가 필요하다.

5) 프로 교사를 위한 학교 생활

미국 카네기 공과대학에서 직장생활에 실패한 사람들 1만 명을 대상으로 '실패한 이유가 무엇인가?' 에 대해 표본 조사를 실시하였다. 조사하기 전에는 지식과 기술 부족 등의 이유가 가장 많을 것으로 가정하였다. 즉, 무능함이 실패의 원인일 것이라는 판단이었다. 그러나 결과는 예상을 벗어나는 것이었다. 기술과 지식 결여로 실패한 사람은 15%뿐이었고 나머지 85%는 인간관계에서 실패한 사람들이었다(김은경 외, 2001).

이처럼 학교 생활의 성공 여부도 인간관계에 달려 있다고 볼 수 있다. 사회적 존재로서 인간은 대인 관계 속에서 자신의 가치를 확인하고 행복을 찾기 때문에 원만한 대인 관계가 유지된다면 학교 생활이 즐거울 뿐 아니라 업무의 효율성도 커지고 학교 생활과 일에 대해 더 큰 의미를 갖게 된다. 많은 교사의 경우 가정보다는 학교에서 보내는 시간이 더 많을 만큼 학교 생활이 하루의 대부분을 차지하고 있다. 이렇게 볼 때 학교 생활에서 인간관계에 실패한다면 자신의 삶을 행복하고 가치 있게 만드는 데 큰 어려움이 따를 것임은 분명한 사실이다.

따라서 학교 생활에서 인간관계에 성공하기 위해서는 매너 있게 행동하는 것이 매우 중요하다. 기술이나 지식의 부족은 훈련과 학습으로 나아질 수 있고, 선배교사나 교장 · 교감, 동료교사들을 통해 배울 수 있는 부분이다. 그러나 매너는 곧 인간 됨됨이로 판단되는 부분이기 때문에 이미 성인이 된 사람에게 누군가가 가르쳐 주려 하지 않는다. 본인 스스로 미리 매너를 익히고 마음가짐을 갖추어야 하며, 평소 생활에서 자연스럽게 표출될 수 있도록 행동의 습관화에 신경을 써야 한다. 특히, 학교와 사회생활처럼 다양한 연령대와 직급이 존재하는 집단에서는 사고방식이나 가치관, 행동 방식 등의 차이 때문에 오해의 소지가 클 수 있다. 그러므로 늘 다른 사람의 입장에서 생각하고 배려하여 행동하는 사회생활에서의 기본을 잊어서는 안 된다.

상황별로 배워 보는 학교 생활

① 출 · 퇴근 시

● 출근 시

- 출근 준비는 시간적 여유를 가지고 미리부터 준비하여 복장에 신경을 써야 하며, 머리 모양이나 얼굴이 깔끔해야 한다.
- 출근은 업무 시작 시간 약 20분 전에는 해야 한다.
- 출근을 하면서 활기찬 목소리로 먼저 인사를 한다.

- 출근은 하루의 시작이므로 밝은 마음을 갖고 해야 하며, 밝은 마음 상태가 표정과 태도에 나타나도록 한다.
- 교장 · 교감 선생님이나 선배교사가 출근을 할 때에는 자리에서 일어나 정중하게 인사한다.
- 출근이 늦어질 경우 업무 시작 전에 늦는 사유를 전화로 알려야 한다.
- 지각의 사유를 말할 때는 변명을 하거나 장황하게 사유를 늘어놓지 않고, 간단히 죄송하다는 말로 대신하며, 빨리 자리에 가서 업무에 임한다.
- 잦은 지각은 분위기를 흐릴 뿐 아니라 자신의 이미지에 좋지 않은 영향을 미치며, 교장 · 교감 및 선배교사와의 관계나 승진 등에도 부정적인 영향을 미치므로 주의한다.
- 만일의 경우를 대비하여 출근 노선을 2~3가지 정도 알아 놓고, 소요 시간 등을 체크하는 것도 좋다.
- 출근하자마자 동료교사들과 잡담을 하거나 전화통화를 하는 것은 좋지 않다. 그날 해야 할 수업 내용을 검토하고 수업 준비를 한다.
- 출근하자마자 자리를 비우고 음식을 먹으러 가거나, 자리에서 간식 등을 먹는 것은 좋지 않다.
- 미리 휴가를 받지 않고 갑작스럽게 결근하는 것은 옳지 않으며, 부득이한 사정으로 결근을 해야 할 경우에는 출근 시간 전에 미리 전화로 알리는 것이 좋다.
- 결근의 사유나 상황을 알릴 때에는 다른 사람을 통해 전하지 말고 본인이 직접 말해야 한다.
- 자신의 결근으로 인해 업무에 차질이 생기지 않도록 동료에게 부탁을 하거나 최대한의 조치를 취한다.
- 다음 날 출근에 지장을 주지 않도록 전날 스케줄을 잘 조절하여 무리가 가지 않도록 한다.

- 퇴근 시

- 퇴근하기 전부터 미리 책상 정리와 서류 정리를 하고 퇴근 시간이 되자마자 자리에서 일어나는 것은 보기에 좋지 않다.
- 퇴근할 때에는 책상 위의 책이나 서류, 쓰레기 등을 깨끗이 정리해 놓아야 하며 의자와 책상의 배열을 똑바로 맞추어 놓는다.
- 퇴근할 때에는 다음 날 해야 할 일들을 메모하고 정리해 놓고 퇴근한다.
- 퇴근은 정해진 시간이 있지만 교무실 내의 상황이나 동료교사나 교장 · 교감의 업무 처리 정도를 고려해서 적절한 시간에 하는 것이 좋다.
- 함께 일하는 사람들의 일이 많이 남아 있는데 혼자 퇴근하는 것은 옳지 않으며, 도와줄 일은 없는지 물어보아야 한다.
- 퇴근 시간이 가까웠다고 동료교사들과 업무를 마친 양 잡담을 하거나 전화로 약속을 정하거나 하지 않는다.
- 약속이 있거나 개인 사정이 있을 때는 도와주지 못하고 먼저 가서 미안하다는 뜻의 말을 하고 퇴근한다.
- 늦게 퇴근할 경우 교무실 내의 문단속이나 안전관리, 정리 정돈에 신경을 쓴다.

② 근무 시

- 자신에게 맡겨진 일에는 최선을 다해 차질 없이 수행하도록 한다.
- 교장 · 교감, 선배교사에게 정중하고 예의 바르게 대하며 친해졌다고 하여 지나치게 편하게 대하거나 하지 않는다.
- 동료교사는 학교 내에서 가장 많은 도움이 되는 사람이므로 관계가 나빠지지 않도록 노력하고 서로 업무를 돕도록 한다.
- 후배교사나 행정실 직원이라 해서 이름이나 별명을 부르는 것, 반말을 하는 것 등은 옳지 않다.
- 다른 사람에게 부탁을 할 경우 상대의 상황을 고려하여 적절한 시기에 부탁하며, 최대한 정중하게 부탁한다.

- 다른 교사에게 도움을 받았을 경우 반드시 감사의 인사를 하며, 자신도 도와줄 일이 없는지 신경 써야 한다.
- 하기 싫은 일을 다른 사람에게 미루지 말고, 솔선수범하는 적극적인 모습으로 근무에 임한다.
- 껌을 씹거나 사탕 등을 먹으며 근무에 임하지 않는다.
- 좋지 않은 기분 상태가 얼굴 표정이나 말투 등에 나타나면 다른 사람과 교무실 분위기에 영향을 미치게 되므로 긍정적으로 보일 수 있도록 자신의 감정을 조절하도록 한다.
- 업무 중 동료교사들과 지나친 농담을 하거나 잡담을 하지 않는다.
- 업무 중 사적인 전화를 지나치게 많이 하는 것은 옳지 않으며, 개인 휴대전화는 무음이나 진동으로 하여 업무에 피해가 가지 않도록 한다.
- 업무 중 의자를 당겨 앉고, 옆으로 기대앉거나 흐트러진 자세로 업무에 임하지 않는다.
- 복도나 계단, 엘리베이터 등에서 사람을 만났을 경우 반드시 먼저 인사하도록 한다.
- 교무실 내에서는 부적절한 인터넷 사용(게임, 증권 사이트 등의 접속 등)은 하지 않는다.
- 자리를 비울 경우 옆 사람에게 행선지와 소요 시간을 미리 알려 둔다.
- 조퇴를 해야 할 경우 미리 교장·교감에게 보고하여 수업과 업무 진행에 차질이 없도록 해야 한다.

③ 휴식·점심 시간

- 휴식 시간이나 점심 시간도 근무의 연장이므로 동료교사나 상급자인 교장·교감에게 예의 바르게 대한다.
- 정해진 시간보다 일찍 자리를 비우고 나가거나 너무 늦게 교무실로 들어오는 것은 곤란하다.
- 가급적 음식을 먹는 것은 점심 시간이나 휴식 시간을 이용하되, 습관적으로

업무 중에 과자, 샌드위치 등을 책상 위에 올려놓고 먹는 것은 좋지 않다.

- 업무가 바쁠 경우는 자신의 점심 시간을 적절히 양보하며 동료교사 간에 서로 도와 업무에 차질이 없도록 한다.
- 점심 시간에 중요한 만남이 있거나 하여 조금 늦게 들어와야 할 경우에는 미리 양해를 구하고 들어올 수 있는 정확한 시간을 말하고 나간다.

④ 지시, 보고 시

● 지시

- 지시를 받을 때는 반드시 경쾌한 목소리로 대답하며 메모할 준비를 하고 교장 · 교감, 교무부장 선생님 앞에 간다.
- 지시를 받을 때 하기 싫은 표정을 비친다거나, 성의 없이 대답하는 것은 옳지 않다.
- 교장 · 교감, 교무부장 선생님의 지시를 잘못 이해할 수 있으므로 교장 · 교감, 교무부장 선생님 앞에서 다시 한 번 복창하여 자신이 지시받은 사항이 맞는지 확인한다.
- 지시받은 내용에 의문 사항이 있으면 교장 · 교감, 교무부장 선생님의 말을 끊지 말고 말이 끝난 후 질문하여 확인한다.
- 지시받은 내용을 처리하기 곤란하거나 정해진 기한 내에 마치지 못할 경우, 지시받은 즉시 사유를 보고하여 상의하도록 한다.

● 보고

- 지시받은 내용을 끝마치기 전이라도 어느 정도 일이 추진되고 있는지 중간보고를 하여 교장 · 교감, 교무부장 선생님이 궁금하지 않도록 한다.
- 지시받은 내용은 자신의 생각이나 의견대로 바꾸어서 처리해서는 안 되며 교장 · 교감, 교무부장 선생님의 지시 그대로 정확하게 처리한다.
- 정해진 시간 내에 정확하게 일처리를 하는 것이 가장 좋으므로 시간과 일의 명확성에 신경을 쓴다.

- 부득이한 사정으로 정해진 시간보다 늦어질 것 같으면, 미리 교장 · 교감, 교무부장 선생님에게 보고하고 양해를 구한다.
- 일을 처리하는 중간에 실수가 있었을 경우 중간에 미리 솔직하게 보고하여 대책을 상의한다.
- 보고를 할 때는 지시한 교장 · 교감, 교무부장 선생님에게 자신이 직접 한다.
- 보고를 할 때는 결론부터 제시하고 과정을 설명하되 사실과 자신의 의견을 구분하여 전달한다.
- 보고를 할 때는 반드시 문서로 작성하여 보고하되, 교장 · 교감, 교무부장 선생님이 한눈에 쉽게 알아볼 수 있도록 체계적으로 문서 작성을 한다.
- 보고한 내용은 보고가 끝났다 하더라도 본인이 서류를 잘 보관하도록 한다.

⑤ 회의 시

● 회의를 진행할 때

- 회의에 참석하는 사람들에게 주제를 명확하게 알려 준다.
- 회의의 장소와 시간을 명확하게 참석자들에게 공지한다.
- 회의에 필요한 자료가 있다면 사전에 배포하여 참석자들이 회의 시 발언 준비를 할 수 있도록 한다.
- 회의에 필요한 빔, 컴퓨터, 프로젝터 등의 기자재는 미리 차질 없이 준비하고 작동해 보도록 한다.
- 회의가 길고 다양한 주제가 다루어져야 된다면 미리 순서지를 작성하거나 참석자들에게 알려 주도록 한다.
- 회의의 성격을 잘 파악하여 적합한 복장을 하되, 진행자는 가급적 정장 차림이 좋다.
- 동료교사끼리의 회의가 아니라면 미리 상석을 파악하여 좌석 배치를 해 놓는 것이 좋다(입구에서 볼 때 오른쪽이 상석이고 그 중앙이 최상석이다).
- 회의는 정시에 시작하는 것이 원칙이며, 불가피하게 늦어지면 반드시 참석자들에게 상황을 설명하고 어느 정도 늦어질 것인지 밝혀 둔다.

- 회의에서 다루어져야 할 내용과 끝날 시간을 미리 밝혀 두는 것이 좋다.
- 주제에 따른 시간 배분을 적절히 해야 하며 개개인의 발언 시간도 적절히 제지할 수 있어야 한다.
- 누구나 자유롭게 발표할 수 있는 분위기를 만들며, 발표자의 의견을 존중한다.
- 회의 참석자가 초임교사나 후배교사라 할지라도 경어를 써서 호명하며 회의를 진행하도록 한다.
- 정해진 시각에 종료하는 것을 원칙으로 하되, 부득이한 경우 양해를 구하며 많이 늦어지지 않도록 한다.

● 회의에 참석할 때

- 배포된 자료가 있다면 미리 충분히 숙지하여 회의에 적극적으로 임할 수 있도록 하며, 발언할 내용도 미리 준비한다.
- 회의 시간에 늦지 않게 미리 도착하도록 한다.
- 회의의 성격을 잘 파악하여 적합한 복장으로 참석한다.
- 회의실에 들어가서는 아무 자리에 앉아서는 안 되며 상석을 잘 파악하여 적절한 자리에 앉는다.
- 휴대전화는 진동으로 해 놓아도 방해가 되므로 반드시 꺼 놓거나 무음으로 해 놓도록 한다.
- 회의에 임하는 동안은 진행자와 발언자에게 시선을 집중하고 경청하여 적극적으로 회의에 임하도록 한다.
- 다른 사람의 의견을 잘 들어주는 것이 더 중요하므로, 혼자서만 발언을 독점하려 하지 않는다.
- 본인이 상급자라면 하급자들이 자유롭게 자신의 의견을 제시할 수 있는 편안한 분위기를 만들어 주도록 한다.
- 발언을 할 때는 간단명료하게 핵심만을 말하여 지나치게 길어지지 않도록 한다.
- 회의 주제와 동떨어진 주제에 관해서는 발언하지 않도록 한다.

- 발언자의 의견과 반대의 의견인 경우 발언자가 말하는 도중에 끼어들지 말고 발언자의 말이 모두 끝난 후 의견을 제시하도록 한다.
- 반대 의견을 제시할 때는 다른 사람의 의견에 대한 존중의 표현을 하며, 정중하고 체계적으로 자신의 의견을 제시한다.
- 발언을 할 때에는 반드시 경어를 써야 하며, 알기 쉬운 용어를 사용한다.
- 발언할 때에는 목소리의 크기를 적절히 해야 하며, 발음을 명확히 하여 참석자들이 잘 알아들을 수 있도록 한다.
- 회의에서 자신의 의견과 맞지 않아 논쟁이 일어날 경우에도 감정적으로 상대를 대하지 않도록 하며, 불쾌한 감정이 표정, 음성, 언어 등으로 드러나지 않도록 잘 조절하여 발언하도록 한다.
- 회의 중에 시계를 자꾸 보거나. 옆 사람과 잡담을 하거나, 종이에 낙서를 하거나, 하품을 하는 등의 행동은 하지 않는다.
- 회의 중 자꾸 자리를 뜨는 것은 회의의 분위기를 흐리므로 특별한 일이 아니라면 회의 중 나가는 일은 자제한다.

⑥ 휴가, 외근 및 출장 시

● 휴가

- 휴가를 신청할 때는 학교의 업무 진행 상황을 잘 고려하여, 바쁘지 않고 업무에 큰 차질이 없을 때 신청하는 것이 좋다.
- 휴가는 부득이한 경우가 아니라면 적어도 일주일 전에는 미리 신청하여 업무 분담이 원활히 이루어지도록 한다.
- 휴가계를 제출해야 할 경우 교장·교감이 바쁘지 않은지 잘 살펴보고 제출한다.
- 휴가가 결정되었다 하더라도 교장·교감은 일일이 기억하지 못할 수 있으므로, 휴가 하루 전에 다시 한 번 휴가임을 교장·교감에게 확인 보고를 하는 것이 좋다.
- 휴가를 갈 때에는 휴가를 갈 장소와 기간, 비상시 연락처 등을 학교에 남기

고 간다.

- 휴가를 마치고 돌아왔을 때는 교장 · 교감을 비롯한 여러 사람들에게 인사를 한다.
- 휴가 중 특별한 장소에 다녀왔을 경우 기념이 될 만한 작은 선물을 준비해 와서 함께 근무하는 사람들에게 선물하는 것도 좋은 방법이다.

● 외근 및 출장

- 출타지에서 바로 퇴근해야 할 경우 학교에서 나가기 전 교장 · 교감에게 미리 보고하고 허락을 받는다.
- 외근이나 출장에서 돌아왔을 때는 반드시 자리에 앉아 업무를 보기 전에 교감, 교장에게 인사하고 간단히 결과를 보고해야 한다.
- 필요하다면 외근이나 출장의 결과를 문서로 작성하여 체계적으로 보고하도록 한다.
- 출장지에 도착해서는 잘 도착했음을 학교에 알리고, 만일의 경우를 대비해 숙소와 연락처를 남겨 놓도록 한다.
- 외근이나 출장을 갈 때는 급한 업무는 처리하고 가야 하며, 그렇지 못한 경우에는 동료에게 부탁을 해서라도 업무에 차질이 생기지 않도록 해야 한다.
- 외근이나 출장 중에도 중간보고를 하여 변경 사항 등을 수시로 알려야 한다.
- 소요 경비의 경우 학교에 돌아와서 정산을 해야 하므로 영수증 등은 잘 모아 두도록 한다.

⑦ 이메일, 팩스 보낼 때

● 이메일

- 잘못 보내지면 업무에 차질이 생기므로 보내기 전에 메일 주소를 명확히 확인한 후 보낸다.
- 여러 명에게 보낼 경우, 수신자의 주소를 입력할 때 참조(함께 받는 이-Cc), 숨은 참조(숨겨 받는 이-Bcc) 등이 있으므로 상황에 맞게 적절히 입력하여 보낸다.

- 제목은 반드시 써야 하며 간단하면서도 핵심을 알수 있도록 쓴다(예 회의 자료).
- 스팸 메일로 오해받을 수 있는 제목은 쓰지 않는다.
- 메일의 내용은 가급적 짧게 핵심만을 쓰되 내용이 길어질 경우 화면의 처음 부분에 중요 내용이 들어가도록 한다.
- 상대방이 읽기 쉽도록 단락별로 한 줄씩 띄어 쓴다.
- 메일에 밑줄, 글자 크기, 색깔 등의 시각적 효과를 주어 한눈에 중요한 부분을 알게 하는 것도 좋다.
- 반송되지 않도록 가급적 용량을 최소화하여 보낸다.
- 직접 대면하고 말하는 것이 아닌 글로 보내는 경우이므로 오해의 소지 없이 상대가 쉽게 이해할 수 있는 표현을 쓴다.
- 철자가 틀리지 않았는지 예의 바르고 정중한 표현을 썼는지 잘 확인하여 보낸다.
- 중요한 문서나 기밀 같은 내용은 이메일로 보내지 않도록 한다.
- 업무상 보내는 이메일에는 편지함의 이름만 보아도 누구인지 명확히 알 수 있도록 실명으로 하여 보낸다. 별명이나 이름과 다른 아이디 등으로 적어 보내지 않는다.
- 메일을 받았으면 반드시 답메일을 보내도록 한다.
- 답메일을 즉시 보낼 수 없는 상황이라면 언제쯤 요구 사항에 대한 답메일을 보낼 수 있는지에 대해 알려 주는 메일을 보내야 한다.
- 편지함을 자주 확인하고 불필요한 것은 삭제하여 중요한 메일이 도착하지 못하는 일이 없도록 편지함의 용량을 늘려 놓아야 한다.
- 상대가 보낸 내용을 다시 보아야 할 경우가 아니라면 회신으로 보내는 것보다 새롭게 편지 쓰기로 하여 보내는 것이 좋다.

● 팩스

- 팩스는 여러 사람이 함께 쓰는 경우가 많으므로 반드시 수신자의 이름을 명확히 적어 보낸다.

- 팩스를 보낼 때는 내용이 잘리지 않도록 여백을 충분히 하여 보낸다.
- 글씨가 흐릴 경우는 팩스로 보내면 더 흐려져서 보이지 않으므로 글씨를 진하게 하여 보내는 것이 좋다.
- 팩스가 여러 장일 경우는 잘리거나 분리되어 보내지기도 하므로 바쁘지 않은 시간을 통해 보내거나 다른 방법으로 보내는 것이 좋다.
- 팩스를 보낼 때는 겉장을 만들어 수신자명과, 문서 제목, 총 매수, 보내는 사람, 보내는 날짜와 시각 등을 적어 보낸다.
- 팩스를 보낸 이후에는 전화를 걸어 잘 들어갔는지, 글씨가 제대로 보이는지, 잘려 나간 부분은 없는지 확인하도록 한다.
- 팩스는 여러 사람이 함께 쓰는 경우가 대부분이어서 수신자에게 직접 전달되기보다는 다른 사람을 거쳐서 전달되는 경우도 많으므로 업무상 기밀이나 중요한 문서는 팩스를 이용하지 않는 것이 좋다.

04 성격의 이해

자기 자신에 대한 이해를 돕기 위해서 카렌 호나이의 세 가지 성격 유형과 에니어그램을 살펴보고 자신에게 적용해 보면서, 자기 이해를 넓히는 기회를 갖고자 한다.

1) 호나이(Horney)의 세 가지 성격 유형

신프로이트 학파 호나이(Karen Horney)는 프로이트(Sigmund Freud) 이후 가장 독창적인 정신분석자 중 한 사람으로 지금 우리에게 친숙한 소외, 자기실현, 이상화된 이미지 등에 대한 연구를 개척적으로 진행하고, 정신분석학적 이론에 문화와 환경의 중요성을 접목시키는 데 크게 기여한 것으로 평가받고 있는 여성 심리학자이다.

호나이는 개인이 타인과의 관계 속에서 불안전감을 느끼게 되고 이것이 기본적 불안으로 발전한다고 했는데 기본적 불안이란 인간에게 적대적으로 경험되는 세계에서 자신도 모르게 삶의 모든 측면에서 커지는 고독과 무력감(Horney, 1937; 1945: 장수용, 2002에서 재인용)이라고 했다. 인간은 태어나서 타인에게 무력하게 의존해 있기 때문에 심리적 안전감을 얻는 것이 무엇보다 중요하다고 생각했다. 인간은 유아기부터 심리적 안전감 확보를 위해 3가지 대응 전략(순응형, 공격형, 고립형)을 발달시켜 나가는데, 발달 단계에서는 모든 것이 나타날 수 있으나 한층 우세한 행동이 나오게 된다. 이 한층 우세한 태도는 가장 강하게 실제 행동을 결정한다.

호나이에 의하면 이와 같은 태도는 후기의 경험으로 변화될 수 있는데, 즉 인간이 생애 초기에 경험한 것이 자발적 성장을 크게 금지하는 것이 아니었다면 후기의 경험은 큰 영향력을 가질 수 있다. 그러나 만일 초기 경험의 충격이 고정된 형태로 어린이를 형성시킬 만큼 충분히 강하였다면 새로운 경험은 그것을 변화시킬 수 없을 것이라고 보았다.

정상인의 경우는 이 3가지 태도가 상호 배타적이 아니라 서로 보충하고 조화를 이룰 수 있다. 그러나 신경증에서는 이 3가지 태도가 조화를 이룰 수 없고 그 중 한 가지 전략에만 고착되거나 이 3가지 태도가 동시에 강하게 나타나서 심한 갈등에 빠지고 마는데 그 이유는 신경증 환자에게는 융통성이 없고 상황에 적합하든 않든 무분별하게 행동하기 때문이다.

(1) 순응형 성격(타인을 향해 움직이기)

이 유형의 사람은 다른 어떤 유형의 사람보다 다른 사람으로부터 사랑받고 인정받기를 원한다. 이들은 자기 스스로를 약하고 무기력하다고 생각하고 자신을 경시하는 경향을 지닌다. 또한 모든 면에서 자기는 남보다 우월하지 못하다고 여겨서 다른 사람에게 언제나 의존하는 태도를 가지고 있다. 그리고 다른 사람이 자기를 어떻게 평가하는지에 따라 자기를 평가한다. 즉, 자기가 스스로를 인정하거나 평가하기보다 타인의 눈에 비춰서 자기를 평가하는 경향이 강하다.

이 유형의 사람은 '사랑' 과 '인정' 이 사람의 커다란 가치를 차지하고, 이를 강박적으로 추구하는 신경증적 욕구가 충족될 수 있는 유일의 수단이고 방향이기 때문에 사랑하는 사람, 즉 자신이 의지하고 믿을 만한 사람만 만나면 다 된다고 생각한다.

사람에게 향하는 모든 특성을 드러내며, 주의 사람의 인정과 애정을 유달리 바란다. 친밀한 인간관계의 욕구, 즉 소속감의 욕구에 중심을 둔다. 이런 유형의 사람은 타인의 마음에 들려고 노력하고, 사랑을 받으려고 하며, 상대가 자신을 받아 주고 환영해 주며, 인정해 주고 자신의 진가를 알아주기를 바란다. 또한 자신이 사람들에게 필요한 존재, 특히 한 특정인에게 중요한 존재이기를 바라며 그에게 도움과 보호, 보살핌, 지도를 받고 싶어 한다.

순응형의 사람은 자신에게 어떤 특징적 태도를 취하는데, 이를 정리하면 다음과 같다.

첫째, 전반적으로 자신이 약하고 무력한 사람이며, 불쌍하고 보잘것없는 사람이라는 느낌을 갖는다.

둘째, 복종의 경향을 나타난다. 모든 사람이 자신보다 우월하고 더 매력적이고 영리하며 교육 수준도 높고 가치 있다고 생각하여 그것을 당연하게 받아들인다.

셋째, 타인에 대한 일반적 의존성을 보인다. 이것은 타인이 자신을 어떻게 생각하는지에 따라 자신을 평가하는 무의식적 경향이다.

순종적 유형을 분석하면 무의식에 강하게 억압된 여러 가지 공격적 성향을 보게 된다. 지나치게 타인을 배려하는 것과는 대조적으로 타인에 관한 무관심, 반항적 태도, 무의식적으로 타인에게 기생하거나 이용하려는 경향, 타인을 통제하고 조종하려는 경향, 타인보다 뛰어나기를 바라거나 또는 보복적 승리를 즐기고 싶어 하는 욕구를 발견하게 된다. 억압된 욕구는 당연히 그 종류와 강도가 다양하며 이는 부분적으로는 어렸을 때 겪은 사람과의 좋지 않은 경험에서 발생한다.

겉으로는 사려 깊고, 이해심 많고, 사람들에게 반응적이며, 타인의 욕구에 민감한 듯 보이나, 이런 순응형의 사람은 내면에 억압된 뿌리 깊은 반항심과 복수심을 지니고 있어서 바깥으로 드러나는 행동과 태도와는 상반되게 타인을 통제 착취하고 조종하려는 욕구를 지니고 있다.

(2) 공격형 성격(타인에 반해 움직이기)

진화론자의 적자생존 논리대로 이 유형의 사람에게 세계는 하나의 전장이고 밀림이다. 즉, 강자가 약자를 이겨서 살아남는 곳이 바로 세상이다. 적대적이고 약육강식의 논리가 존재하는 세상에서 어떤 경우에든 자기 이익만을 냉담히 추구하는 것이 이들의 삶의 원리이다.

이들에게 삶의 투쟁의 목표는 힘, 특권, 성공 등이다. 따라서 대인 관계는 단지 타인을 능가하기 위해서만 형성된다. 자기가 중요한 자리에 있어야 하고, 이것을 보장받아야 한다고 생각한다.

이들은 세상에 대해서 투쟁적 태도를 가지고 있으므로 현실주의의 감정을 발달시켜 사전 계획과 치밀한 계산에 강조를 둔다. 즉, 기회와 가능성을 살펴 자신의 이익만을 냉정하게 챙겨야 하므로 그들의 주된 욕구는 타인을 통제하는 존재가 되는 것이다. 통제의 방법은 힘을 행사하거나 지나칠 정도로 타인에게 간청하거나 의무를 떠넘김으로써 간접적으로 조종하는 것 등이다. 이런 유형은 자신이 타인보다 뛰어나길 바라고 성공하거나 명예를 얻는 등 어떤 형태로든 타인에게 인정받기를 바란다.

이런 유형 중 일부는 사람을 이용하고 속이고 자신에게 이익이 되게끔 하고 싶어 하는 강한 욕구를 드러내기도 한다. 냉정하고 거친 성격이 되거나 투쟁에서 이기기 위해 어떤 행동이든 서슴지 않는다. 논쟁을 할 때는 기민하고 예리하며 자신이 옳다는 것을 증명하기 위해 고의로 논쟁을 시작하기도 한다. 공격적 유형은 자신을 가장 강하고 사람들이 필요로 하는 존재로 내세우고 싶어 하는 욕구를 가지고 있다. 이들에게 일은 목적을 위한 수단밖에는 되지 않기 때문에 자신이 하는 일을 좋아하지 않으며 진정한 즐거움을 느끼지도 않는데 이것은 삶에서 감정을 배제하려는 시도와 일관된다.

이 유형의 가치체계는 경쟁 사회의 철학을 바탕으로 한다. 타인의 부드러움을 편안하게 받아들이지 않으면서, 다른 한편으로는 이것을 환영하기도 한다. 왜냐하면 자신의 목적을 쉽게 추구할 수 있도록 해 주기 때문이다. 공격적 유형은 어떤 동정심, 선량해야 하는 의무, 순종적 태도와 같은 부드러운 성향을 억제함으로써 공격적 성향이 강화되고 더 강박적이 된다.

이들은 최고가 되기 위해 노력하므로 실제로 직업적으로 성공을 하지만 직업 자체가 본질적 만족을 주지는 못한다. 조직을 지배하고 통제하면서 힘을 추구해 나가기 때문에 겉으로는 자신감이 있어 보이지만 순응형과 마찬가지로 내면은 불안전하다고 느끼며, 끊임없이 힘과 특권을 얻어서 이를 극복하려고 한다는 점에서 불안, 그리고 적대감이 행동의 원천이라고 할 수 있다.

(3) 고립형 성격(타인으로부터 멀어지기)

이들은 자신으로부터 정서적 거리를 유지하고 모든 일에서 방관자적 태도를 가진다. 정서적인 것으로 자신이 흔들리는 것을 원치 않는다. 이들에게는 자기충족(self-sufficiency)과 개인적 공간(privacy)을 요구하는 정도가 격리의 정도를 나타내는 표준이 된다. 다른 사람과 무엇을 나누려 하지 않고 혼자 일하고, 먹고, 놀기를 원한다. 이들도 우월감에 대한 욕구가 있다. 이것은 현실적 노력에 의해서 우수해지려는 것이 아니고 다른 사람과 떨어져 구별된다는 점에서 자기의 독특성(uniqueness)에 대한 느낌을 가진다.

순응형이나 공격형은 통합적 안정감을 얻기 위해 적극적 방법으로(양상은 다르지만) 생활을 받아들이는 시도를 하는 데 비해 고립형은 가장 모순이 많고 분석이 어려운 성격 유형이다. 세 가지 유형 중에 사회생활을 하면서 어려움을 경험할 때 상담실에 나타나지 않을 유형은 바로 이 고립형이다. 이런 유형의 사람은 상담실에 잘 나타나지 않는데 그 이유는 관계를 맺는 것이 이들에게는 불편하기 때문이다. 이들은 상담자와 관계를 갖지 않으려는 저항으로 인해, 그 다양한 성격 구조를 이해하기 어려운 부분이 있다. 시간표나 일정표를 싫어하며 결혼이나 오래된 연애들과 같이 장기적으로 얽매이는 것을 피하는 편이다.

타인과의 분리가 중요한 성격적 특징인데, 이들은 심지어 자신에게조차 소원하다. 즉, 정서 경험에 대한 무감각, 자신이 누구인지, 자신이 무엇을 사랑하고 미워하고 바라고 희망하고 두려워하고 분노하는지에 대한 자각이 분명하지 않다. 결정적인 것은 자신과 타인 사이의 감정적 거리를 두어야 한다는 내적 욕구이다. 좀 더 정확하게 표현하자면, 사랑이든 다툼이든 협력이든 또는 경쟁이든 간에 어떤 방식으로든지 타인과 감정적으로 관련되어 있지 않겠다고 의식 혹은 무의식적으로 결심한다.

이 유형의 사람은 관계에 엮이고 싶지 않다는 주된 욕구를 가지며, 그중에서 가장 현저한 욕구는 자족감과 사생활 보호에 대한 욕구이다. 이들은 혼자서도 충분하다는 자족감과 사생활 보호, 철저한 독립의 욕구로 존재한다.

각 성격 유형에 대한 대처

어떤 사람은 순응형의 탈을 쓴 공격형일지도 모른다. 또 어떤 사람은 고립형의 탈을 쓴 공격형일 수도 있다. 중요한 것은 우리가 가진 각 유형의 독특한 욕구 때문에 갈등이 빚어질 수 있다는 것이다. 그러므로 자기를 잘 이해하고 관계에서 갈등이 생겼을 때 나의 어떤 부분이 갈등을 빚는지를 숙고하는 태도가 필요하다.

2) 에니어그램

적어도 2천 년의 지혜를 품고 있는 에니어그램은 아시아와 중동에서 그 기원을 찾을 수 있다. 에니어그램이라는 말은 그리스어 '에니어(ennea, 아홉)' 와 '그램(gram, 모형)' 의 합성어로서, 에니어그램 심벌에서 볼 수 있는 9개의 지점 혹은 숫자를 가리킨다. 이 고대의 기호는 사람들이 생각하고 느끼고 행동하는 서로 다른 방식에 대한 분명한 통찰력을 제공한다.

에니어그램의 9가지 유형은 서로 관련이 있는 생각과 느낌, 그리고 행동의 패턴과 함께 매우 독특한 세계관을 보여 주고 있다. 또한 더욱 중요한 점은 각각의 에니어그램 유형이 그 사람에게 큰 영향을 미치는 특수한 발달 경로와 관련이 있다는 사실이다. 그런 까닭에 리더로서나 한 사람의 개인으로서 성장하고 발전해 나가고자 하는 사람이 자신의 에니어그램 유형을 파악하는 것은 아주 중요한 일이다.

(1) 에니어그램 유형을 판별하는 방법

최근 들어 여러 가지 유용한 에니어그램 테스트가 소개되고 있긴 하지만 그 어느 것도 100퍼센트 완벽하게 그 사람의 에니어그램 유형을 판별해 주지는 못한다. 그렇지만 우리는 에니어그램 유형을 판별하기 위한 자신의 평가를 반드시 신뢰해야 한다. 무엇이 자신에게 동기를 부여하고 행동하도록 만드는지, 자신이 어떤 생각을 하고 어떻게 느끼고 어떤 식으로 행동하는지를 포함해 스스로를 가장 잘 아는 사람은 바로 자기 자신이기 때문이다. 하지만 늘 그래 왔던 것들이라 자신의 습관적인 행동 패턴을 잘 인식하지 못할 수도 있다. 그래서 자신의 에니어그램 유형을 판별하는 과정은 리더로서 성장하는 데 매우 중요한 자아 성찰(self-reflective)의 여정이기도 하다. 또 자신의 에니어그램 유형을 확인하는 것은 에니어그램 시스템을 배우는 데 도움이 될 뿐 아니라 더욱 객관적으로 자기반성을 할 수 있도록 해 준다.

에니어그램의 9가지 유형을 깊이 이해한 후 자신의 에니어그램 유형을 판별한다면 자신과 타인의 성격에 대해 더 많은 정보를 얻을 수 있다.

(2) 에니어그램의 9가지 유형

에니어그램의 9가지 유형은 개혁가, 조력자, 성취자, 예술가, 사색가, 충성가, 열정가, 도전자, 화합가로서 각 유형에 대한 설명은 다음과 같다.

다음과 같은 에니어그램의 9가지 유형에 대한 설명을 읽으면서 항상 염두에 둬야 할 질문이 있다. 그것은 바로 "어느 에니어그램 유형이 가장 정확하게 나를 설명하고 있는가?" 이다.

① 1번 유형: 개혁가

근면 (Diligence)	1번 유형: 개혁가
	• **특성:** 1번 유형에 속하는 사람들은 완벽한 세상을 추구하며 자기 자신과 모든 사람들, 주위의 모든 것들을 개선하기 위해 열심히 일한다. • **주요 관심사:** 무엇이 옳고, 무엇이 그른가? 어떤 것이 정확하고, 어떤 것이 부정확한가? • **일반적인 명칭:** 완벽주의자, 개혁가, 개혁운동가, 도덕주의자

다음 1번 유형의 리더십 특성들 중에서 자신을 잘 묘사하고 있는 항목에 체크하라.

강점 영역	개발 영역
☐ 스스로 모범을 보인다	☐ 반응이 빠르다
☐ 높은 성과를 위해 노력한다	☐ 지나치게 비판적이다
☐ 완벽을 추구한다	☐ 비판받았을 때 방어적이다
☐ 조직적이다	☐ 자신의 분노를 알아차리지 못한다
☐ 일관성이 있다	☐ 세부 사항에 집중한다
☐ 지각력이 있다	☐ 통제적이다
☐ 정직하다	☐ 고집이 세다
☐ 실질적이다	☐ 참을성이 없다

② 2번 유형: 조력자

베풂 (Giving)	2번 유형: 조력자
	• **특성:** 2번 유형에 속하는 사람들은 다른 사람의 환심을 사고자 하며 다른 사람의 필요를 충족시키고자 한다. 또 그들의 삶에서 만나게 되는 사람들과 사건들을 조율하려 한다. • **주요 관심사:** 내가 필요한가? 다른 사람들이 나를 좋아할까? • **일반적인 명칭:** 베푸는 사람, 조력자, 관리자, 남을 돕는다고 여기지만 사실은 망치는 사람

다음 2번 유형의 리더십 특성들 중에서 자신을 잘 묘사하고 있는 항목에 체크하라.

강점 영역	개발 영역
☐ 관계를 잘 맺는다 ☐ 공감을 잘한다 ☐ 협력적이고 관대하다 ☐ 긍정적이다 ☐ 호감을 준다 ☐ 책임감이 있고 근면하다 ☐ 타인의 욕구를 잘 알아차린다 ☐ 타인에게 동기를 부여한다	☐ 타인이 혹사당하는 것을 보면 격노한다 ☐ 좀처럼 '아니오' 라고 말하지 못한다 ☐ 상대가 감사를 표하지 않을 때 분노가 일어난다 ☐ 자신의 욕구를 잘 알아차리지 못한다 ☐ 관계를 지나치게 중시한다 ☐ 솔직하지 못하다 ☐ 다른 사람들을 위해 능력 이상의 일을 하려 든다 ☐ 자신이 다른 사람들을 위해 한 일에 대한 대가를 바란다는 사실을 인식하지 못한다

③ 3번 유형: 성취자

성취 (Perform)	3번 유형: 성취자
	• **특성**: 3번 유형에 속하는 사람들은 인생에서 특정한 목표를 달성하고 다른 사람들로부터 존경과 칭찬을 받기 위해 성공하고자 노력한다. • **주요 관심사**: 어떻게 하면 다른 사람들로부터 존경과 칭찬을 받을 수 있을까? • **일반적인 명칭**: 행동하는 사람, 성취하는 사람, 성공자, 주도적인 사람

다음 3번 유형의 리더십 특성들 중에서 자신을 잘 묘사하고 있는 항목에 체크하라.

강점 영역	개발 영역
☐ 성공 지향적이다 ☐ 에너지가 많다 ☐ 청중을 잘 읽는다 ☐ 문제를 극복한다 ☐ 긍정적이다 ☐ 기업가 정신이 있다 ☐ 자신감이 있다 ☐ 결과를 도출한다	☐ 지나치게 경쟁적이다 ☐ 항상 준비되어 있는 것은 아니다 ☐ 퉁명스럽거나 성급하다 ☐ 깊은 감정을 숨긴다 ☐ 지나치게 일을 많이 벌인다 ☐ 타인의 감정을 참아내지 못한다 ☐ 나의 이미지가 내 자신이라고 믿는다 ☐ 개인적인 관계를 위한 시간을 내기 어려워한다

④ 4번 유형: 예술가

	4번 유형: 예술가
기분 (Mood)	• **특성:** 4번 유형에 속하는 사람들은 자신의 내면 세계가 타인과 깊이 연결되는 것을 갈망한다. 또한 이들은 자신의 개인적인 경험과 느낌을 확실하게 표현할 수 있을 때 진정 자신이 살아 있음을 느낀다. • **주요 관심사:** 나는 다른 사람들에게 거절당했는가? 기분이 좋지 않은가? 나는 나 자신을 표현할 수 있는가? • **일반적인 명칭:** 비극적인 낭만가, 예술가, 심미주의자, 개인주의자

다음 4번 유형의 리더십 특성들 중에서 자신을 잘 묘사하고 있는 항목에 체크하라.

강점 영역	개발 영역
☐ 영감을 준다	☐ 강렬하다
☐ 창의적이다	☐ 자의식이 강하다
☐ 자기 성찰적이다	☐ 변덕스럽다
☐ 표현력이 풍부하다	☐ 싫증을 잘 낸다
☐ 직관적이다	☐ 죄의식이 많다
☐ 배려심이 있다	☐ 비판을 싫어한다
☐ 탁월함을 추구한다	☐ 냉담한 면이 있다
☐ 개인적인 연결을 통해 의미를 찾는다	☐ 다른 사람들에 대해 매우 비판적이다

⑤ 5번 유형: 사색가

	5번 유형: 사색가
지식 (Knowledge)	• **특성:** 5번 유형에 속하는 사람들은 지식에 목말라 하며, 타인과의 감정적인 관계를 최소한으로 유지하기 위해 감정적인 격리를 사용한다. • **주요 관심사:** 내 시간과 에너지와 자원에 대해 누군가가 요구를 할까? • **일반적인 명칭:** 관찰자, 은둔자, 사색가, 연구자

다음 5번 유형의 리더십 특성들 중에서 자신을 잘 묘사하고 있는 항목에 체크하라.

강점 영역	개발 영역
□ 분석적이다	□ 다른 사람과 거리를 둔다
□ 통찰력이 있다	□ 고립되어 있다
□ 객관적이다	□ 지나치게 독립적이다
□ 체계적이다	□ 내성적이다
□ 철저히 계획을 세운다	□ 인간관계를 소홀히 한다
□ 위기 상황에 잘 대처한다	□ 정보를 나누지 않는다
□ 끈기가 있다	□ 고집이 세다
□ 전문적이다	□ 타인에 대해 비판적이다

⑥ 6번 유형: 충성가

의심 (Doubt)	6번 유형: 충성가
	• **특성**: 6번 유형에 속하는 사람들은 무언가가 잘못되고 있을 때를 대비해 통찰력을 발휘하고 예측을 게을리하지 않는다. • **주요 관심사**: 지금 여기서 잘못될 수 있는 일은 어떤 것인가? 내가 믿을 수 있는 사람은 누구인가? 나는 최선의 결정을 내렸는가? • **일반적인 명칭**: 변론인, 충성가, 질문자, 회의론자

다음 6번 유형의 리더십 특성들 중에서 자신을 잘 묘사하고 있는 항목에 체크하라.

강점 영역	개발 영역
□ 책임감이 강하다	□ 걱정이 많다
□ 실질적이다	□ 모호함을 좋아하지 않는다
□ 협력적이다	□ 분석이 마비될 수 있다
□ 전략적이다	□ 반응이 빠르다
□ 날카로운 지성	□ 자기희생적이다
□ 인내심이 강하다	□ 지나치게 조심스럽거나 위험을 자초한다
□ 문제를 예견한다	□ 지나치게 순종적이거나 반항적이다
□ 회사와 직원에 충실하다	□ 자신의 생각을 타인에게 투사한다

⑦ 7번 유형: 열정가

선택 (Options)	7번 유형: 열정가
	• **특성**: 7번 유형에 속하는 사람들은 새로운 아이디어와 새로운 사람, 새로운 경험이 주는 자극을 즐기며 고통을 피하려 하고 스스로에게 모든 선택권을 허락해 줄 계획을 공들여 세운다. • **주요 관심사**: 무엇이 흥미로운가? 압박감을 느끼고 있지는 않은가? 나는 고통과 불편에서 벗어날 수 있는가? • **일반적인 명칭**: 쾌락주의자, 팔방미인, 공상가, 심미주의자

다음 7번 유형의 리더십 특성들 중에서 자신을 잘 묘사하고 있는 항목에 체크하라.

강점 영역	개발 영역
☐ 상상력이 풍부하고 창의적이다	☐ 강박적이다
☐ 열정적이다	☐ 집중을 잘 못한다
☐ 호기심이 있다	☐ 반항적이다
☐ 매력적이다	☐ 고통스러운 상황을 피한다
☐ 많은 일을 동시에 한다	☐ 타인의 어려움에 잘 공감하지 못한다
☐ 쾌활하다	☐ 부정적인 피드백을 잘 받아들이지 못한다
☐ 두뇌 회전이 빠르다	☐ 평범하고 반복적인 일을 싫어한다
☐ 산만한 데이터들을 연결시킨다	☐ 부정적 경험을 합리화한다

⑧ 8번 유형: 도전자

도전 (Challenge)	8번 유형: 도전자
	• **특성**: 8번 유형에 속하는 사람들은 진실을 추구하고, 상황을 항상 자신의 통제하에 두려 하며, 큰일을 벌이고 싶어 하고, 자신의 약점을 숨기고 싶어 한다. • **주요 관심사**: 모든 것들이 효과적으로 그리고 옳은 방식으로 통제되고 있는가? • **일반적인 명칭**: 보스, 리더, 도전자, 옹호자

다음 8번 유형의 리더십 특성들 중에서 자신을 잘 묘사하고 있는 항목에 체크하라.

강점 영역	개발 영역
☐ 직설적이다	☐ 통제적이다
☐ 매우 전략적이다	☐ 타인에게 요구가 많다
☐ 어려움을 극복한다	☐ 참을성이 없다
☐ 에너지가 많다	☐ 속도가 느린 사람을 이해해 주지 않는다
☐ 타인을 보호한다	☐ 약함을 경멸한다
☐ 추진력이 있다	☐ 자신과 타인에 대한 기대가 높다
☐ 타인의 성공을 후원한다	☐ 타인이 기대만큼 일을 해내지 않으면 자신이 이용당한다고 느낀다
☐ 자신감과 권위가 있다	

⑨ 9번 유형 : 화합가

화합 (Harmony)	9번 유형 : 화합가
	• **특성:** 9번 유형에 속하는 사람들은 평화, 조화로움, 긍정적인 상호 존중을 추구하며 갈등과 긴장, 원한과 같은 감정을 싫어한다. • **주요 관심사:** 나를 포함해서 모든 사람들의 의견이 반영되고 있는가? • **일반적인 명칭:** 중재자, 조정자, 연결하는 사람, 조화를 추구하는 사람

다음 9번 유형의 리더십 특성들 중에서 자신을 잘 묘사하고 있는 항목에 체크하라.

강점 영역	개발 영역
☐ 외교적이다	☐ 갈등을 회피한다
☐ 느긋하다	☐ 주장을 하지 않는다
☐ 일관적이다	☐ 일의 우선순위를 잊는다
☐ 포용적이고 협조적이다	☐ 일을 잘 미룬다
☐ 인간관계를 오래 지속시킨다	☐ 우유부단하다
☐ 인내심이 있다	☐ 확신이 없다
☐ 다른 사람들을 지원하는 편이다	☐ 에너지가 적다
☐ 세부 사항에 관심을 두면서도 전체 맥락을 파악하고 있다	☐ 압박을 받으면 소극적인 공격 성향을 드러낸다

05 교사의 리더십

좋은 교사는 학생의 지적, 인지적, 사회적, 정서적, 신체적 능력의 발달을 커다란 목표로 여기지만 더욱 중요한 것은 학생의 내면적인 세계의 변화를 이끌어 내고 학생의 잠재성을 밖으로 이끌어 내는 것이다. 교사는 학생에게 진심으로 관심을 가지고 사랑으로 보살피고, 학생이 교사를 진심으로 따르고 존경할 때 진정한 교육적인 효과와 상호작용을 기대할 수 있다.

교사가 명예와 신뢰를 바탕으로 원칙 중심의 리더십을 지속적으로 펼쳐 나갈 때 그 교사에게 새로운 지식을 터득하고 배우는 학생은 그때서야 자신의 고유한 내면 세계를 밖으로 드러내면서 교사와 진심 어린 교감을 나누기 시작한다.

인간관계에선 누구든지 학생들에게 영향력을 미칠 수 있다. 그러나 교사는 학생들에게 가장 가까운 위치에서 영원한 유산을 남기는 사람 가운데 하나이다. 예를 들면, 헬렌 켈러(Helen Keller, 1880~1968년)에게 설리번(Annie Sullivan, 1866~1936년) 선생님은 영원한 유산의 창조자였다. 교사는 학생이 일생에 걸쳐 간직하고 삶의 지표로 삼을 유산을 창조한다. 여기서 '유산'이란 단순히 지식과 기술이 될 수도 있고, 개인의 가능성을 확인하고 목표를 향해 도전하는 것, 타인에 대한 신뢰와 배려, 근면과 성실, 명예와 존경심, 사랑과 봉사, 사회적 책무성의 실천 등 대단히 다양한 뜻을 가질 것이다.

교사는 학생 개개인에 내재된 숨겨진 잠재성을 흔들어 깨워 그 인격체에게 무한한 가능성을 열어 주는 사람이다. 이런 역할을 아무나 할 수 있다면 교사는 단순히 지식을 전달하는 사람으로 그치고 말 것이지만, 교사는 배움의 인도자로서뿐 아니라 이 세상을 가치 있게 만드는 사람이다.

헬렌 켈러의 말대로, 학생을 교실로 데려가는 것은 누구나 할 수 있지만, 진정으로 배움의 장으로 인도하는 사람은 교사밖에 없다. 그래서 교육(education)이라는 단어의 어원에 따르면, '잠재적이고, 숨겨지고, 표현되지 않은 것을 이끌어 낸다'는 의미를 나타낸다. 이렇듯 교육의 본질적 정의에 따르더라도 교사의 역할 가운데 가장 중요한 역할은 학생의 내면에 있는 위대성과 잠재력을 밖으로 끄집어 내는 것이다.

또한, 교사가 가르쳐야 할 대상인 학생을 어떻게 보느냐에 따라 그의 리더십도 달라진다. 만약 교사가 자기만 알고 있고 학생들은 모른다고 믿는다면 독불장군(獨不將軍)으로 학생에게 명령, 통제, 강요와 같은 스파르타식 수업을 하게 된다. 그러나 학생들의 내면에 위대한 능력이 잠재되어 있다고 믿는다면, 교사는 학생들이 이미 직관적으로 알고 있는 것을 새로이 이해하는 법을 깨달을 수 있도록 도와주는 안내자이자 조력자로서의 역할을 하면 된다. 이런 경우 교사는 학생에게 강요할 필요도 없으며, 사실 강요할 수도 없다. 학생들의 내면에 힘과 생명이 이미 존재하고 있다는 것을 인정하면 된다.

이렇듯이 교사가 학생을 어떤 관점에서 바라보느냐에 따라 그 결과는 천지 차이만큼이나 크다. 학생들의 자발성과 창의성, 배움의 즐거움을 찾아줄 수도 있고 없애 버릴 수도 있으며, 그들의 삶이 성장하고 번영하도록 도와주는 조건을 만들어 줄 수도 있다.

교사는 단순한 학급 운영자가 아니다. 교실 안에서 지식을 가르치고 인류가 남긴 유산을 후대(後代)에게 전수하는 것만이 아니라 배우는 자가 가야 할 방향을 설정하고 그 길이 신나고 멋진 여행이 되도록 해야 하며, 교사에게도 영원한 유산을 창조하기 위한 원칙과 신념이 필요하다(염철현, 2004).

염철현(2004)은 《교사의 리더십》에서 칭찬과 격려, 기대감과 희망, 열린 자세, 변화의 수용, 솔선수범, 커뮤니케이션 리더십이 필요하다고 하였다. 각각의 리더십에 대해 살펴보면 다음과 같다.

1) '칭찬'과 '격려'

괴테는 "지적도 중요하지만 지적 뒤의 격려는 소나기 뒤의 햇빛과도 같다."고 했고, 조지 애덤스는 "격려는 영혼의 산소이다."라고 하였다. 최근 《칭찬은 고래도 춤추게 한다》라는 제목의 책이 출판되어 베스트셀러가 되었듯 교사의 칭찬은 학생들에게 자신감과 용기를 주고 도전할 수 있는 믿음을 주기도 한다. 또한 교사의 칭찬은 부정적이고, 불신과 닫힌 마음을 가진 학생의 영혼에 따뜻한 기운을 불어넣고 잠재된 역량을 끄집어 내는 둘도 없는 교육적 자양분이 될 수도 있으며, 학교 생활 전 과정을 통해서 가장 큰 긍정적인 영향을 받은 사건이 될 수도 있고, 그 학생의 삶에 새로운 전환기가 될 수도 있다.

즉, 교사는 백지에 학생의 미래를 그려 넣을 수 있는 사람이다. 감수성이 예민한 학생에게 선생의 칭찬 한마디는 그의 삶의 좌표를 바꿔 놓는다. 로크(John Locke, 1632~1704년; 영국의 정치사상가, 계몽철학과 경험철학의 원조)도 인간 백지설(白紙設, tabula rasa)을 주장하면서, 인간은 태어나면서 마치 백지(白紙)와 같아 그 위에 그 어떤 것도 그릴 수 있다고 하였다.

2) '기대감'과 '희망'

마크 트웨인은 "당신의 야망을 깔보는 사람을 멀리하라. 하찮은 사람은 항상 남을 깔본다. 하지만 정말 위대한 사람은 남들도 똑같이 위대해질 수 있다는 희망을 심어 준다."라고 하였다.

교육을 백년지대계(百年之大計)라고 한다. 삼십 년을 한 세대로 보면 세 번의 세대가 지나고도 십 년이 남는다. 교육이 달성할 목표를 백 년이라는 긴 기간으로 설정한 데에는 교육의 무한한 개인적, 사회적 책임을 강조한 것이다. 교사 자신이 교단에서 가르치는 학생의 모든 것을 파악하기에는 교사의 삶 자체가 너무 짧다.

교사가 교육적인 활동을 통해 그 결과를 당장 기대하는 것은 어리석은 생각이다. 마치 씨만 뿌리고 잡초를 제거하지 않거나 영양분을 주지도 않으면서 열매를 기대하는 것과 마찬가지이다. 그래서 교사는 학습자에게 잠재되어 있는 가능성과 그들이 갖고 있는 독창성 내지는 특성을 찾아내려는 뜨거운 열정과 바위와 같은 인내심을 지닌 탐구자의 자세로 돌아가야 한다.

사람의 속성으로 볼 때 아무리 현재의 삶이 고단하고 힘들어도 미래의 희망과 기대감이 있으면 잘 극복해 낼 수 있다. 삶에 의미를 부여하면 살맛이 나고 가치가 있다는 것이다. 교사의 학생에 대한 기대감과 희망 역시 중요한 유산임에 틀림없다.

3) 열린 자세

헨리 포드는 "실패란 더 지혜롭게, 다시 시작할 기회인 것이다."라고 하였고, 프랭클린 D. 루즈벨트는 "우리가 가장 두려워해야 할 것은 바로 두려움 그 자체이다."라고 하였다.

교사는 자신의 시행착오부터 인정하는 열린 자세가 필요하다. 교육은 시행착오를 인정하는 자세와 인내심을 요구하고 있다. 실수는 성공을 위한 디딤돌이며 보약이다. 실수는 바로잡도록 해야 하지만, 그 실수를 통해 성장할 수 있도록 조건과 환경을 조성해야 한다. 실수가 어떤 개인에게는 그 무엇보다도 귀중한 보약이 될 수 있다. 실수해 보지 않은 사람은 실수할까 두려워 아무것도 못할 수도 있다.

그러나 이제는 평생학습사회이다. 학습과 배움의 과정이 유비쿼터스적으로 일어난다. 평생학습이란 인간의 불완전과 불충분함을 전제로 한다. 그래서 배우고 또 배워야 한다는 것이다. 평생학습체제에서는 실패는 성공의 어머니이면서 동시에 창조라는 점을 더욱 강조해야 한다.

토마스 에디슨(Thomas Edison)이 전구를 발명하기까지는 2천 번에 이르는 실험을 했다. 건전지를 발명하기 위해서는 무려 2만 5천 번의 실험을 하여 성공하였다. 학교에서 실패를 어떻게 받아들이느냐를 가르쳐야 한다. 에디슨도 "천재는 99%의 노력과 단 1%의 영감이다."라고 하지 않았던가? 그래서 '성공학' 못지않게 '실패학'이 필요하다. 시행착오(trial and error)는 학습을 위한 너무나 자연스런 과정이다.

4) '변화'의 수용

롱펠로우는 "행운이란 기회가 준비를 만났을 때 일어나는 것이다." "썰물이 가장 낮아졌을 때, 그때가 바로 조수가 변하는 때이다."라고 하였다. 스펜서 존슨(Spencer Johnson)의 책 《누가 내 치즈를 옮겼을까?(*Who moved my cheese?*)》의 내용 가운데 키워드에 해당하는 치즈는 직업, 인간관계, 건강, 명예 등 사람이라면 가지고 싶고 누리고 싶은 일종의 욕구를 대신한다. 책 속의 주인공들이 갑자기 사라져 버린 치즈(또는 변화된 환경)를 놓고 반응하는 방식을 보면 마치 현실 세계의 조직 구성원의 면면을 보는 듯하다.

리더의 중요한 역할 가운데 하나는 조직의 구성원들이 변화를 받아들이도록 하는 것이다. 그러나 모든 구성원들이 리더가 기대한 대로 변화를 수용하지는 않는다. 결국 리더십이란 영향력을 행사하는 것이고 행동의 변화를 이끌어 내는 것이다.

교육의 영역에서 평생학습사회의 도래는 교육계의 커다란 변화이다. 형식적인 학교체제에서 평생교육체제로의 이행은 교육의 방식, 목적, 체계가 과거와는 현격하게 달라질 수밖에 없음을 의미한다. 이 변화를 받아들이는 수용자들의 태도 또한 다양하게 나타날 것이다. 새로운 변화에 직면하여 교사의 역할은 중요하다. 교사가 학생에게 변화를 어떻게 소개하고 교사 스스로 어떤 태도를 견지하느냐에 따라 학생은 많은 영향을 받기 때문이다.

5) 솔선수범

스탠포드 대학의 연구 결과에 의하면 "배우는 것의 89%는 보고 배우며, 10%는 듣고 배우며, 그리고 나머지 1%가 다른 감각으로 느끼고 배운다."라고 하였으며, 우리나라 속담 중에도 "아이들은 어른 등을 보고 배운다."라는 말이 있다. 이와 같이 교사의 실천하는 행동과 지성은 학생들에게 긍정적인 동기로 작용할 것이다. 랄프 왈도 에머슨은 "열정 없이 이루어진 업적은 이 세상에 없다."라고 하였다.

톨스토이(Lev N. Tolstoi, 1828~1910년)는 "사랑이 있는 곳에 신이 있으며, 사람 내면에는 사랑이 들어 있다."라고 하였다. 톨스토이의 말대로라면 교사는 사람이 태어날 때부터 지니고 있는 사랑과 봉사의 마음을 실천하는 것이다.

리더십의 시작이 사랑이라면 그 결정체는 지속적인 영향력이다. 링컨의 부하에 대한 세심한 배려, 설리번의 헬렌 켈러에 대한 지도, 테레사 수녀와 간디의 인류애 실천 등은 시간의 흐름과는 관계없이 사람들의 존경과 사랑을 받으며 오늘날에도 정신적인 영향력을 행사하고 있다. 위대한 지도자들의 가슴에는 사랑의 기운이 넘쳤다. 그들이 베푸는 사랑의 행위는 곧 봉사와 희생이라는 숭고한 정신으로 승화되었다. 사람들이 열망하는 권위, 권력, 영향력은 그 다음의 문제였다. 사랑은 봉사와 희생을 거쳐 영향력이란 영원한 유산으로 되돌아온다.

오늘날의 사회는 과거보다 훨씬 경쟁이 치열해졌다. 교사도 학습하고 지도해야 할 것이 훨씬 더 많아졌다. 오늘날의 사회는 지식사회요, 평생학습사회라고 한다. 그래서 교사는 또한 평생학습자가 되어야 한다. 교사 자신이 끊임없이 자기 계발을 주도하고 원칙 중심의 리더십을 함양해야 한다.

조직마다 '리더' 라 불리는 사람이 있기 마련이다. 그러나 리더라고 해서 모두 다 리더는 아니다. 교사만큼 리더십, 곧 영향력을 행사할 기회가 많고 또 그 기회가 가까운 곳에 있는 사람도 없다. 영향력을 행사할 기회가 많다는 것처럼 행복한 삶이 있을까? 교사는 시간이 지나 경력이 쌓이면 리더의 위치에 올라가는 형식적인 리더가 아닌 진정한 의미의 리더십을 추구해야 한다. 리더의 역할을 아무리 강조해도 부족한 시대에 교사는 사랑과 봉사, 그리고 존경과 명예에 기초한 '원칙 중심의 리더십' 을 키우기 위해 노력해야 한다.

6) 커뮤니케이션 리더십

(1) 커뮤니케이션을 훌륭하게 이끌어 내는 리더십

진정한 커뮤니케이션이란 마음과 마음의 만남이어야 한다. 함께 이야기를 하고 있거나 함께 일을 하고 있다고 해서 반드시 커뮤니케이션이 잘 이루어지고 있다고는 할 수 없다. 또 마음과 마음이 연결되었다 해도 끊임없이 반복하지 않으면 무너져 버릴 수 있다. 커뮤니케이션은 서로를 받아들이고 서로를 인정하는 노력을 계속해야 유지가 가능한 것이다.

(2) 구성원의 협력을 얻을 수 있는 리더십의 자세

역할 훈련에서는 상대(학생)의 이야기를 듣는 것과 자신의 뜻을 전달하는 훈련을 한다. 우선 아무 말 없이 듣는 것이다. 상대방의 표정을 보며 열심히 듣는다. 그 다음 맞장구를 치고 이야기를 재촉한다. "아~", "그렇구나!", "그래서?", "그 부분을 좀 더 말해 줄래?"라는 표현을 적당히 사용한다. 상대방이 전달하고 싶은 내용을 받아들이기 전에 자신의 생각을 얘기하고 싶어지므로 "아~"라는 한 마디를 할 틈을 잡는 것이 상당히 어렵다. 그러나 그것을 익혀 가면서 상대방의 마음을 엿볼 수 있게 되고 커뮤니케이션의 문이 열린 것을 알게 된다.

다음은 반복과 정리이다. 상대방의 말을 정확하게 들으려면 전부 반복할 수 있을 만큼 귀를 기울여야 한다. 반복이나 정리는 훈련의 한 방법이지만 일상생활에서 잘 활용하면 상대방은 자신의 말이 어떻게 전해졌는지 알게 되어 이야기를 계속하게 된다. 또 상대방이 자신을 되돌아보는 계기가 되기도 한다.

그 다음에는 상대방의 마음을 함께하는 방법을 배운다. 이것이 적극적 경청이다. 상대방이 어떤 생각을 하고 있는지와 전달하고 싶은 것은 무엇인지에 대해 초점을 맞춰 받아들인다. 이때 주의할 것은 자신의 추측으로 판단하지 않는 것이다. 이러한 것은 모두 상대방을 있는 그대로 수용한다는 태도와 상대방을 인격적으로 존중하는 가치관이 우선시되어야 한다. 진정한 커뮤니케이션은 그러한 태도나 가치관에 의해 만들어진다.

리더십을 발휘해야 할 입장에 있는 사람은 듣기만 해서는 안 되고 지시나 교정도 해 주어야 한다. 조직적인 집단에서는 리더가 가지고 있는 방향성이나 지시에 따라 리더십이 발휘되지 않으면 그 조직이 제대로 기능하지 못하기 때문이다. 그러나 권력으로 움직이려 하면 복종은 있어도 협력은 얻기 힘들다. 구성원들의 협력이 없으면 어떤 일이든 실현하기 어렵다. 커뮤니케이션이 있는 리더십이야말로 효과적인 것이다.

교사 역할 훈련에서는 자신의 인생에 영향을 준 사람이 어떤 사람인지를 되돌아보는 부분이 있다.

- 자신의 힘을 이끌어 내는 사람
- 지위에 의지하지 않는 사람
- 자기 자신에게 엄격한 사람
- 권력 지향적이지 않은 사람
- 나에게 호의를 보여 주는 사람
- 한 가지 일에 집중하는 사람
- 나에게는 부족한 것을 갖고 있는 사람
- 선견지명을 가지고 묵묵히 일하는 사람

모두 인격적인 인간관계를 만들 수 있는 사람이다. 당신은 어떠한가? 교사를 준비하는 사람이라면 리더의 입장이 되어 꼭 한번 자신을 돌아보기 바란다.

면접
이미지 메이킹

제8장

01 면접의 이해

사회에 첫 발을 내딛기 위해 반드시 거쳐야 하는 과정 중의 하나가 면접이다. 요즘같이 어려운 취업난에 면접은 취업과 직결되는 중요한 시험이므로 철저한 준비가 요구된다.

취업난이 장기화되면서 구직자들의 외모와 첫인상이 채용 시 커다란 변수로 떠오르고 있다. 한 취업 포털 사이트 회사에서 기업의 인사 담당자를 대상으로 설문 조사한 결과에서도 인사 담당자들이 실력이 뛰어나지만 비호감형인 사람보다는 실력이 부족하지만 호감형인 사람을 택하겠다고 답해 취업난 속에서 외모가 중요한 경쟁력이 되고 있음을 시사했다.

또한 '첫인상이 면접 전형 당락에 미치는 영향'을 조사한 결과에서도 인사 담당자의 80.6%가 "사원을 뽑을 때 지원자 인상을 채용 기준의 하나로 고려한다."고 했고, 73.0%는 "첫인상 때문에 지원자에게 감점을 준 적이 있다."고 했다.

면접에서는 무엇보다 첫인상, 즉 이미지가 특히 중요하므로 지나치게 화려하거나 개성이 강한 스타일은 피하고, 깔끔하면서 단정한 이미지를 심어 줄 수 있는 스타일이 좋다. 면접관들은 대개 불안정한 모습보다는 침착하고 안정적인 모습의 사람에게 호감을 갖는다. 인사 담당자들은 첫인상을 결정짓는 요인으로 남성 지원자의 경우 눈매, 여성 지원자는 표정을 중시하는 것으로 조사됐다. 취업에 있어서 외모나 첫인상은 능력만큼 중요한 경쟁 요소로 부각되고 있으므로 남부럽지 않은 실력을 갖고 있음에도 최종 면접에서 번번이 불합격하는 구직자라면 자신의 첫인상과 외모 등에 관심을 가져 볼 필요가 있다.

또 첫 대면 시 호감을 줄 수 있도록 전반적인 이미지를 살펴서 자신의 장점을 부각시키고 단점을 보완해야 한다. 면접 시 단정한 차림새는 기본이며, 외모보다는 표정이 밝은 사람을 선호한다는 점을 유념하도록 한다. 면접에서는 짧은 시간 내에 열정과 자신감을 지닌 좋은 인상을 주어야 한다. 이를 위해 성실하고 단정한 이미지가 우러나오도록 평소부터 준비하여 자신의 능력과 비전, 자신감을 유감없이 보여 주는 것이 중요하다.

기업 인사 담당자 84% "외모가 채용에 영향 준다"

사람인 설문조사… '인상' 을 가장 중요하게 생각

기업 인사 담당자 10명 가운데 8명은 채용 면접에서 지원자의 외모나 복장 등 겉모습을 평가에 반영한다는 조사 결과가 나왔다.

24일 취업 포털 사람인에 따르면 기업 인사 담당자 273명을 대상으로 설문조사한 결과 84.2%에 해당하는 230명이 "지원자의 겉모습이 평가에 영향을 미친다"고 답했다.

외모를 중시한다고 답한 기업 인사 담당자 가운데 절반 이상(131명 · 57%)은 스펙이 조금 부족해도 외모가 뛰어난 지원자에게 가산점을 주거나 합격시킨 경험이 있는 것으로 나타났다.

외모를 평가 항목에 포함하는 이유로는 '인상에 따라 신뢰도가 달라져서' (50.9%, 복수응답), '자기관리를 열심히 하는지 알 수 있어서' (32.6%), '외모가 대인 관계에 영향을 미쳐서' (28.7%), '외모도 경쟁력이라서' (21.7%) 등을 꼽았다.

지원자의 겉모습 가운데 채용에 가장 영향을 미치는 부분은 인상(83%, 복수응답)이었으며 분위기(41.7%), 옷차림(40%), 청결함(33%), 얼굴 생김새(14.8%), 헤어스타일(10.4%) 등의 답변도 나왔다.

성별에 따라 외모가 평가에 미치는 정도가 다르냐는 질문에 61.7%는 차이가 없다고 답했으며, 여성 지원자의 외모가 평가에 영향을 더 많이 준다는 응답이 27.4%로 남성 지원자(10.9%)보다 2배 이상 많았다.

자료: 연합뉴스 2013년 6월 24일자

02 면접 시 호감을 주는 시각적 요소들

면접 시 호감을 주는 시각적 요소들을 살펴보면 다음과 같다.

① 표정

- 부드러운 표정이 호감을 준다.
- 면접관을 보되 면접관이 여럿일 경우 질문을 던진 사람의 눈을 바라보고 답변한다.
- 측면에 있는 면접관일 경우 얼굴을 돌려서 면접관의 정면을 쳐다보고 답변해야 한다. 눈을 계속 보면 지나치게 강한 인상을 줄 수 있기 때문에 눈보다는 이마나 미간 쪽을 보면 눈빛이 부드럽다.

② 자세와 워킹

면접장의 입구에 들어서면 먼저 눈인사를 하고 면접관 앞쪽에서 똑바로 선 후 45° 정도의 정중한 인사를 한 후 의자에 앉는다.

③ 헤어스타일

여성은 지적인 이미지의 깔끔하고 단정한 생머리, 단발, 세미 커트 스타일이 가장 무난하다. 긴 머리는 단정하게 하나로 묶어 흘러내리지 않도록 해야 하며 짙은 염색이나 화려한 웨이브는 삼가는 것이 좋다. 뱅 헤어는 답답해 보이므로 이마를 드러내는 스타일이 바람직하다. 남성의 경우 면접일 최소 2주 전에는 이발을 하는 것이 좋으며 깔끔하고 단정해 보이는 헤어스타일을 연출하도록 한다.

④ 메이크업

정숙하고 세련된 느낌을 주도록 한다. 목과 비슷한 색의 파운데이션을 얼굴 전체에 얇게 펴 바르고 투명 파우더로 가볍게 마무리한다.

눈 화장은 살구색 또는 브라운 계열의 아이섀도로 자연스럽게 마무리하는 것이 좋으며, 아이라이너와 마스카라로 또렷한 눈매를 만든다(단, 아이라이너를 너무 두껍게 그리거나 마스카라를 뭉치게 바르면 과해 보이므로 이에 주의한다). 립스틱 색상은 원색보다는 차분한 핑크나 살구색 계열을 선택해 차분하면서도 생기 있게 연출하는 것이 좋다. 볼 화장은 광대뼈를 중심으로 은은하게 발라 혈색을 살려 준다.

⑤ 옷차림

취업의 최종 관문인 면접에서 옷차림은 첫인상을 결정하는 중요한 판단 기준이 된다. 짧은 시간 안에 자신의 능력과 비전, 자신감을 보여야 하며, 교사에 잘 어울리는 사람이라는 인상을 주는 것이 가장 중요하다. 따라서 면접 시의 옷차림은 면접자의 이미지를 친근감 있고 자신감 있게 보이도록 보강해 주는 역할을 해야 하며 교사에 맞는 이미지를 표출하는 것이 필수적이다.

면접에 대비하기 위한 복장은 진회색, 감청색 등 단정한 인상을 주는 슈트로 너무 붙거나 헐렁한 디자인은 피하고, 치마는 무릎 길이 정도가 무난하다. 또한 화려한 액세서리, 상표가 부각되는 아이템, 진한 색조 화장이나 짙은 향수는 피하도록 한다. 면접은 옷 잘 입기 경연장이나 유행에 대한 세련미를 자랑하는 자리가 아님을 명심해야 한다.

⑥ 제스처

과도한 제스처는 삼가고 절제된 몸짓이 신뢰감을 줄 수 있다. 약간의 손 제스처 정도는 신선한 느낌을 줄 수 있다.

⑦ 자세

여성은 앉을 때 스커트를 한 번에 쓸어서 의자 깊숙이 앉는다. 발은 10시 10분 혹은 2시 5분 위치로 왼쪽 발이나 오른쪽 발 중에 자신이 편한 쪽을 앞으로 내민다. 양쪽 무릎은 붙이고 손은 오른손이 위로 오도록 가지런히 모으고 허리는 꼿

꼿이 한다.

그림 면접 시 올바른 자세

이상의 시각적 요소들 외에도 면접 시 매우 중요한 것이 스피치이다. 호감을 주는 스피치는 다음과 같다.

자신의 의견을 시원시원하면서도 자신 있게 말해야 소신 있어 보인다. 중저음 톤으로 정확한 발음, 다소 큰 듯한 느낌을 주도록 얘기하고, 사투리는 가급적 쓰지 않는다. 질문에 답할 때는 질문이 끝나자마자 바로 답하지 말고 2~3초 정도 생각을 다듬은 후 대답하면 면접관에게 신중하다는 인상을 줄 수 있다.

면접 순서 및 숙지 사항

1. 대기

① 30분 또는 한 시간 전에 도착하여 여유를 갖는다.

② 불특정 연장자를 만났을 때 가벼운 목례를 한다.

③ 침착한 모습을 갖는다.

④ 실내에서는 전화 통화를 자제한다.

⑤ 질문과 답변에 대한 이미지 트레이닝을 한다.

2. 호명 시 & 입실

① 문을 열고 가볍게 인사한다. (첫인상에 큰 성패가 좌우된다.)

② 의자의 옆에 가서 정식 인사를 한다. (인사 방법 충분히 체득)

③ 자기소개는 분위기에 알맞은 톤으로 한다.

④ 앉으라는 말을 듣고 앉는다.

- 의자에 앉을 때의 자세에 주의한다.
  - 남성: 다리는 어깨 넓이만큼 벌리고 앉는다.
  - 여성: 무릎과 다리는 나란히 붙인다. (약간 비스듬히)
- 불필요한 제스처나 행동은 하지 않는다. (목이나 손가락을 까딱거리거나 발을 떠는 행동 등 무의식적으로 나오는 행동을 조심한다.)
- 면접관을 응시하되 시선관리를 잘한다.
- 책상 위의 서류를 자꾸 보려고 하지 않는다.
- 면접 중 다른 사람이 들어왔을 때 일어서지 않는다.

3. 면접 시 올바른 대화 자세

- 질문이 끝나자마자 성급하게 대답하지 않는다.
- 침착하게 한 번에 대답한다.
- 너무 정직하게 대답해서 자기 단점을 드러낼 필요는 없다.
- 유도심문에 당황하지 말고, 난처한 질문에도 유연하게 대처한다.
- 면접관의 질문에 경청해야 하며, 물어보는 요지를 파악해야 한다.
- 단답형으로 대답하지 않는다.
- 너무 길게 대답하지 않는다.
- 면접관의 얼굴을 바라보며 얘기한다.
- 알기 쉽게 얘기한다.
- 대답의 내용은 긍정적인 단어 선택으로 이루어지도록 한다.
- 언제나 자신감을 잃지 않는다.
- 평소 모습이 면접에 나타나므로 평소 단점으로 보이는 부분에 주의한다. (단점은 생활 속에서 미리 고친다.)
- 말끝을 흐리지 않고 분명하게 한다.
- 쑥스러워하는 표정을 짓지 않고, 긴장하지 않는다.
- 질문에 대한 답변은 결론부터 이야기하고 부연 설명을 간단히 덧붙인다.
- 다른 지원자의 말도 잘 경청한다.
- 옷을 매만지거나 머리를 긁지 않는다.

- 시선을 집중한다. (생각이 안 난다고 천장이나 바닥을 쳐다보지 않는다.)
- 질문하고 싶은 말이 있냐고 하면 기회라고 생각하고, 적절한 질문을 한다.

4. 퇴실

① "이제 나가셔도 됩니다"라고 하면 자리에서 일어난다.

② 일어나 바로 나가지 말고, 공손히 인사를 한 뒤 자기가 앉아 있던 의자가 삐뚤어지지 않았는지 확인하고, 자리를 바로 해 놓고 나간다.

③ 문을 닫기 전에 다시 한 번 가벼운 목례를 하고 살짝 문을 닫는다.

④ 문을 닫고 나서 건물 밖을 나갈 때까지 조용하고, 침착하게 대처한다.

성공 면접을 위한 이미지 메이킹

① 기분 좋은 미소와 밝은 표정을 가져라.

우리는 표정에서 그 사람의 생각을 읽게 된다. 면접장에 들어선 지원자의 표정이 어둡거나 초조함이 느껴지거나 또는 침울하게 보인다면 단연 좋은 인상을 주기 어렵다. 실제 지금 나의 기분과 생각이 그렇지 않다 하더라도 표정이 굳어 있으면 이 역시 면접관들에게 오해를 불러일으킬 수 있다. 부드러운 미소는 하루 아침에 완성되지 않으므로 아침에 일어나자마자, 세수할 때, 잠들기 전에 등 수시로 연습하도록 한다. (대화할 때는 밝은 표정을 짓고 있다가 말이 끝나면 표정이 확 변하지 않는지도 체크해 볼 것! – 거짓된 인상을 줄 수 있다.)

② 상대의 말을 적극적으로 경청하고 공감을 표현하는 연습을 하라.

면접관이 질문할 때 면접관의 눈을 보며 경청하는 자세를 취해라. 특히 함께 면접에 참석한 다른 지원자들이 답변할 때에도 그들의 답변을 주의 깊게 듣는 자세를 보이는 것이 중요하다.

③ 신뢰감을 주는 목소리와 태도로 말에 힘을 실어라.

목소리의 크고 작음을 의미하는 것이 아니다. 또박또박 힘주어 말해야 상대방에게 자신의 뜻을 더욱 효과적으로 전달할 수 있다. 배에 힘을 주고 말하는 연습을 해 보자. 또한 답변할 때 나도 모르게 머리카락을 습관적으로 만진다거나 다리를 떨지는 않는지 평소의 습관을 관찰해 보고 고치도록 노력하자.

④ 지원하는 학교의 분위기와 이미지에 맞게 자신을 연출하라.

부드럽고 친근감 있는 표정을 기본으로 하되, 교사직의 면접에서는 더욱 신중하고 전문가다운 신뢰감 있는 이미지를 보이는 것이 플러스 요인이다.

⑤ 상대를 배려하는 매너를 익혀라.

면접관의 질문이 채 끝나지 않았는데 말을 꺼내거나 다른 지원자들이 답변하고 있는 동안 딴청을 피운다면 이는 기본 매너를 익혔다고 보기 어렵다. 또한 면접장에 들어서고 나갈 때 적당히 허리를 굽혀 인사하고 "수고하셨습니다." 또는 "면접을 볼 수 있는 기회를 주셔서 감사합니다." 등과 같은 멘트를 남긴다면 예의 바른 지원자라는 인상을 남길 수 있을 것이다.

03 교사를 위한 이력서와 자기소개서

이력서와 자기소개서는 자신을 알리는 광고이자 자신이 교사로서 어떤 자질과 어떤 강점을 가지고 있는지를 보여 주는 중요한 과정이다.

자신의 이력서와 자기소개서는 수많은 경쟁자의 틈바구니에서 관심을 끌어야만 한다. 개인의 평가가 종이 서식 위에 기술한 내용으로만 판가름 난다는 것이 억울하긴 하지만, 일단 자신이 가지고 있는 능력을 최대한 담아내야 한다.

하나의 상품을 시장에 선보이기 위해서는 제품을 개발한 후에도 오랜 준비 기간을 거친다. 마찬가지로 자신의 능력을 남에게 제대로 어필하기 위해서는 충분한 시간을 가지고 차분하게 작성해야 한다. 자신의 능력을 제대로 표현했는지, 빠진 내용은 없는지 꼼꼼히 검토해야 한다.

✠ 이력서 작성 시의 주의 사항

- 보기 쉽게 작성되어 있는가?
- 읽는 사람이 복잡하거나 조잡하다는 생각이 들지 않겠는가?
- 허위 기재한 사실은 없는가?
- 글자 크기, 모양 등을 잘 고려하여 작성하였는가?
- 응시 부문 및 연락처를 명기하였는가?

✤ 모범적인 이력서 작성 방법

① 업무 능력을 정확히 기술한다(자신이 어떤 기여를 할 수 있는지 등).

② 자신이 왜 교사에 적합한 인물인지 설득력 있게 기록한다.

③ 어학 능력은 솔직하고 구체적으로 기술한다.

④ 관련 경험에 대해 구체적으로 기술한다(예 교회 유치부 교사 활동 등).

⑤ 중언부언하지 않고 깔끔하게 정리한다.

✤ 자기소개서 작성 요령

① 누구나 할 수 있는 일반적인 생각보다는 자신의 소중한 경험에서 비롯된 구체적인 표현을 한다.

② 문장은 이해하기 쉽고 간결하며 명확하게 쓴다.

③ 독창성이 엉뚱함으로 번지지 않게 수위 조절을 한다.

④ '나는…', '저는…' 등의 평범한 어투로 시작되는 문장은 피한다.

⑤ 막연한 표현은 피하도록 한다. 앞으로의 희망이나 각오를 말할 때엔 자신의 생각과 계획을 구체적으로 표현하는 것이 좋다.

성장 배경	성격의 장 · 단점	경력 사항	지원 동기 및 포부
남달랐던 부분만 핵심적으로 간단히 표현	장 · 단점을 기술하되 단점을 극복하려는 노력 강조	교사와 관련된 학창 시절의 경험과 교육 경력을 적절히 부각	교사 지원 동기를 자기 비전과 연결하여 제시

자기소개서 항목별 내용

참고 문헌, 사진 자료

강진주(2006). 이미지컨설팅 요럴 땐 요렇게. 영진미디어.

권영설(2005). 경제수명 2050시대: 당신의 경제수명은 몇 년입니까. 거름.

권영자, 이선화, 선정희(2011). 스타일리스트를 위한 뷰티 코디네이션. 국제.

권정호, 김동원, 이윤식, 이윤희, 이재석, 이지연(2008). 인간관계와 리더십. 양서원.

김경호(2009). 이미지메이킹의 이론과 실제. 높은오름.

김민경(2005). 김민경의 실용 색채 활용. 예림.

김유순, 박선희, 신명자, 한명숙(2004). 스타일리스트를 위한 이미지 메이킹. 예림.

김은경 외(2001). 성공적인 직장생활을 위한 인간관계. 학문사.

김은영(1994). 이미지 메이킹. 김영사.

김재득(2009). 리더십 워크북. 공동체.

김정택, 심혜숙, 임승환(1999). 나의 모습, 나의 얼굴. 한국심리검사연구소.

김정택, 심혜숙, 제석봉(1995). MBTI 개발과 활용. 한국심리검사연구소.

김희숙, 이선경, 조신헌, 문장은(2009). 스타일메이킹. 교문사.

나탈리 베르제롱(2011). 스카프 스타일 바이블(나지윤 역). 문학수첩.

레알라운즈(2009). 마음을 얻는 기술. 비즈니스북스.

박민수(2012). 마음을 움직이는 커뮤니케이션 기법. 시그마북스.

블레인 리(1999). 지도력의 원칙(장성민 역). 김영사.

스티븐 코비(2000). 성공하는 사람들의 7가지 습관(김경섭 외 역). 김영사.

신향선(2009). 마음을 움직이는 배색 플래닝. 디지털북스.

염철현(2004). 교사의 리더십. 문음사.

오경화, 김정은, 구미지, 성연순, 김세나(2011). 패션 이미지 업. 교문사.

이경손, 김희섭, 박영신(2011). 패션 스타일링을 위한 코디네이션. 교문사.

이경희, 김윤경, 김애경(2012). 패션과 이미지 메이킹. 교문사.

이동희(2006). 매너와 이미지메이킹. 형설출판사.

이창덕(2007). 삶과 화법. 박이정.

임순, 김효숙, 강인애(2001). 나도 코디네이터가 될 수 있다 1 - 스카프 연출법. 예학사.

장성은, 이종숙(2008). 이미지 메이킹을 위한 토탈 패션 뷰티 코디네이션. 경춘사.

장수용(2002). 성공하는 사람의 인간관계. 현대미디어.

정영순(2005). 이미지 메이킹과 셀프마케팅. 예영커뮤니케이션.

전미옥(2004). I am Brand. 행복한책가게.

전선정, 천지연, 최혜경(2010). Life Up 이미지메이킹. 청구문화사.

전선정, 최혜정, 이귀영, 이영애, 안현경, 김선영(2004). 코디네이션 - Costume & Hair. 청구문화사.

정명숙, 황해익(2010). 학부모가 인식하고 있는 유치원 교사 이미지. 아동학회지 31권 3호.

정미영, 김상희, 하성이, 임은진(2010). 이미지 메이킹과 서비스 매너. 도서출판 청람.

존 맥스웰(2004). 리더십의 법칙(강준민 역). 비전과리더십.

존 맥스웰(2012). 리더의 조건(전형철 역). 비즈니스북스.

주영애, 김선주, 박상욱, 정병안(2007). 매너와 이미지메이킹. 북카페.

지현주(2002). 이미지메이킹. 부산외국어대학교 출판부.

진저 래피드 보그다(2008). 리더십, 성격이 결정한다(김환영 역). 비즈니스북스.

한국인재경영연구회. 2007:168-170

한명숙, 하희정(2005). 자기 이미지 커뮤니케이션. 교문사.

홍순아(2010). 끌리는 사람이 되기 위한 이미지 컨설팅. 가림출판사.

황정선(2010). 내 남자를 튜닝하라. 황금부엉이.

Alan Axelrod(2004). Nothing To Fear-두려움은 없다: 불굴의 CEO 루즈벨트(나선숙 역). 한스미디어.

Chie Kondo(2007). 토마스 고든의 교사 역할 훈련 실천 가이드(GTI 코리아 역). GTI 코리아.

SBS 스페셜 제작팀, 이은아, 이시안(2010). 매력 DNA: 그들이 인기 있는 이유. 황금물고기.

Spencer Johnson(2001). 누가 내 치즈를 옮겼을까?(이영진 역). 진명출판사.

〈웹사이트〉

네이버 지식백과

우먼동아일보 http://news.donga.com/3/all/20130711/56387919/2

위키백과

정연아 이미지테크 연구소 http://www.imagetech21.co.kr

컬러즈 http://www.coloz.co.kr/

http://blog.skenergy.com/735

http://blog.naver.com/paco_korea/110114917314

http://blog.theshirtsstudio.com/category/셔츠코디법

http://www.fashionising.com/

부록

부록 1

나의 경제수명은 몇 년?

◈ 다음의 질문을 읽고 자신의 최근 상황을 얼마나 잘 나타내는지를 체크해 보자.

매우 동의: 3점 어느 정도 동의: 2점 약간 동의: 1점 전혀 동의 안 함: 0점		
1	**〈자기 분석〉** 나는 '나'를 잘 안다. (성격, 적성, 흥미, 강점)	3 2 1 0
2	**〈전문 분야〉** 나는 적어도 20년 이상 하고 싶은 일을 찾았다.	3 2 1 0
3	**〈전문 분야와 나의 일치도〉** 나의 전문 분야는 나의 특성·적성과 일치한다.	3 2 1 0
4	**〈미래 지향〉** 준비하거나 현재 하고 있는 일이 트렌드에 맞는 일이다.	3 2 1 0
5	**〈퍼스널 브랜드〉** 나에게는 남들이 인정하는 퍼스널 브랜드가 있다.	3 2 1 0
6	**〈브랜드 수명〉** 내 퍼스널 브랜드는 30년 이상, 20년, 10년, 10년 미만짜리다.	3 2 1 0
7	**〈비전〉** 나의 10년, 20년, 30년 뒤의 모습을 구체적으로 말할 수 있다.	3 2 1 0
8	**〈목표〉** 나의 비전을 이루기 위한 크고 작은 목표가 분명하게 있다.	3 2 1 0
9	**〈계획〉** 나의 비전과 목표를 이루기 위한 구체적인 계획이 있다.	3 2 1 0
10	**〈실천력〉** 나는 하고자 하면 반드시 실천한다.	3 2 1 0
11	**〈멀티플레이어〉** 나는 여러 가지 전문적인 일을 수행할 수 있다.	3 2 1 0
12	**〈커뮤니케이션〉** 나는 커뮤니케이션 스킬이 좋고 경청할 줄 안다.	3 2 1 0
13	**〈리더십〉** 나는 리더십이 있어 나를 믿고 따르는 사람이 많다.	3 2 1 0
14	**〈감성 리더십〉** 나는 감성지수가 높거나 높이려는 노력을 한다.	3 2 1 0
15	**〈독서〉** 나는 책을 많이 읽는 편이며 책을 읽기 위한 시간을 확보한다.	3 2 1 0
16	**〈멘토링/코칭〉** 내 삶을 이끌어 줄 멘토와 코칭을 해줄 코치가 있다.	3 2 1 0
17	**〈휴먼 네트워크〉** 나는 다양한 직종에 종사하는 많은 사람을 알고 있다.	3 2 1 0
18	**〈마니아〉** 나는 업무 이외에 열정을 바치는 '마니아'다.	3 2 1 0
19	**〈보람된 일〉** 나는 하고 있는 일에 보람을 느끼고 그 일을 사랑한다.	3 2 1 0
20	**〈세컨드 커리어〉** 50대 이후 새로운 직업 경력을 시작했거나 준비하고 있다.	3 2 1 0
21	**〈변화 관리〉** 나는 변화를 주도하는 체인지 에이전트다.	3 2 1 0
22	**〈스트레스 관리〉** 나는 스트레스를 관리하는 효과적인 방법이 있다.	3 2 1 0
23	**〈운동〉** 나는 현재 규칙적인 운동을 하거나 적어도 두 가지 이상 운동한다.	3 2 1 0
24	**〈건강〉** 나는 현재 건강하고 정기적인 건강검진을 하고 있다.	3 2 1 0
25	**〈습관〉** 나는 남들이 부러워하는 좋은 습관을 여러 개 갖고 있다.	3 2 1 0
26	**〈취미〉** 나는 업무에서 떠나 삶을 윤택하게 해줄 취미생활을 하고 있다.	3 2 1 0
27	**〈학습〉** 나는 지금도 무엇인가 학습하고 있고 배울 것이 많다.	3 2 1 0
28	**〈재테크〉** 나는 미래를 대비한 재테크를 하고 있거나 학습하고 있다.	3 2 1 0
29	**〈은퇴 후 비전〉** 나는 은퇴한 후의 분명한 비전이 있고 할 일이 있다.	3 2 1 0
30	**〈행복〉** 나는 현재 행복하다. 나의 가정도 행복한 가정이다.	3 2 1 0
● 합산 점수가 당신의 경제 수명(일을 할 수 있는 시간) 나이이다.		

출처: 권영설(2005). 경제수명 2050시대: 당신의 경제수명은 몇 년입니까.

부록 2 인생 태도(Life Position) 체크리스트

◈ 해당 항목에 체크하세요.

		A	B	C	D
1	이 사람이 있어서 좋았다라고 생각하는 일이 많다.				
2	다른 사람과 함께 일을 하면 잘 안 되는 경우가 많다.				
3	타인에게 매력을 잃는다거나 자신의 실패에 대해 그다지 신경 쓰지 않는다.				
4	무엇 때문에 이런 일을 하고 있는 것인가……라고 생각하는 일이 있다.				
5	자기 취미에 맞지 않는 사람과는 어울리고 싶어 하지 않는다.				
6	하루하루를 충실하게 보낸다고 생각한다.				
7	자기가 하고 싶은 일이라도 상대가 싫어하는 것 같으면 그만둔다.				
8	그가 여러 가지로 이야기하는 것을 즐겨 듣는다.				
9	타인이 실패하거나 잘못하더라도 그다지 조급해하지 않고 기다린다.				
10	자신의 행동과 언어에 자신이 없다.				
11	상대가 친절하게 해 주더라도 부담스럽게 느낄 때가 있다.				
12	자신을 매력적이라 생각하며, 자신의 패션 감각을 좋아한다.				
13	사고방식이 다르거나 싫어하는 면을 지닌 상대와도 잘 어울린다.				
14	'연애란 이런 거' 라는 등 잘라 말하는 경향이 있다.				
15	자신에게는 아직 감추어진 재능이 있다고 생각한다.				
16	타인으로부터 비난받으면 아무런 말도 하지 못하게 되어 버린다.				
17	귀찮은 일에는 가능한 한 관여하고 싶지 않다.				
18	좋아하는 사람에게는 스스로 다가선다.				
19	진정한 자신을 내보이면 타인에게 미움받을 것 같은 기분이 든다.				
20	상대와 싸움하더라도 그와 함께 해낼 수 있다고 생각한다.				
21	대부분의 일에 대해 '하면 된다' 고 생각한다.				
22	상대가 무엇인가 해 주는 것을 좋아한다.				
23	무엇을 하든 좋지 않은 사람이 많다고 생각한다.				
24	스스로 모르는 사람에게 접근하는 일이 없다.				
25	싫은 일이라도 곧 기분 전환할 수 있다.				

26	즐거운 듯한 사람을 보고 있으면 자신까지 즐거워진다.	■	■		■
27	나는 이렇게 노력하고 있는데……라고 생각할 때가 있다.	■	■	■	
28	상대가 화제로 삼고 싶어 하지 않는 것은 언급하지 않는다.	■		■	■
29	그가 하는 말은 마음으로부터 좋다고 느낀다.	■	■		■
30	앞으로 하고 싶은 일과 포부가 많이 있다.		■	■	■
31	무엇을 하든 잘 되고 있지 않은 감이 든다.	■		■	■
32	무엇인가 문제가 생기면 다른 사람 탓으로 돌리는 일이 많다.	■	■	■	
33	"당신과 있으면 안심"이라는 말을 상대에게 자주 듣는다.	■	■		■
34	뜻하는 대로 말하며, 자신의 사고방식에 만족한다.		■	■	■
35	타인과 비교해 보아 자신이 모자란 점이 많다고 체념하는 일이 많다.	■		■	■
36	상대가 하는 말은 그대로 믿기 쉬운 편이다.	■	■		■
37	개인적인 일은 거의 이야기하지 않는다.	■	■	■	
38	자신이 느낀 것은 무엇이든지 상대에게 이야기하는 편이다.		■	■	■
39	자신의 호감이 상대에게 피해를 준 것은 아닌가 하고 걱정한다.	■		■	■
40	상대의 무신경함에 화를 내는 일이 있다.	■	■	■	

A: I' m okay(나는 OK)
B: I' m not okay(나는 Not OK)
C: You' re okay(당신은 OK)
D: You' re not okay(당신은 Not OK)

○	2점
△	1점
×	0점

◈ 인생 태도(Life Position) 분석

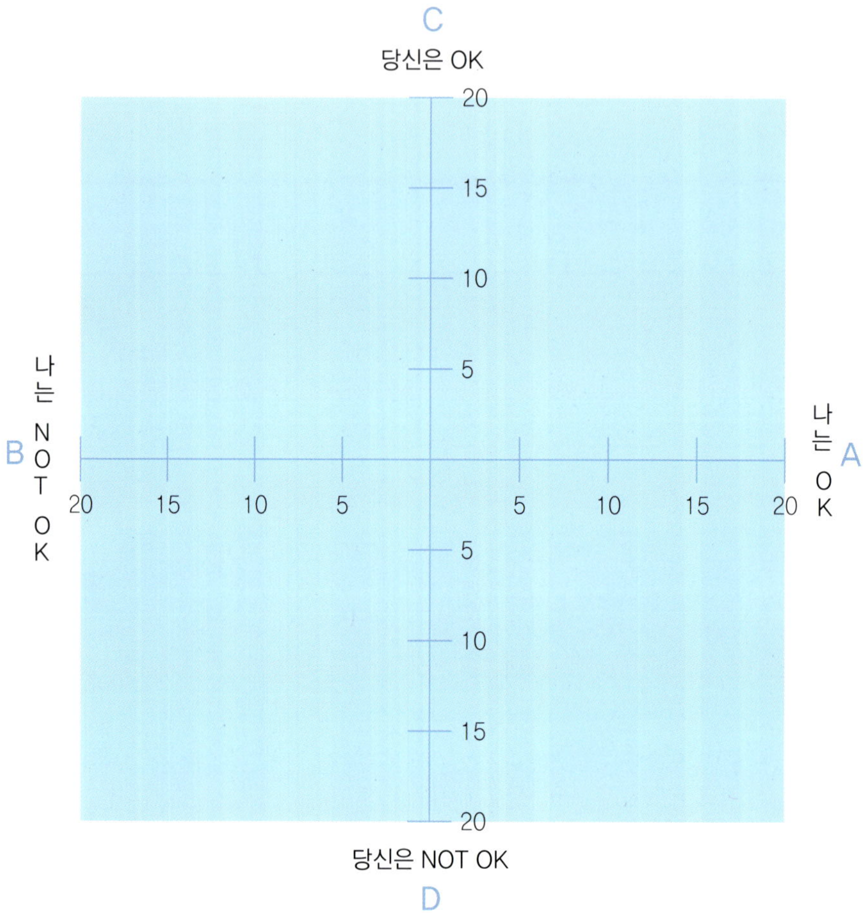

저 자 소 개

김주미 현) 소울뷰티디자인(www.soulbeauty.org) 대표
서경대학교 미용예술학과 외래교수
연세대학교 식품영양학과 졸업
서경대학교 미용예술대학원 미용예술학과 석사
서경대학교 대학원 미용예술학과 박사과정

권종애 현) 백석대학교 사범학부 겸임교수
백석문화대학교 유아교육과 외래교수
건국대학교 일반대학원 교육학 석사
서울여자대학교 일반대학원 아동학과 박사 수료

프로 교사를 위한 이미지 메이킹

초판 1쇄 인쇄 2014년 3월 24일
초판 1쇄 발행 2014년 3월 31일

지 은 이 | 김주미 · 권종애
펴 낸 이 | 김기섭
책임편집 | 태선옥
펴 낸 곳 | 창지사 www.changjisa.com
153-802 서울시 금천구 가산디지털 1로 83 파트너스타워1차 9층
전화 (02) 719-2211~3
팩스 (02) 701-9386
등 록 | 1977년 4월 28일 · 제1-421호

ISBN 978-89-426-0744-0 (93590)

값 18,000원